W0268561

Xpert.press

Die Reihe **Xpert.press** vermittelt Professionals
in den Bereichen Softwareentwicklung,
Internettechnologie und IT-Management aktuell
und kompetent relevantes Fachwissen über
Technologien und Produkte zur Entwicklung
und Anwendung moderner Informationstechnologien.

Olaf Jacob (Hrsg.)

ERP Value

Signifikante Vorteile mit ERP-Systemen

Mit Beiträgen von Dieter Doeffinger, Viktor Foerster,
Dirk Hammermann, Jürgen Hawig, Olaf Jacob,
Gerhard Kaminski, Frank Lutz, Martin Miller,
Olaf Passenheim, Lisa Rattmann, Frank Roth,
Johannes Stephany, Oliver Toufar

Prof. Dr. Olaf Jacob
Fakultät Informationsmanagement
Hochschule Neu-Ulm
Steubenstr. 17
D-89231 Neu-Ulm
olaf.jacob@hs-neu-ulm.de

ISBN 978-3-540-74439-9   978-3-540-74440-5

DOI 10.1007/978-3-540-74440-5

ISSN 1439-5428

Bibliografische Information der Deutschen Nationalbibliothek
Die Deutsche Nationalbibliothek verzeichnet diese Publikation in der Deutschen
Nationalbibliografie; detaillierte bibliografische Daten sind im Internet über
http://dnb.d-nb.de abrufbar.

Einbandgestaltung: KünkelLopka Werbeagentur, Heidelberg

Gedruckt auf säurefreiem Papier

9 8 7 6 5 4 3 2 1

springer.com

Vorwort

ERP-Systeme (Enterprise Resource Planning Systeme) sind integrierte, betriebswirtschaftliche Softwarepakete, die die wichtigsten Geschäftsprozesse eines Unternehmens quasi als „Rückgrat-Funktion" unterstützen. ERP-Systeme sind ein fester Bestandteil der betrieblichen IT-Architektur in Unternehmen. Neben Großunternehmen setzen auch zunehmend mittelständische Unternehmen ERP-Systeme ein.

Planung, Einführung und der Betrieb von ERP-Systemen werfen eine Vielzahl von Fragen auf, wie der Wert eines ERP-Systems für ein Unternehmen optimiert werden kann. Insb. in der Betriebsphase gilt es, den einmal initiierten Elan des Einführungsprojektes fortzuführen und den Einsatz des ERP-Systems zu optimieren.

Das vorliegende Buch geht von der Annahme aus, dass durch gezielte Maßnahmen entlang des Lebenszyklus eines ERP-Systems der Wert für Unternehmen optimiert werden kann.

ERP-Optimierung ist eine permanente Aufgabe, die nicht mit dem Einführungsprojekt endet. Die einzelnen Artikel dieses Buches beleuchten einzelne Aspekte dieses permanenten Optimierungsprozesses, der alle Phasen des ERP-Lebenszyklus umfassen muss. Wir unterscheiden hierbei die Phasen

- Planung,
- Einführung,
- Betrieb und Wartung sowie
- Governance.

Aufgrund der Tatsache, dass in den gängigen Publikationen zum Thema ERP vor allem die Phase „Einführung" (d. h. Themen wie Vorgehensmodelle, Projektmanagement und Projektorganisation) thematisiert wird, konzentrieren wir uns in diesem Buch vor allem auf die anderen Phasen:

Phase Planung
Unter Planung werden alle projektvorbereitenden Maßnahmen verstanden, die das ERP-Einführungsprojekt vorbereiten und den Nutzen und den Stellenwert des

ERP-Systems begründen. In dem Beitrag „ERP-Value" werden zunächst übersichtsartig die wichtigsten wertsteigernden Maßnahmen erläutert.

ERP-Systeme unterstützen heutzutage vielfältige Prozesse aus Finanz- und Rechnungswesen, Logistik und Vertrieb. Gerade für Reportingzwecke stellt sich die wichtige Architekturfrage, wie mit Analyse- und Auswertungsanforderungen umzugehen ist. Diese Frage beleuchtet **Frank Roth** in seinem Beitrag „Die Grenzen klassischer ERP-Systeme". Darin stellt er den Ansatz von Klosterfrau dar, Reportinganforderungen in ein Data Warehouse System auszulagern und beschreibt das Vorgehen, wie ein integriertes Gesamtsystem aus ERP-System und Data Warehouse System gestaltet werden kann.

Gerade für mittelständische Unternehmen, die ein ERP-System neu einführen, ist es entscheidend, gängige Fehler gerade in der vertraglichen Fixierung von Dienstleistungen des ERP-Anbieters zu vermeiden. **Viktor Foerster, Lisa Rattmann und Oliver Toufar** stellen in ihrem Beitrag „Rechtliches Risikoprofil von ERP-System-Verträgen" dar, welche Vertragsformen für ERP-Leistungen möglich sind und beschreiben die wichtigsten Inhalte für die entsprechenden Vertragsformen.

Phase Betrieb und Wartung

Betrieb und Wartung eines ERP-Systems stellen Unternehmen vor besondere Herausforderungen. Das Projektteam existiert in der Betriebsphase nicht mehr, so dass die Zuständigkeiten für die Optimierung und die flexible Anpassung an geänderte geschäftliche Anforderungen organisiert werden muss. Diesem Aspekt geht **Olaf Passenheim** in seinem Beitrag „ERP im validierten Umfeld" nach. Zunächst stellt er die spezifischen Anforderungen eines Pharmaunternehmens an ein ERP-System am Beispiel HAL Allergy dar. Danach beleuchtet er die Frage, wie gerade in einem validierten Umfeld ein flexibler Change Management Prozess implementiert werden kann.

Für mittelständische Unternehmen mit begrenztem Ressourcenumfang bzgl. Personal und Budget stellt sich die Frage, wie vor allem der laufende Betrieb eines ERP-Systems organisiert werden kann. **Gerhard Kaminski** beschreibt in seinem Beitrag „Erfolgreicher Betrieb und Unterhalt von ERP-Systemen im Mittelstand" den Ansatz von Schwenk. Er verdeutlicht die Rolle, die heutzutage die Informatikeinheit eines mittelständischen Unternehmens einnimmt und wie diese als kooperativer Partner mit den Geschäftsbereichen zusammen die Verantwortung für das ERP-System übernimmt. Außerdem stellt er dar, wie ERP-Services innerbetrieblich verrechnet werden und damit Kostenbewusstsein für das ERP-System im Unternehmen geschaffen wird.

Für das Controlling des laufenden ERP-Betriebs und dessen Optimierung ist es erforderlich, Kennzahlen und Messgrößen zu gewinnen, die auf Defizite oder eine unzureichende Nutzung des Systems hinweisen. **Martin Miller** beschreibt in seinem Beitrag „KPIs für das Management eines ERP-Systems" sinnvolle KPIs (Key Performance Indicators). Er stellt am Beispiel der ZF Friedrichshafen dar, dass KPIs in ein übergreifendes Framework, wie z.B. ITIL, zu integrieren sind, um sicherzustellen, dass alle bedeutsamen Prozesse zum Betrieb eines ERP-Systems gesteuert werden.

Phasenübergreifende Maßnahmen (Governance)

Architektur- und Instanzenmanagement ist in international agierenden Unternehmen mit Niederlassungen im In- und Ausland ein wichtiges Thema. Hierbei stellt sich insb. die Frage, ob für alle Gesellschaften ein einheitliches und sogar zentralisiertes System zum Einsatz gelangen soll oder ob verschiedenartige ERP-Systeme eingeführt werden sollen. **Johannes Stephany** geht dieser Frage in seinem Beitrag „Standardisierung von Geschäftsprozessen in den Auslandsgesellschaften durch ein einheitliches ERP-System" nach und berichtet darin, wie der Gardena-Konzern diese Frage für sich beantwortet hat.

In zentralisierten ERP-Systemen sind gemeinsame und harmonisierte Stammdaten für die Abwicklung integrierter Geschäftsprozesse eine notwendige Voraussetzung. **Jürgen Hawig** stellt in seinem Beitrag „Stammdatenmanagement in einem globalen ERP-System" den Ansatz der BASF Gruppe zum Aufbau eines internationalen Materialstammdatenmanagements vor. Er macht deutlich, dass der Nutzen redundanzfreier und harmonisierter Stammdaten nur durch die Ausgestaltung entsprechender Prozesse zur Stammdatenpflege erreicht werden kann.

Eine wichtige phasenübergreifende Optimierungsmaßnahme stellt die Frage dar, ob ein ERP-System outgesourct werden soll. Vor allem das reine Hosting der ERP-Server bietet gerade kleinen und mittelständischen Unternehmen die Möglichkeit, dafür erforderliche Ressourcen und Know-how vom Markt zu beziehen. Diese Maßnahme wird als phasenübergreifend betrachtet, weil sie nicht nur während des Einführungsprojektes, sondern auch zu einem späteren Zeitpunkt der Nutzung des Systems immer wieder in Unternehmen diskutiert wird. Neben Outsourcing und ASP eröffnet sich mittlerweile unter dem Stichwort „Dynamic Services" eine weitere Alternative, die **Dieter Doeffinger, Dirk Hammermann und Frank Lutz** in ihrem Beitrag vorstellen. Hierbei nutzt und zahlt ein Unternehmen für das Outsourcing nur die wirklich genutzten Services und kann so flexibel ERP-Services nutzen.

Ich danke allen Autoren, die bei der Erstellung dieses Buches mitgewirkt haben und wünsche dem Leser zahlreiche wertvolle Anregungen, den Wert des eigenen ERP-Systems zu steigern. Weitere Informationen zum Thema finden Sie zudem unter www.erp-value.de.

Neu-Ulm, im Feb. 2008 *Olaf Jacob*

Inhaltsverzeichnis

ERP Value

Olaf Jacob

1 Einleitung

Als ERP-Systeme werden integrierte betriebswirtschaftliche Softwarelösungen bezeichnet, die sich insb. durch folgende Merkmale auszeichnen (vgl. Abb. 1):

- Sie decken eine Vielzahl operativer und dispositiver Geschäftsprozesse eines Unternehmens aus den Bereichen Finanz- und Rechnungswesen, Logistik, Vertrieb, Service Management, Produktion, Instandhaltung, Qualitätsmanagement und Human Ressources ab.

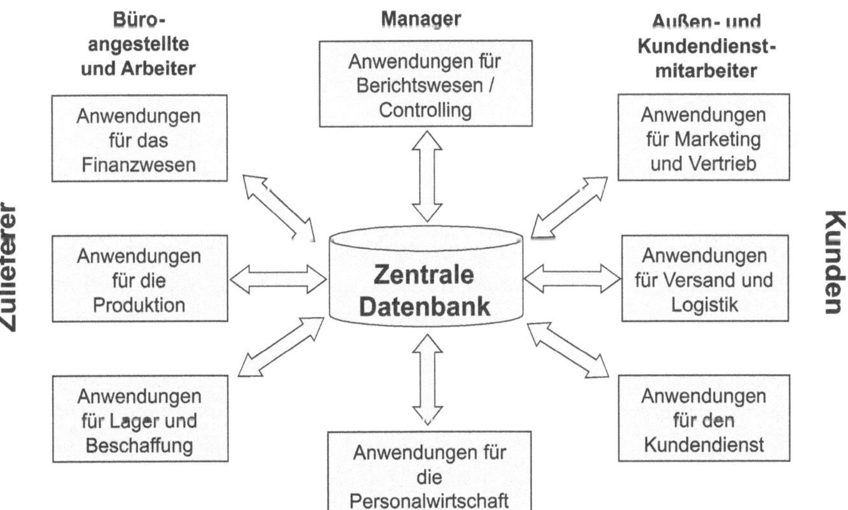

Abb. 1. ERP-Konzept (Quelle: Abts, D., Mülder, W., Grundkurs Wirtschaftsinformatik, 5. Aufl., Wiesbaden 2004, S. 165)

- ERP-Systeme sind durch eine zentrale Datenbank integriert, in der insb. die Stammdaten wie Kunden, Lieferanten, Materialien oder Konditionen zur gemeinsamen Nutzung durch die Geschäftsprozesse abgelegt sind.
- ERP-Systeme zeichnen sich durch eine hohe Prozessintegration aus. Zwischen den verschiedenen Geschäftsprozessen/Modulen existieren vielfältige Integrationseffekte. So löst z. B. die Buchung eines Warenausgangs die direkte Verbuchung auf den entsprechenden Vorratskonten in der Buchhaltung aus (Parallelität von Mengen- und Wertfluss).

ERP-Systeme bilden in den IT-Architekturen von Unternehmen eine Rückgrat-Funktion: Sie übernehmen operative oder dispositive Geschäftsprozesse in Unternehmen, die von hohen Massenvolumen und weitgehend standardisierten Abläufen geprägt sind. ERP-Systeme interagieren in modernen IT-Architekturen dazu mit vielfältigen anderen betrieblichen Anwendungssystemen:

- Web-Shops/Produktkataloge,
- Reportinganwendungen/Business Intelligence,
- Legacy-Anwendungen,
- CRM,
- Portale.

Funktionierende ERP-Systeme sind eine zentrale Herausforderung für eine funktionierende IT-Landschaft eines Unternehmens überhaupt. Sie stellen quasi einen Wert für ein Unternehmen dar.

Der vorliegende Beitrag geht von der Annahme aus, dass der Wert von ERP-Systemen für ein Unternehmen durch ein alle Phasen des Lebenszyklus umfassendes Maßnahmenpaket optimiert werden kann.

2 Der Wert von ERP-Systemen

Unter ERP-Value wird ein lebenszyklusumfassendes Konzept verstanden, mit dem die Effizienz und Effektivität eines ERP-Systems für ein Unternehmen geplant und optimiert wird. Dies erfolgt unter den folgenden Maßgaben:

- Optimierungen sind zumeist auf die Einführungsphase begrenzt, aber ERP-Optimierung ist eine permanente Aufgabe gerade in der späteren Nutzungsphase. Eine Optimierung im „eingeschwungenen Betrieb" unterbleibt zumeist. Gerade aber hier sind Optimierungen geboten, weil Einführungsprojekte oftmals unter Zeit- und Kostendruck erfolgen und viele Optimierungen gerade für die Anwender erst nach einer längeren Nutzungsphase offensichtlich werden.
- ERP Value schaut nicht nur auf die Kosten und den monetären Nutzen, sondern auch auf den qualitativen Nutzen von ERP-Systemen.
- ERP Value definiert unternehmensindividuell die Effizienz und Effektivität von ERP-Systemen und überwacht sie.

2.1 Quantitativer und qualitativer Nutzen von ERP-Systemen

Der Nutzen von ERP-Systemen kann in einen monetär bewertbaren und einen nicht monetär bewertbaren, d. h. qualitativen Nutzen aufgeteilt werden [vgl. Dibbern, S. 19]. Monetär messbar sind z. B. direkte Umsatzsteigerungen, Personalreduktionen, Reduzierung des gebundenen Kapitals oder Produktivitätsverbesserungen durch bescheunigte Prozesse.

Zu den qualitativen Nutzenargumenten zählen vor allem eine höhere Transparenz über betriebliche Abläufe im Unternehmen sowie die bereichs- und unternehmensweite Informationsverknüpfung für ein verbessertes Berichtswesen.

2.2 Effizienz und Effektivität von ERP-Systemen

Als ERP-Effizienz wird die wirtschaftliche und ressourcenoptimale Einführung und der wirtschaftliche und ressourcenoptimale Betrieb von ERP-Systemen verstanden. ERP-Effizienz im Sinne einer „Innensicht" betrachtet die Fragestellung, ob das ERP-System optimal organisiert und betrieben wird. Typische Fragestellungen hierbei sind:

- Sind unsere ERP-Betriebskosten bekannt bzw. wie können wir diese optimieren?
- Sind die Antwortzeiten des Systems akzeptabel?
- Kommt das Outsourcing des ERP-Betriebs für unser Unternehmen in Betracht?
- Ist der Help-Desk optimal aufgestellt? Sind Key User definiert, die die Anwender im Tagesgeschäft unterstützen?
- Haben wir unseren Change Management Prozess im Griff?
- Wie verrechnen wir die Kosten des Systems an die Endanwender weiter?
- Ist das Know-how der IT-Mitarbeiter für eine Weiterentwicklung in Richtung ERP II vorhanden?

Als ERP-Effektivität wird der geschäftszielkonforme Einsatz von ERP-Systemen verstanden. ERP-Effektivität im Sinne einer „Außensicht" beleuchtet den Wert, den ein ERP-System für die Anwender, die Geschäftsprozesse bzw. für die Unternehmung insgesamt schafft. Typische Fragestellungen hierbei sind:

- Sind die Geschäftsprozesse, die das ERP-System unterstützen soll, klar definiert und existieren messbare Ziele, anhand derer überprüft werden kann, ob der ERP-Einsatz geschäftszielkonform erfolgt?
- Sind die Ziele des ERP-Systems allen Anwendern bekannt und können die Anwender den Nutzen im Tagesgeschäft erkennen?
- Verstehen die Endanwender und die Prozessverantwortlichen im Unternehmen das ERP-System als ihr Werkzeug oder sträuben Sie sich gegen die Nutzung des Systems?
- Erfolgen regelmäßige Kundenzufriedenheitsanalysen, die Defizite beim Einsatz des ERP-Systems und Optimierungsmöglichkeiten aufzeigen?

- Empfinden die Anwender das ERP-System als modern und benutzerfreundlich?
- Bietet das ERP-System die Möglichkeit, sich flexibel an geänderte geschäftliche Vorgaben und Ziele anzupassen?
- Wird das ERP-System als Business Enabler verstanden, das neue Geschäftsziele und eine moderne Abwicklung von Geschäftsprozessen unterstützt?

Die Unterteilung in ERP-Effektivität und ERP-Effektivität führt zu der Erkenntnis, dass der Wert eines ERP-Systems nicht nur durch die IT-Einheit eines Unternehmens geschaffen werden kann, sondern eine Aufgaben auch von den Endanwendern und Prozessverantwortlichen im Unternehmen darstellt. Es ist eine unternehmensweite Aufgabe.

3 ERP-Lebenszyklus

ERP-Systeme durchlaufen wie andere IT-Anwendungen einen Lebenszyklus. Lebens-zyklus-Modelle wurden vor allem durch die Gardner Group mit ihrem Total Cost of Ownership (TCO)-Modell und durch das COBiT-Framework [vgl. Goltsche, S. 43] bekannt.

- TCO-Modell der Gardner Group
  Ziel dieses Modells ist es, die Gesamtkosten einer Anwendung über den gesamten Lebenszyklus hinweg zu ermitteln. Als Lebenszyklus-Phasen werden PLAN, ACQUIRE, IMPLEMENT, MAINTAIN und MAJOR UPGRADE unterschieden.
- COBIT-Framework
  Der COBIT-Framework des IT Governance Instituts (ITGI) unterscheidet die Phasen PLAN AND ORGANIZE, ACQUIRE AND IMPLEMENT sowie MONITOR AND EVALUATE.

Wir wollen nachfolgend die Phasen Planung, Einführung, Betrieb und Wartung sowie Governance unterscheiden:

- Planung,
- Einführung,
- Betrieb und Wartung,
- Governance.

3.1 Planung von ERP-Systemen

In diese Phase fallen alle Tätigkeiten, die die Notwendigkeit und den Nutzen eines ERP-Systems für ein Unternehmen bestimmen, den Business Case für das Unternehmen bestimmen und schließlich das konkrete ERP-Produkt auswählen.

Empirische Befunde zeigen, dass Unternehmen mit vielfältigen Zielen an die Einführung eines ERP-Systems herangehen, im Kern stehen jedoch Ziele im Zusammenhang mit der Optimierung von Geschäftsprozessen und der innerbetrieblichen Informationsversorgung stehen [vgl. i2s, S. 14]:

- Abläufe/Prozesse vereinfachen,
- besserer Zugriff auf Informationen,
- bessere Informationen,
- Prozesse automatisieren,
- höhere Prozessintegration.

Das vorrangige Ziel mit der Einführung eines ERP-Systems ist damit deutlich eine Steigerung der Prozesseffizienz und eine Senkung der Prozesskosten.

3.2 Einführung von ERP-Systemen

In diese Phase fällen alle Tätigkeiten zu konkreten Implementierung des ausgewählten ERP-Produktes bis hin zur produktiven Inbetriebnahme des Systems für die Benutzer (Go-Live). Für diese Phase existieren verschiedenartige Vorgehensweisen bzw. Vorgehensmodelle der einzelnen ERP-Anbieter.

Empirische Befunde zeigen, dass sich Unternehmen mit vielfältigen Problemen bei der Einführung eines ERP-Systems gegenübersehen [vgl. i2s, S. 61]:

- Aufbereitung erforderlicher Daten / Datenmigration,
- knapper Zeitplan,
- zu viele Systemanpassungen,
- fehlende Ressourcen im Projektteam,
- Kosten höher als geplant.

Gängige Instrumente des Projektmanagements sind hier einzusetzen. Zudem wird die Notwendigkeit eines umfassendes Datenmanagements erkennbar, bei dem insb. systemweite Schlüssel- und Nummernsysteme konzipiert und bei der Übernahme von Altdaten berücksichtigt werden müssen.

3.3 Betrieb von ERP-Systemen

In diese Phase fallen alle Tätigkeiten zum Unterhalt eines produktiven Betriebs des ERP-Systems. Hierzu zählen insb. die Tätigkeiten zum Aufbau einer Supportorganisation für die Anwender als auch infrastrukturelle Tätigkeiten zur systemtechnischen Optimierung des ERP-Systems (Antwortzeiten, Downtime-Zeiten etc.).

Unter Wartung werden Aktivitäten verstanden, die darauf ausgerichtet sind, das produktive ERP-System zum einen an geänderte geschäftliche Anforderungen anzupassen. Andererseits ergeben sich Wartungstätigkeiten durch das Einspielen von Software-Releases der ERP-Anbieter.

Empirische Befunde zeigen, dass sich Unternehmen mit vielfältigen Problemen während des laufenden Betriebs eines ERP-Systems gegenübersehen [vgl. i2s, S. 61]:

- Mangelnde Flexibilität der Software (Anpassbarkeit),
- Betriebskosten zu hoch,
- Fehlende Schnittstellen zu anderen Systemen,
- mangelnde Benutzerfreundlichkeit,
- Datenpflegeprozess zu aufwändig.

Die Hauptanforderung ist deutlich, dass das ERP-System sich flexibel an geänderte geschäftliche Anforderungen anpassen muss. Die am Markt vorhandenen Systeme unterscheiden sich dabei z. T. sehr hinsichtlich des dazu erforderlichen Anpassungsaufwands. Wichtig ist jedoch überhaupt, dass ein Unternehmen einen effizienten Change Management Prozess einführt, bei dem Change Requests priorisiert, bewertet und erst dann freigegeben werden.

3.4 Governance

IT-Governance beschreibt allgemein die Prozesse zur Steuerung und Führung der IT eines Unternehmens, um die Geschäftsziele zu erreichen [vgl. Goltsche, S. 6]. Bezogen auf den Einsatz eines ERP-Systems fällt der IT-Governance die Aufgabe zu, projektübergreifend bzw. projektvorbereitend Standards für einen erfolgreichen ERP-Einsatz festzulegen sowie die Rechte und Pflichten der unterschiedlichen Akteure (Benutzer, Prozessverantwortliche, Service Provider etc.) festzulegen.

Gerade die in den o.a. empirischen Befunden aufgeführten Probleme und Anforderungen wie insb.

- fehlende Schnittstellen zu anderen Systemen,
- Datenpflegeprozess zu aufwändig,
- Anzahl der verwendeten Systeme und Schnittstellen reduzieren oder
- höhere Datenintegration

legen die Vermutung nahe, dass eine Governance-Funktion während des ERP-Projektes nicht oder unzureichend vorhanden war. Ein aktives Architekturmanagements ist erforderlich, das eine integrierte Anwendungslandschaft mit dem Kernel „ERP" zum Ziel hat.

Die folgende Abbildung fasst die bisherigen Ausführungen zusammen. Sie stellt insb. Herausforderungen und Problembereiche dar, denen sich Unternehmen bei Planung, Einführung und Betrieb/Wartung eines ERP-Systems gegenübersehen.

Planung

- unklare Projekt-
ziele und finanzielle
Erwartungen
- unpassendes
Organisationsmodell
- nicht abgestimmte
Nummern- /Schlüssel-
systeme
- unklare Rechte/
Pflichten des ERP-
Anbieters

Einführung

- fehlende Anfor-
derungsspezifika-
tion
- unzureichende
Projektressourcen
- unzureichende
Mitarbeiterbeteili-
gung
- fehlendes ERP
Know-how

Betrieb/Wartung

- unklare Verant-
wortung zwischen
IT und Business
- Anzahl User/
Lizenzen
- Anzahl Changes
- Anzahl Modifikationen
- fehlende Mess-
größen zur Steuerung

- Anzahl ERP-Instanzen und Schnittstellen
- Redundante und inkonsistente Stammdaten
- mangelnde Kostentransparenz

Govern

Abb. 2. ERP-Herausforderungen

4 Wertsteigernde Maßnahmen

Nachfolgend werden Maßnahmen in den Phasen Planung, Einführung, Betrieb
und Wartung als auch phasenübergreifende Maßnahmen vorgestellt, die geeignet
sind, den Wert eines ERP-Systems für ein Unternehmen zu steigern.

4.1 Maßnahmen in der Phase Planung

4.1.1 Erarbeitung Business Case

Als Business Case bezeichnet man ein „Szenario zur betriebswirtschaftlichen
Beurteilung" [Köhler, S. 246] einer Investition oder eines Projektes. Der Business
Case beschreibt die betriebliche Bedeutung und Rechtfertigung für die ERP-Einführung, dazu werden insb. der betriebliche qualitative und quantitative Nutzen
dargestellt und den Kosten gegenübergestellt.

Typischerweise werden zu finanziellen Bewertung eines Business Case finanz-
wirtschaftliche Kennzahlen ermittelt wie z. B. Net Present Value (NPV) oder die
Amortisationsdauer.

Es ist entscheidend, den Business Case während des Projektes nicht aus den
Augen zu verlieren und den Bezug zu den Projektzielen immer wieder zu suchen.
Auch nach Projektende ist der Business Case die Grundlage für eine Nachbetrach-
tung des Projektes, ob die Ziele des Projektes erreicht wurden.

Während die Kosten eines ERP-Projektes schnell fixiert sind, ist es mit der Bestimmung des Nutzens weitaus schwieriger. Aber gerade hier muss der Business Case klare Nutzenziele vorgeben. Denn gerade die Optimierung des Nutzens i. G. zur Optimierung der Kosten macht den Erfolg von ERP-Investitionen aus, wobei insb. folgende Aspekte in den Mittelpunkt der Betrachtung rücken [vgl. Betz, S. 40]:

- die strategische Unterstützung von Geschäftszielen,
- die optimale Unterstützung von Geschäftsprozessen,
- das Ausschöpfen aller Möglichkeiten der Standardsoftware,
- Sicherstellung der Akzeptanz und der Durchdringung in die Anwenderorganisation.

4.1.2 Organisationsmodellierung

Jedes ERP-System basiert implizit auf einem Organisationsmodell eines Unternehmens. Dieses Modell konkretisiert sich z. B. in SAP® in Begriffen wie Mandant, Buchungskreis, Kostenrechungskreis oder Verkaufsorganisation. Jedes Unternehmen muss im Vorfeld des eigentlichen Einführungsprojektes diese Begriffe auf die eigene Unternehmung übertragen und mit Inhalt füllen. Diese Aufgabe ist insofern von großer Bedeutung, weil viele dieser Begriffe nicht nur rein beschreibender Natur sind, sondern diese auch Funktionalität steuern. So werden z. B. in SAP® Verkaufspreise und Konditionen auf Ebene der Verkaufsorganisation definiert. In jedem Unternehmen, das das SAP-Vertriebsmodul einführt, ist es somit eine vorrangige Aufgabe, die zukünftige Struktur von Verkaufsorganisationen festzulegen ist.

Organisationsmodellierung ist eine wichtige Planungsaufgabe, die zu Beginn eines Projektes durchgeführt werden muss. Allerdings braucht diese Aufgabe Zeit, da neue Begriffe in das Unternehmen Einzug halten und diese Begriffe im Unternehmen zu kommunizieren sind.

Diese Aufgabe ist jedoch dringend erforderlich. Eine fehlende oder unzureichende Organisationsmodellierung führt zu erheblichen Problemen in den nachfolgenden Projektphasen.

4.1.3 Datenmodellierung

In Analogie zu den o.a. Organisationsbegriffen umfasst ein ERP-System vielfältige Schlüssel- und Nummernsysteme. Sie sind vor allem in den Stammdaten enthalten und beschreiben Kunden, Materialien oder Lieferanten. Beispiele für derartige Schlüsselsysteme in SAP® sind Mengeneinheiten, Währungen, Materialart, Kontierungsgruppe, Kundengruppe oder Region. Auch hier gilt, dass viele dieser Schlüsselsysteme nicht nur beschreibenden, sondern auch steuernden Charakter haben. Zudem gelten viele dieser Schlüssel modulübergreifend. Es ist daher erforderlich, im Vorfeld eines Einführungsprojektes die wichtigsten und vor allem modulübergreifenden Schlüsselsysteme mit Inhalt zu belegen.

Beim Design dieser Schlüsselsysteme sind nach Möglichkeit spätere Reportinganforderungen zu berücksichtigen. Die Durchgängigkeit einheitlicher Schlüsselsysteme über alle ERP-Module hinweg ist die Voraussetzung für eine spätere Verdichtung der Daten.

4.1.4 Vertragsmanagement

Viele vor allem mittelständische Unternehmen, die zu ersten Mal ein unternehmensweites ERP-System einführen, haben zumeist unklare Vorstellungen über ihre vertraglichen Rechte und Pflichten gegenüber dem ERP-Anbieter. Ein klares Vertragsverhältnis vor dem Einführungsprojekt schafft Klarheit, wie mögliche Konflikte und Streitigkeiten im späteren Projekt zu regeln sind. Ein Vertrag für die Beschaffung von ERP-Software sollte insb. folgende Regelungen enthalten [vgl. Grupp, S. 175ff.]:

- Vertragsart (Kaufvertrag/Werkvertrag),
- Leistungen des ERP-Anbieters währen des Einführungsprojektes,
- Schulung und Einweisung,
- Abnahme (incl. Performanceprüfungen),
- Projektmanagement,
- Gewährleistung,
- Preise und Konditionen,
- Nutzungsrechte an der Software,
- Datenschutz und Geheimhaltung,
- Vergabe von Unteraufträgen an Dritte,
- Abwerbungsverbot von Mitarbeitern des Unternehmens.

4.1.5 Überblick

Zusammengefasst ergeben sich aus den vorgestellten wertstiftenden Maßnahmen folgende Nutzenpotentiale:

Tabelle 1. Wertstiftende Maßnahmen in der Phase Planung

Maßnahmen	Wertbeitrag
Business Case	• Priorisierung alternativer Projektszenarien • Zieldefinition und Tracking dieser Ziele während des Projektes • Finanzielle Bewertung des Projektes
Organisationsmodellierung	• Inhaltlich fixierte und im Unternehmen kommunizierte Begriffe
Datenmodellierung	• Standardisierte und harmonisierte Nummernsystems • Durchgängige Nummernsysteme für Reporting
Vertragsmanagement	• Sicherheit bzgl. der Rechte und Pflichten des ERP-Anbieters

4.2 Maßnahmen in der Phase Einführung

4.2.1 Geschäftsprozessgeleitete Einführung

IT-Anwendungen sind traditionell als Insellösungen für einzelne Abteilungen entstanden. Sie optimierten die Detailarbeiten eines Bereiches, hatten aber Probleme an den Schnittstellen zwischen den Abteilungen. Mit dem Aufkommen des Prozessgedankens setzt sich die Erkenntnis durch, dass ERP-Systeme prozessbezogen eingeführt werden müssen. Dies bedeutet z. B. das durchgängige Design des Logistikprozesses von der Auftragsannahme über die Kommissionierung, den Warenausgang bis hin zur Fakturierung und Zahlungseingang.

Voraussetzung eine geschäftsprozessgeleitete Einführung ist, dass ein Unternehmen seine Prozesse kennt und mit Hilfe spezieller Analysemethoden aufgenommen hat. Eine an dieser Stelle häufig in den Unternehmen diskutierte Frage ist, ob im Vorfeld einer ERP-Einführung ein Prozessoptimierungsprojekt (Business Reengineering) durchgeführt werden sollte oder nicht. Ein ERP-Projekt ist immer auch ein Organisationsprojekt, so dass bekannte Prozessdefizite im Vorfeld der ERP-Einführung bereinigt werden sollten.

Die wichtigsten Anforderungen, die Unternehmen an ein ERP-System haben, sind prozessbezogen. In einer Umfrage unter deutschen mittelständischen Unternehmen aus dem Jahre 2007 gaben 94% der Unternehmen an, mit einem ERP-System die Effizienz der Geschäftsprozesse zu steigern und 87% planten, mit dem ERP-System die internen Geschäftsprozesse weiter zu modellieren und zu standardisieren [vgl. Alpha, S. 4].

4.2.2 Prototyping

Prototyping im Zuge einer ERP-Einführung bedeutet zweierlei: zum einen zu schnellen für den Benutzer sichtbaren Ergebnissen zu gelangen und zum anderen frühzeitige Benutzerbeteiligung in das ERP-Projekt.

In immer größeren Entwicklungszyklen wird am Anfang einer Prozesskette an einem ersten, elementaren Prozessschritt mit der Projektarbeit begonnen (z. B. Auftragserfassung) und bei Abnahme der nächste Prozessschritt hinzugenommen, bis der gesamte Geschäftsprozess den Anforderungen entspricht. Prototyping und Customizing spielen hier zusammen: In den Customizingtabellen werden Einstellungen vorgenommen und danach das Ergebnis sofort mit dem Benutzer besprochen.

4.2.3 Einführungsstrategie

Eine Einführungsstrategie legt fest, in welcher Reihenfolge das ERP-System in einem Unternehmen eingeführt wird. Neben einer gestuften Einführung besteht die Möglichkeit einer schlagartigen Einführung (sog. „Big Bang"), bei der das ERP-System bei allen Usern in vollem Umfang zu einem bestimmten Stichtag eingeführt wird. Bei einer gestuften Einführung wird das neue System schrittweise nach geografischen/organisatorischen Gesichtspunkten (z. B. nach Standorten) oder nach funktionalen Gesichtspunkten (z. B. nach Software-Modulen) eingeführt.

Der Big Bang hat den Vorteil, dass keine Schnittstellen zwischen Alt-System und Neu-System erforderlich sind und dass nicht zwei unterschiedliche ERP-Systeme in einem Unternehmen zur Anwendung gelangen, die betrieben und unterhalten werden müssen (z. B. mit u. U. unterschiedlicher Art, Prozesse abzuwickeln). Auch sind temporäre Schnittstellen zwischen den verschiedenen ERP-Systemen nicht erforderlich.

Dagegen scheitert der Big Bang oftmals an dem hohen Schulungs- und Supportaufwand, der erforderlich ist, um alle Benutzer gerade in größeren Unternehmen zu einem Stichtag zur Bedienung des neuen Systems zu befähigen. Die gestufte Einführung wird auch bewusst dann eingesetzt, wenn man mit dem neuen System erst einmal Erfahrungen in einem begrenzten Umfeld (z. B. eines Standortes oder einer Abteilung) gewinnen möchte.

4.2.4 Projektmanagement

Über das Projektmanagement von IT-Projekten gibt eine Vielzahl von Literatur, so dass an dieser Stelle nur auf spezifische Anforderungen von ERP-Projekten eingegangen werden soll. Die besonderen Eigenschaften von ERP-Projekten sind:

- Überforderung gerade mittelständischer Unternehmen bzgl. der vorhandenen Ressourcen und Expertise über das neue ERP-System
- Einbezug externer Berater
- Unzureichende Beteiligung oder Freistellung eigener Mitarbeiter
- Unklare oder fehlende Dokumentationsstandards in mittelständischen Unternehmen
- Fehlendes Projektmanagement Know-how

Ein ERP-Projektmanagementsystem muss Regelungen zu folgenden Bereichen definieren:

- Projektorganisation
  Leitung des Projektes, Rollen und Zuständigkeiten im Projekt, Gremien insb. der Benutzervertretung
- Projektführung
  Vorgehensmodell, Projektberichtswesen, Meilensteine, Kommunikationsregeln zwischen den Teammitgliedern
- Projektdokumentation
  Struktur/Inhalte wichtiger Projektdokumente, insb. der Phasenabschlussberichte und der Benutzerdokumentation
- Projektmethoden
  Festlegung und Schulung von Methoden im Projektteam, insb. Methoden zur Analyse und Gestaltung von Geschäftsprozessen

Eine effektive Abwicklung von IT-Projekten hat erheblichen Einfluss auf die IT-Kosten. Durch Methoden des Projektmanagements wird die termingerechte und budget-konforme Abwicklung von Projekten sichergestellt. Klare Vorgehensmodelle und Rollenbeschreibungen zwischen dem Akteuren (Fachbereich, IT und Dienstleister) unterstützen zudem die zügige und wirtschaftliche Projektabwicklung.

Ein klares Projektberichtswesen definiert die wichtigsten Projektdokumente und die Zuständigkeiten bei der Erstellung und Pflege dieser Dokumente (vgl. Abb. 3). Typische Dokumente, die z. B. vom Projektteam zu erstellen sind, sind u. a.:

- Arbeitsauftrag,
- Zeitaufschreibung,
- Projektteammeeting.

Der Projektleiter ist insb. für die Erstellung der Phasenabschlussberichte, des Aktivitätenplans, des Problemkatalogs und der regelmäßigen Projektstatusberichte zuständig.

Templates für diese Dokumententypen und Regelungen über die zentrale und für alle Teammitglieder zugängliche Ablage dieser Dokumente sind weitere wichtige Elemente des Projektberichtswesens.

Die folgende Abbildung stellt typische Dokumententypen dar, die von den beteiligten Projektakteuren erstellt werden:

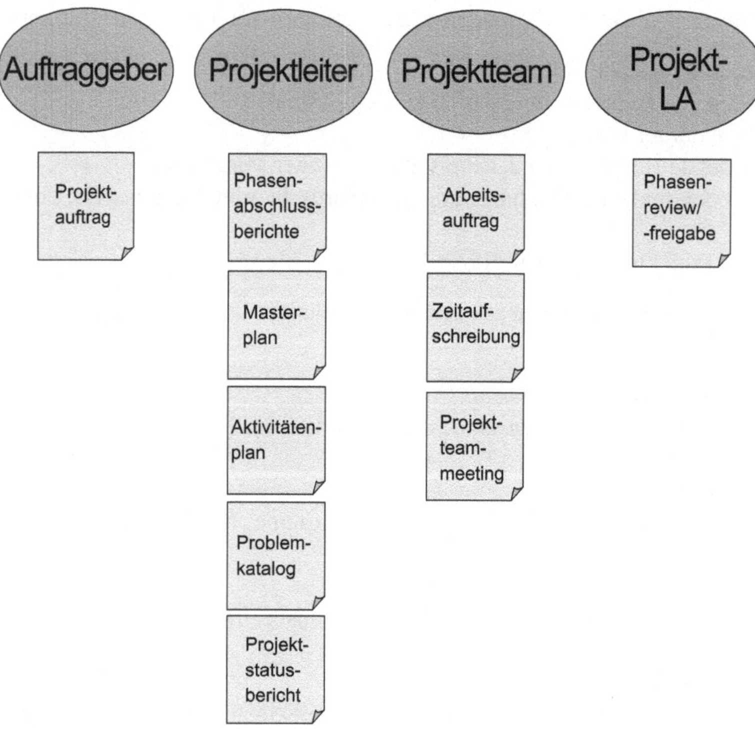

Abb. 3. Projekt-Berichtswesen

Das Projekt beginnt in aller Regel mit der Erarbeitung einer Liste der Geschäftsprozesse, die vom ERP-System unterstützt werden sollen. Diese Liste ist von zentraler Bedeutung, da sie zum einen den Projektumfang bestimmt und sich als roter Faden durch das ganze Projekt hindurchzieht.

Fehlt diese Liste der Geschäftsprozesse, so bleiben der Projektumfang und der Projektfortschritt im Unklaren. Die Liste der Geschäftsprozesse bietet auch dem ERP-Anbieter die Möglichkeit einer Aufwandsschätzung.

Jeder Prozess aus der Liste der Geschäftsprozesse wird im Laufe des Projektes verfeinert, bis dass am Ende des Projektes für jeden Geschäftsprozess zwei Dokumente vorhanden sind: eine systemtechnische Beschreibung und eine benutzerorientierte Beschreibung (vgl. Abb. 4).

Während die systemtechnische Beschreibung vor allem wichtige Customizingeinstellungen aus Sicht des Projektteams beschreibt, umfasst die benutzerorientierte Beschreibung insb. folgende Inhalte:

- Name des Geschäftsprozesses,
- Verbale Beschreibung des Geschäftsprozesses,
- Transaktionen des ERP-Systems bei der Abwicklung des Geschäftsprozesses (incl. Hardcopies von Bildschirmen),
- Erläuterung wichtiger Eingabefelder.

So kann aus der Projektdokumentation direkt das Benutzerhandbuch und die Systemdokumentation erstellt werden.

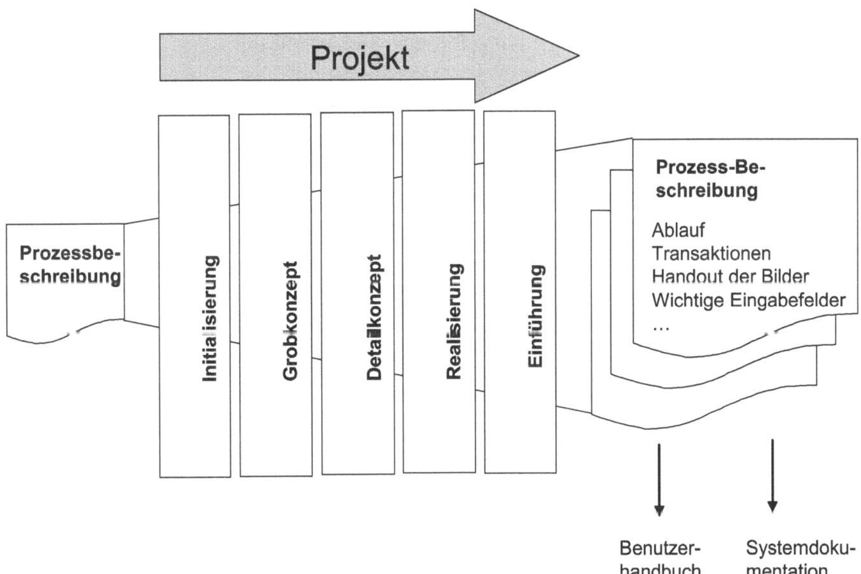

Abb. 4. Rolle der Prozessbeschreibungen

4.2.5 Überblick

Zusammengefasst ergeben sich aus den vorgestellten wertstiftenden Maßnahmen folgende Nutzenpotentiale:

Tabelle 2. Wertstiftende Maßnahmen in der Phase Einführung

Maßnahmen	Wertbeitrag
Geschäftsprozessgeleitete Einführung	• Klare Anforderungsspezifikation im Sinne eines unternehmerischen Prozessmodells • Business Blueprint (Vision der Geschäftsprozesse mit dem neuen ERP-System)
Prototyping	• Frühzeitige und aktive Benutzerbeteiligung
Einführungsstrategie	• Risikominimierung • Optimale Ressourcenplanung
Projektmanagement	• Strukturierte und ressourcenoptimale Organisation der Einführung (on-time und in-buget)

4.3 Maßnahmen in der Phase Betrieb und Wartung

4.3.1 Supportorganisation

Die Organisation des First und Second Level Supports für die Benutzung des ERP-Systems ist eine wichtige Aufgabe zur Sicherstellung eines effizienten Tagesgeschäfts. Gerade die direkte und zügige Betreuung der Endanwender bei Bedienungsproblemen ist wichtig, um unproduktive Wartezeiten zu vermeiden.

Je nach Größe des Unternehmens ist es üblich, folgende Rollen für eine funktionierende Supportorganisation zu schaffen:

- Super User,
- Modulverantwortliche.

Die Einrichtung dezentraler Super User in den Fachbereichen ist hier ein sehr zweckmäßiger Weg. Die Super User verbleiben in der Sachbearbeitung in ihrem angestammten Job und widmen sich zu einem bestimmten Umfang der Unterstützung der Endanwender. Modulverantwortliche, die ggfs. auch in der IT angesiedelt sein können, arbeiten eher systemnah, indem Sie für das Customizing der Module zuständig sind.

Verantwortlichkeiten für den Support sollten schon in den frühen Phasen eines Einführungsprojektes festgelegt werden [vgl. Lelke/Rohmer, S. 47]. So können Barrieren gegenüber dem neuen ERP-System abgebaut und möglichen Ängsten vor zusätzlicher Arbeitsbelastung entgegengewirkt werden. Verantwortlichkeiten können hierarchisch auf Ebene Modul, über Prozessen bis hin zu Teilprozessen herunter gebrochen werden.

4.3.2 Change Management

Das Change Management erfasst und bewertet Change Request. Diese können zum einen technisch bedingt (z. B. Fehlerbeseitigung) sein. Aber sie können vor allem aus fachlichen Gründen abgeleitet von den Anwendern beantragt werden. Bei der Prüfung von Change Request darauf zu achten, ob die gewünschten Änderungen mit der vorhandenen IT-Strategie und IT-Architektur kompatibel sind.

Wie der Support muss auch ein Change Management organisatorisch implementiert werden. Je nach Größe des Unternehmens ist es üblich, in Anlehnung an ITIL folgende Regelungen für ein funktionierendes Change Management zu schaffen:

- Formales Antragswesen für Change Request,
- Priorisierung von Change Request (z. B. in dringend oder weniger dringend),
- Freigabe von Changes
- Implementierung der Changes unter Zusammenfassung mehrerer Changes zu „internen Releasewechseln" unter Beachtung zeitlicher und/oder inhaltlicher Abhängigkeiten.

Als pragmatische Lösung ist es in vielen Unternehmen üblich, das Wartungsbudget zu deckeln, um darüber fachlich erforderliche von kleineren „Kann"-Changes zu unterscheiden.

4.3.3 Lizenzmanagement

Die Lizenzpolitiken der ERP-Anbieter unterscheiden sich. Die angebotenen Lösungen unterscheiden concurrent user über named user bis hin zu unternehmensweiten Lizenzen (sog. Campus Lizenzen). Gerade bei auf named usern basierenden Preismodellen können mit einem aktiven Lizenzmanagement die ERP-Kosten wirksam beeinflusst werden.

Die genaue Anzahl der in einem Unternehmen benötigten Lizenzen variiert und ist einem stetigen Wandel unterlegen. Organisatorische Veränderungen, Neueinstellungen von Mitarbeitern oder Ausgliederungen verändern die Anzahl der Lizenzen. Zudem sind die Preismodelle der ERP-Anbieter oftmals auch rollenabhängig und unterscheiden zumindest zwischen gelegentlichen und häufigen Anwendern.

Untersuchungen der Unternehmensberatung Deloitte zeigen, dass nur ca. 34% der befragten Unternehmen eine vollständige Übersicht über ihren Lizenzbestand hat [vgl. Müller/Schwarze/Nasterlack, S. 14]. Aufgabe eines professionellen Lizenzmanagements muss es daher sein, vor allem in Großunternehmen Einsparungspotentiale aufgrund einer Überlizenzierung aufzuzeigen, Lizenzkosten durch eine Vertragsoptimierung zu optimieren und durch ein aktives Asset Management eine Transparenz über Lizenzen herbeizuführen.

4.3.4 ERP Pricing

ERP-Services werden von einem unternehmensinternen oder -externen Dienstleister erbracht und den Endanwendern im Unternehmen zur Verfügung gestellt. Unter einem ERP-Service werden dabei neben den reinen Lizenzkosten auch die Kosten für Hardware, Netzwerk, Support und Nutzung des ERP-Systems verstanden. ERP-Services werden innerhalb eines Unternehmens in Richtung der Endanwender mit einer Service Fee bepreist, die unterschiedlich granular bemessen werden kann. Modelle reichen hier von einer monatlichen ERP Flat Fee pro Endanwender, mit der eine pauschale Nutzung des Systems abgegolten wird, oder nutzungsabhängige Modelle, wonach die monatliche Nutzungsgebühr je nach Inanspruchnahme des Systems bepreist wird.

Unabhängig von dem eingesetzten Modell schafft ein ERP Pricing überhaupt die Voraussetzung für eine Kostentransparenz und ein Kostenbewusstsein bei den Endanwendern.

4.3.5 Kundenzufriedenheitsmessungen

Im Zuge einer verstärkten Positionierung von IT-Einheiten als moderne, kundenorientierte Dienstleister ist es selbstverständlich, die Endanwender regelmäßig auch nach der Zufriedenheit mit dem ERP-System zu befragen.

Kundenzufriedenheit in Bezug auf den ERP-Einsatz sollte zweigestuft werden: Zufriedenheit der Endanwender, die im Tagesgeschäft das ERP-System benutzen und Zufriedenheit der Entscheidungsträger im Unternehmen hinsichtlich der Unterstützung von Geschäftszielen und Geschäftsprozessen.

Bei der Zufriedenheit bei den Endanwendern stehen Aspekte der Systemverfügbarkeit, Stabilität und Benutzerfreundlichkeit im Vordergrund. Bei der Zufriedenheit der Entscheidungsträger gilt es, die zielgerechte Unterstützung der Geschäftsprozesse durch das ERP-System zu beleuchten, wie z. B. die Flexibilität auf geänderte geschäftliche Anforderungen oder die Transparenz über die ERP-Kosten.

4.3.6 KPI Management

Unter KPI Management wird das Monitoring des ERP-Systems anhand von Kennzahlen (sog. Key Performance Indicators) verstanden, um die Qualität des ERP-Einsatzes zu messen und um Hinweise auf Verbesserungsmöglichkeiten im Einsatz des Systems zu liefern.

Neben reinen systemtechnischen Kennzahlen wie Down-Time-Zeiten oder durchschnittliche Antwortzeiten von Benchmark-Transaktionen können auch fachliche Prozesskennzahlen gewonnen werden.

Hohe ERP-Betriebskosten entstehen vor allem durch überflüssige oder falsch genutzte Eigenentwicklungen, nicht ausgeschöpfte Möglichkeiten der Standardfunktionalität sowie mangelnde Transparenz für die überhaupt vorhandenen Standardfunktionen [vgl. Bohr, S. 28]. KPIs messen die tatsächliche Nutzung eines ERP-Systems und liefern so Indikatoren für das Aufspüren von Schwachstellen und Einsparpotentialen. Gängige KPIs mit Bezug vor allem auf Kosten und Produktivität sind z. B. [vgl. Bohr, S. 24f.]:

- Anteil von Eigenentwicklungen in einer ERP-Installation,
- Anteil ungenutzter, eigenentwickelter Transaktionen,
- Einsparpotential im Bereich der Betriebs- und Wartungskosten für ungenutzte Eigenentwicklungen,
- Anteil nicht genutzter Standardtransaktionen.

Das KPI-Management ist Teil einer umfassenden Performancekontrolle eines ERP-Systems. Diese Performancekontrolle kann in die folgenden Tätigkeiten unterteilt werden [vgl. Kersten/Müller/Schröder, S. 189]:

- Qualitätsmessung des ERP-Projektes,
- Beurteilung von Akzeptanz und Beherrschung des Systems,
- Nutzungsintensität des Systems,
- monetäre Bewertung des ERP-Einsatzes.

4.3.7 Überblick

Zusammengefasst ergeben sich aus den vorgestellten wertstiftenden Maßnahmen folgende Nutzenpotentiale:

Tabelle 3. Wertstiftende Maßnahmen in der Phase Betrieb

Maßnahmen	Wertbeitrag
Supportorganisation	• Minimierung von unproduktiven Zeiten in Form von Falsch- oder Fehlbedienungen
Change Management	• Priorisierung von Changes • Ressourcenoptimierung durch interne Releasewechsel
Lizenzmanagement	• Kostenoptimierung durch Aufzeigen von Über-/Unterlizenzierung
ERP Pricing	• Verursachungsgerechte Leistungsverrechnung • Schaffung von Kostenbewusstsein und -transparenz bei den Anwendern
Kundenzufriedenheitsmessungen	• Stärkung des Dienstleistungsgedankens der IT • Erkennen von Verbesserungspotentialen
KPI Management	• Systemtechnisches Erkennen der Nutzung eines ERP-Systems • Erkennen von Verbesserungspotentialen

4.4 Phasenübergreifende Maßnahmen

4.4.1 Architekturmanagement und Instanzenmanagement

Gerade in Großunternehmen sind ERP-Instanzen in der Vergangenheit unkoordiniert entstanden. Im Zuge einer aktiven IT-Governance stellen sich derzeit viele Unternehmen die Frage, ihre ERP-Architektur zu konsolidieren. Dabei entstehen aus zahlreichen, z. B. gesellschaftsbezogenen Instanzen, nationale oder internationale Instanzen.

So arbeitet derzeit z. B. die BASF AG an einem Konsolidierungsprojekt, bei dem drei SAP-Systeme für den kaufmännischen Bereich, die Instandhaltung und die Logistik zu einer gemeinsamen ERP-Plattform mit insg. 13.000 Anwendern zusammengeführt werden [vgl. BASF IT-Services, S. 1].

Die Vorteile sind Kosteneinsparungen bei Hardware und Lizenzen, aber vor allem bei der Supportorganisation. Neben diesen Kostenüberlegungen entsteht jedoch ein weiter Effekt: die Standardisierung von Prozessen in einem Konzern. Ein erster Schritt in Richtung Konsolidierung ist dabei eine physische Konsolidierung durch Zentralisierung von Rechenkapazitäten.

Konsolidierung der Systeme erfolgt vor dem Hintergrund der Standardisierung, um IT-Leistungen zu steigern und Kosten zu senken [vgl. Ullerich, S. 60]. Standardisierung bedeutet dabei zunächst auf fachlicher Ebene die Identifikation von Best Practices und den Rollout dieser in die unterschiedlichen Gesellschaften, Geschäftsbereiche oder Regionen eines Unternehmens. Durch vorkonfigurierte Konzerntemplates können Einführungs- bzw. Rollout-Projekte ebenfalls standardisiert werden, was zu kostengünstigeren Einführungskosten führt. Auch die Wartungs-, Service- und Adminstrationsarbeiten können optimiert werden, da sich durch die Standardisierung der Systeme der Aufwand insgesamt verringert.

Das Instanzenmanagement ist in ein umfassendes ERP-Architekturmanagement zu integrieren. Aufgrund der Rückgrat-Funktion des ERP-Systems existieren vielfältige Schnittstellen zu anderen Anwendungen, die geplant, implementiert und gewartet werden müssen. Vor allem hat die IT-Governance bei der Planung neuer Anwendungen insb. zwischen den beiden Alternativen „All-in-One" oder „Best-of-Bread" zu entscheiden.

4.4.2 ERP Hosting

Das Outsourcing von ERP-Services kann einen Beitrag leisten, um Betriebskosten zu senken oder zumindest Kosten zu variabilisieren, fehlendes Know-How zu kompensieren und fehlende Ressourcen zu kompensieren.

Eine Weiterentwicklung des Outsourcing-Gedankens ist das Konzept der Dynamic Services. Die Idee ist, nur das zu nutzen und zu bezahlen, was ein Unternehmen tatsächlich benötigt. So kann ein Unternehmen seine IT-Ressourcen exakt an den tagesaktuellen Geschäftsbedarf beziehungsweise an den Bedarf der Anwendungen anpassen, wodurch ERP-Betriebskosten deutlich reduziert werden können.

Insb. können Investitionen in eigene Hardware und Software eingespart werden. Mit Dynamic Services bezahlen Unternehmen nur die jeweils bestellte Menge.

Viele Unternehmen starten in das Outsourcing von ERP-Services mit der Überlegung, dass der Unterhalt eines eigenen Rechenzentrums nicht zu ihrer Kernkompetenz zählt. Das Kerngeschäft rückt in den Mittelpunkt und für die eigene IT sorgt der externe Dienstleister, vom sicheren Betrieb bis zum Bereitstellen von Ressourcen in der richtigen Menge, rund um die Uhr und je nach Unternehmensgröße weltweit.

4.4.3 Stammdatenmanagement

ERP-Systeme sind hochintegrierte Anwendungen, die auf gemeinsamen, zentralen Stammdaten basieren. Kunden-, Lieferanten- und Produktdaten sind in einem integrierten ERP-System redundanzfrei zumeist in einer zentralen Datenbank vorhanden.

Die technische Möglichkeit einheitlicher, zentraler und integrierter Stammdaten allein bietet allerdings noch die Gewähr für redundanzfreie und konsistente Stammdaten. Dieser Nutzen stellt sich erst durch die Einführung entsprechender Prozesse zur Stammdatenpflege ein. So ist es z. B. für ein Chemieunternehmen eine zentrale und konsistente Pflege von Rohstoffen unabdingbar. Oftmals erkennen Unternehmen diese Notwendigkeit allerdings erst spät und vergessen bei der Einführung eines ERP-Systems die Ausgestaltung entsprechender Stammdatenprozesse. Einheitliche, redundante und konsistente Stammdaten sind jedoch der „Betriebsstoff" funktionierender ERP-Systeme.

4.4.4 TCO-Management

TCO-Management bedeutet, Kenntnis über die ERP-Kosten in einem Unternehmen zu haben und diese Kosten zu optimieren. Die SAP® AG hat ein eigenes TCO-Modell entwickelt und unterscheidet darin 7 Kostenkategorien [vgl. Ullerich, S. 8]:

- Hardware und Software Investitionen,
- Implementation,
- Hardware und Software Ongoing Costs,
- Operations,
- Continuous Improvement Project,
- Upgrade Projects,
- End User Usage.

Die Kostenkategorie End User Usage stellt dabei eine indirekte, nicht-budgetierte Kostengröße dar, die durch Ineffizienzen bei der Nutzung des Systems entstehen (z. B. Nicht-Verfügbarkeit des Systems, falsche Nutzung des Systems).

Eine TCO-Analyse liefert wertvolle Daten zur lebenzyklusorientierten Optimierung des ERP-Systems. Erfahrungen zeigen dabei, dass Hardwarekosten zunehmend an Bedeutung verlieren und zunehmend Implementierungs- und Operationskosten in den Mittelpunkt gelangen. Typische Kostentreiber sind [vgl. Ullerich, S. 58):

- Phase Implementierung: unterschiedliche Hardwarebetreuung, unterschiedliche Betriebssysteme, fehlender oder unzureichender Projektauftrag
- Phase Support: Change Management (Einspielen von Patches, Support Packages etc.), unterschiedliche Releasestrategien für Softwarekomponenten, Monitoring komplexer Systemlandschaften
- Phase Schulung: aufwändige Schulungen bei komplexen Systemlandschaften
- Phase Wartung: vorsorgliche Pflege (Einspielen von Hinweisen), regelmäßiges Einspielen von Patches.

Verbunden mit einem Benchmarking (z. B. branchenbezogene Benchmarks) gibt die Kenntnis der ERP TCO wichtige Hinweise zur Optimierung des Systems und zur Steuerung der IT-Ausgaben.

4.4.5 Überblick

Zusammengefasst ergeben sich aus den vorgestellten wertstiftenden Maßnahmen folgende Nutzenpotentiale:

Tabelle 4. Wertstiftende Maßnahmen übergreifender Art

Maßnahmen	Wertbeitrag
Architekturmanagement und Instanzenmanagement	• Standardisierung von Geschäftsprozessen • Optimierung der IT-Ressourcen, insb. der Betriebskosten
ERP Hosting	• Variablisierung der Betriebskosten • Konzentration auf das Kerngeschäft
Stammdatenmanagement	• Optimierung der Redundanzen in Stammdaten • Schaffung klarer Verantwortlichkeiten für die Pflegeprozesse von Stammdaten
TCO-Management	• Hinweise zur Optimierung der ERP-Kosten • Ermöglichung des Benchmarkings

5 Zusammenfassung

ERP-Systeme stellen einen Wert für Unternehmen dar. ERP Value ist ein lebenszyklusumfassendes Konzept zur Optimierung der Effizienz und Effektivität von ERP-Systemen. In jeder Lebenszyklusphase sind entsprechende Instrumente zur Optimierung des Wertes von ERP-Systemen einzusetzen.

Der vorliegende Beitrag stellte übersichtsartig wichtige Instrumente vor. Je nach der spezifischen Ausgangssituation (insb. dem eigenen ERP-Reifegrad) sollte ein Unternehmen individuell den Einsatz jedes der vorgestellten Instrumente prüfen und identifizieren, welchen Beitrag dieses zur Optimierung des Wertes des eigenen ERP-Systems beitragen kann.

Die folgende Abbildung fasst die in diesem Beitrag beschriebenen Maßnahmen zur Wertsteigerung eines ERP-Systems zusammen:

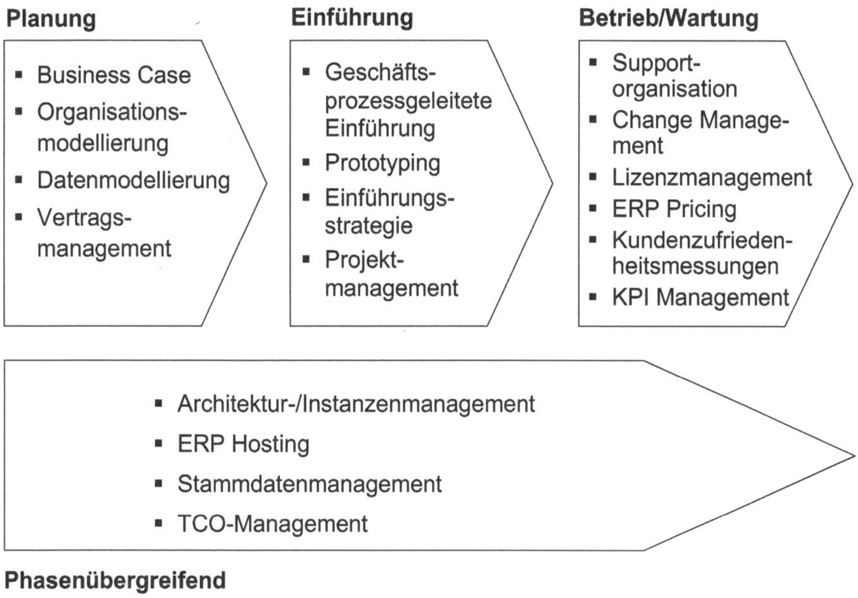

Abb. 5. Wertstiftende Maßnahmen

Literaturverzeichnis

Abts, D., Mülder, W., Grundkurs Wirtschaftsinformatik, 5. Aufl., Wiesbaden 2004

Alpha Business Solutions AG (Hrsg.), ERP Trend 2007, www.topselect.de

BASF IT-Services (Hrsg.), BASF-Gruppe. Einheitliche Plattform für drei SAP-Systeme, www.basf-it-services.com

Betz, Martin, Wie ERP-Investitionen zum Erfolg werden, in: IT-Management, Heft 7/2006, S. 36–40

Bohr, Diana, Methodengestützte Messung der Wertschöpfung, in: IT-Management, Heft 10/2006, S. 24–28

Dibbern, Peter/Günther, Olvier/Teltzrow, Maximilian, Produktivitätsmessung von ERP-Lösungen, in: ERP Management 1(2005)1, S. 17–20

Goltsche, Wolfgang, COBIT kompakt und verständlich, Wiesbaden 2006

Grupp, Bruno, Das IT-Pflichtenheft zur optimalen Softwarebeschaffung, 2. Aufl., Bonn 2003

Intelligent systems solutions i2s (Hrsg.), Anwenderzufriedenheit ERP/Business Software Schweiz 2005/06, Zürich 2006

Kersten, Ralf/Müller, Arno/Schöder, Hinrich, IT-Controlling – Messung und Steuerung des Wertbeitrags der IT, München 2007

Köhler, Peter T., ITIL – Das Servicemanagement Framework, Berlin Heidelberg New York 2005

Lelke, Frank/Rohmer, Stephan, Acht Erfolgsfaktoren bei der Einführung von SAP, in: IS Report 9/2007, S. 44–47

Müller, Peter P/Schwarze, Lars/Nasterlack, Stephan, Professionelles IT Lizenzmanagement – Die Herausforderung für die Zukunft, in: Information Management & Consulting 21(2006)2, S. 14–18

Ullerich, Tatjana, TCO-Modell für SAP-Systeme am Beispiel mySAP CRM mit SAP Enterprise Portal, SAP-Hefte, Bonn 2004

Standardisierung von Geschäftsprozessen in den Auslandsgesellschaften durch ein einheitliches ERP-System

Johannes Stephany

1 Einleitung

Der Zusammenhang zwischen einheitlichen und integrierten Systemen und der Unterstützung des Business wird vielfältig und kontrovers diskutiert. Auch bei GARDENA ist diese Debatte geführt worden: „Können die Business-Prozesse effizient unterstützt werden durch ein System, das auf Grund der Integration auf der einen Seite eine hohe Transparenz der Informationen und Prozesse bietet, aber auf der anderen Seite gerade dadurch vielleicht behäbig und starr ist?"

Eine weitere Debatte schloss sich an: „Muss in einer kleinen Vertriebsgesellschaft ein so komplexes System mit viel Aufwand eingeführt werden, obwohl dort doch nur Aufträge erfasst werden sollen?" Damit musste entschieden werden, ob mit einem 2nd-tier-ERP-System die kleinen Gesellschaften kostengünstiger versorgt werden könnten oder nicht.

Bei GARDENA wurde schnell klar, dass Antworten auf diese Fragen erst gegeben werden können, wenn klar ist, welche Business-Prozesse wie unterstützt werden sollen. Erst wenn dies klar ist und dies im Idealfall für alle Vertriebsgesellschaften gilt, kann ein ERP-System erst ausgesucht werden – oder ein komplexes System mit überschaubarerem Aufwand implementiert werden.

Der folgende Beitrag schildert das Vorgehen, mit dem GARDENA zu einer Entscheidung gelangt ist und große messbare Erfolge hat.

2 GARDENA

2.1 Das GARDENA-Business

Die Marke GARDENA

Die Marke GARDENA ist eine der stärksten Marken auf dem Gartensektor im internationalen Wettbewerb. So beträgt z. B. der ungeschützte Bekanntheitsgrad der Marke GARDENA in Deutschland ca. 80% nur knapp hinter der Marke Mars.

Hier schlägt sich ein von Beginn an konsequent verfolgter Weg des Markenaufbaus über innovative und qualitativ hochwertige Produktlösungen mit einer unverkennbaren Designsprache und Markenkommunikation zum Handel und Endverbraucher nieder.

Mit der Vision und dem zentralen Markenversprechen von GARDENA, Gartenarbeit durch intelligent-einfache Produktlösungen zu erleichtern, hat die Marke international Standards gesetzt und sich eine führende Position im Handel und beim Endverbraucher verschafft. Diese starke Marktstellung, gepaart mit hohen Sympathie- und Bekanntheitswerten, bilden für die Marke GARDENA die ideale Voraussetzung für eine erfolgreiche Entwicklung. Die Richtung und Inhalte für die angestrebte Weiterentwicklung kommen vom Markt selbst. Mit der Ausweitung des Themas Garten vom Nutzgarten zum „naturverbundenen Lebensraum" wird dem Garten zukünftig eine wachsende Bedeutung zukommen und zugleich das Marktvolumen für Gartenprodukte sowie Dienstleistungen und Services rund um die Themen Gartenplanung, -gestaltung und -pflege in den nächsten Jahren überproportional steigen.

Die Produkte

GARDENA ist mit zwei Produktbereichen im Markt vertreten: Im Produktbereich „Wasser", angefangen vom Original GARDENA Stecksystem mit Spritzen, Brausen, Regnern über Pumpen und Teiche bis hin zu kompletten Bewässerungssystemen ist GARDENA der Marktführer in Europa. Im Produktbereich „Bodenbearbeitung/Schneiden", also von Hacken, Rechen über Scheren aller Art und Trimmer bis hin zu Rasenmähern, ist Gardena in allen Märkten unter den Top 5 Anbietern.

Die Kunden

Die Handelspartner von GARDENA sind Baumärkte, Fachmärkte und Gartencenter. Die Baumärkte nehmen dabei eine dominante Stellung ein. Sowohl der Anteil am Konzernumsatz begründet die Dominanz, als auch die Organisation und Marktkonzentration der hinter den einzelnen Märkten stehenden Ketten. Jeder kennt die bekannten Baumarktketten und vielleicht auch deren internationale Verbreitung. Wie auch in der Industrie findet bei den Do-it-yourself-Ketten eine Konsolidierung statt. Für GARDENA bedeutet dies, dass die Anzahl der Handelspartner tendenziell abnimmt und deren Umsatzanteile sich konzentrieren. Das bedeutet natürlich auch eine Verschiebung der „Kräfteverhältnisse". GARDENA hat dabei den Vorteil, dass aufgrund der Markenbekanntheit an GARDENA „kein Weg vorbeiführt". Nichtsdestotrotz werden die Verhandlungen um Preise, Konditionen, Lieferperformance etc. immer herausfordernder.

So wie seine Kunden ist der GARDENA-Konzern international aufgestellt. Gleichwohl GARDENA mit den Produkten in etwa 100 Ländern präsent ist, liegt der Hauptfokus doch auf europäischen und daran angrenzenden Ländern. In nahezu jedem dieser Länder hat GARDENA eine eigene Vertriebsgesellschaft. Ihre Aufgaben sind im Wesentlichen die verkaufsunterstützende Markt- und Kundenbearbeitung auf nationaler Ebene. Bei international vertretenen Kunden wird die enge Abstimmung mit den Vertriebskollegen anderer Länder immer wichtiger. Deshalb sind die Vertriebsgesellschaften bei GARDENA in Regionen zusammengefasst. Auf Ebene der Regionen werden die internationalen Kunden betreut.

Die zentrale Vertriebs- und Konzernsteuerung ist in Ulm angesiedelt. Ebenfalls in Ulm sind die weiteren Zentralbereiche angesiedelt wie beispielsweise die Produktentwicklung, der Einkauf, die Qualitätssicherung, der Service, die Logistik und auch die IT. Die Herstellung der Produkte ist in Ulm bzw. im Umkreis angesiedelt. In der näheren Umgebung gibt es ein Werk, in dem die Kunststoff-Teile für die GARDENA-Produkte als auch – als OEM-Produzent – Produkte für namhafte Markenhersteller u. a. der Automobilbranche hergestellt werden. Nicht weit davon entfernt hat GARDENA eine Metallfertigung, in der ein Großteil der Metall-Teile für GARDENA gefertigt werden. Diese Teile werden dann in Ulm zu fertigen Produkten montiert. In Tschechien gibt es jeweils ein Pendant zur Montage und der Kunststoff- bzw. Metallproduktion.

Die Marktposition

Die Marktposition wird unter anderem durch drei Kompetenzbereiche gesichert und gestärkt.

Zum einen wird durch eine hohe **Innovationskraft** die Marktführerschaft ausgebaut. So bringt GARDENA pro Jahr 100 bis 150 neue Produkte auf den Markt. Zum zweiten sind die operativen **Prozesse** der Supply Chain, Produktion und Logistik durch konsequente Optimierung sowohl kostengünstig als auch zuverlässig. Konsequente Ausrichtung auf die Besonderheiten unseres Marktes und die ständige Anpassung an Veränderungen helfen uns hierbei. Zum Dritten führt die dadurch unterstützte **Flexibilität** in einem extrem wetterabhängigen Markt zu einer sehr guten Lieferfähigkeit.

Die Umsatzkurve verdeutlicht die Saisonalität und Schwankungsbreite im gleichen Zeitraum. Die Saisonalität, also die Varianz zwischen dem geringsten und höchsten Umsatz pro Woche beträgt je nach Jahr zwischen Faktor 7 und 20. Die

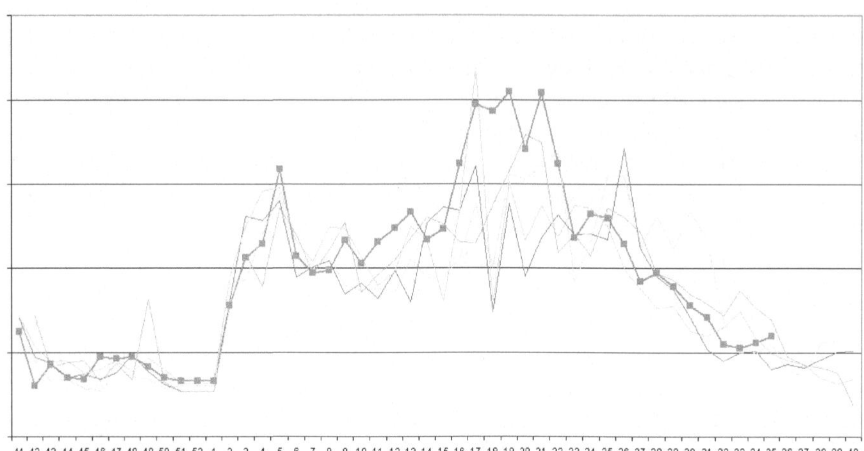

Abb. 1. Umsatz pro Woche

Schwankungsbreite, also der Umsatz in einer Woche im Vergleich mehrerer Jahre beträgt bis zu Faktor 4. Hinzu kommt die Abhängigkeit des Bedarfes vom Wetter: Trockenperioden ab 1,5 Wochen führen zu einem sprunghaften Anstieg des Bedarfes an Bewässerungsprodukten. Hingegen bringt ein Wachstum förderndes Wetter, also Temperaturen ab 17–18°C und ausreichend Regen einen starken Bedarf an Schneidprodukten.

Die Herausforderung lautet also, kostengünstig zu jedem Zeitpunkt der Saison die richtige Ware am richtigen Ort zu liefern. GARDENA meistert dies durch eindeutig definierte Prozesse und Verantwortung. Dabei liegt die Verantwortung der Prozesse Supply Chain, Produktion und Logistik im Headquarter in Ulm.

2.2 *IT follows Business oder IT@GARDENA*

Entsprechend dieser Organisationsstruktur ist auch die IT zentral aufgestellt. Die Verantwortung aller IT-relevanten Entscheidungen weltweit liegt bei der zentralen IT-Leitung. Hier wird die IT-Strategie definiert und deren Umsetzung sichergestellt.

Die wesentliche Orientierung für die IT ist die konsequente Ausrichtung am Business: IT follows Business. Diese Ausrichtung betrifft neben der optimalen Unterstützung der Prozesse auch die Art und Weise, wie Services angeboten werden. Ein Konzern mit einer vergleichsweise hohen Fertigungstiefe kann in seiner Dynamik besser durch eine IT mit vergleichbarer Fertigungstiefe unterstützt werden. Der Anspruch an Flexibilität, Schnelligkeit und Qualität bestimmt den Anteil an eigenem Know-How und damit die Verteilung der Ressourcen.

Ein zentraler Service ist das ERP-System SAP®. Die implementierten Module unterstützen die Kernprozesse:

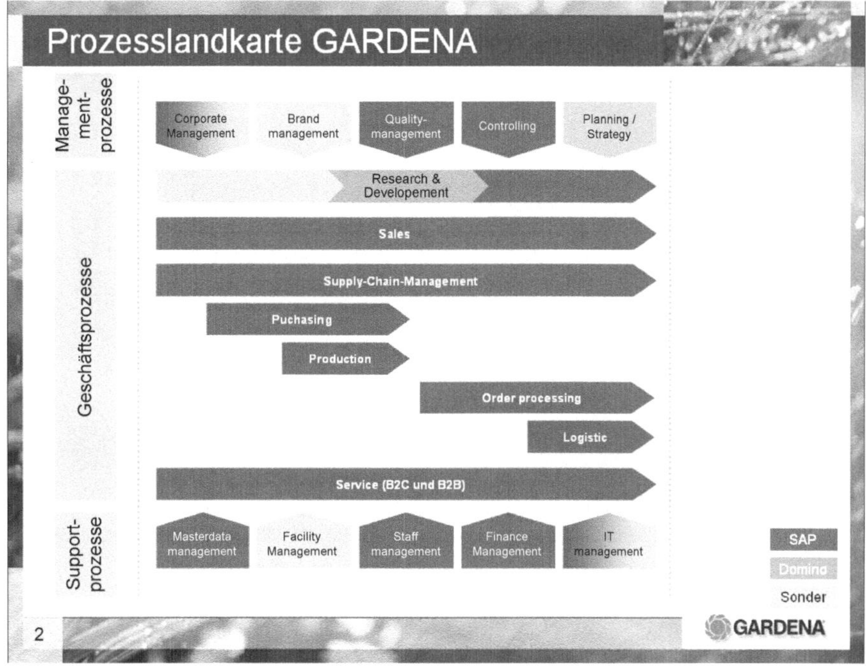

Abb. 2. Prozesslandkarte von Gardena

Dabei ist ein besonderer Vorteil, dass durch die Abbildung der betrieblichen Geschäftsprozesse in einem integrierten System die Transparenz und Informationsgeschwindigkeit in besonderem Maße die Steuerung des Business unterstützt.

Ein weiterer zentraler Service ist das Domino-System. Neben den Standardfunktionen wie E-Mail und Kalender ist eine Vielzahl von Applikationen implementiert, die in Teilprozessen spezielle GARDENA-Besonderheiten unterstützen.

Natürlich erfolgt das Management der unternehmensweiten IT-Infrastruktur zentral. Dazu gehören das Netzwerk (LAN/WAN), der Internetaccess und die damit verbundene Sicherstellung der Security, das Fat- und Thin-Client-Management, das User- und Printer-Management und der Service-Desk.

Einzige Ausnahme sind noch vorhandene Legacy-Systeme in den wenigen Gesellschaften. Diese sind operativ lediglich im Reporting-Prozess integriert und nutzen hierfür zentrale Reportingsysteme.

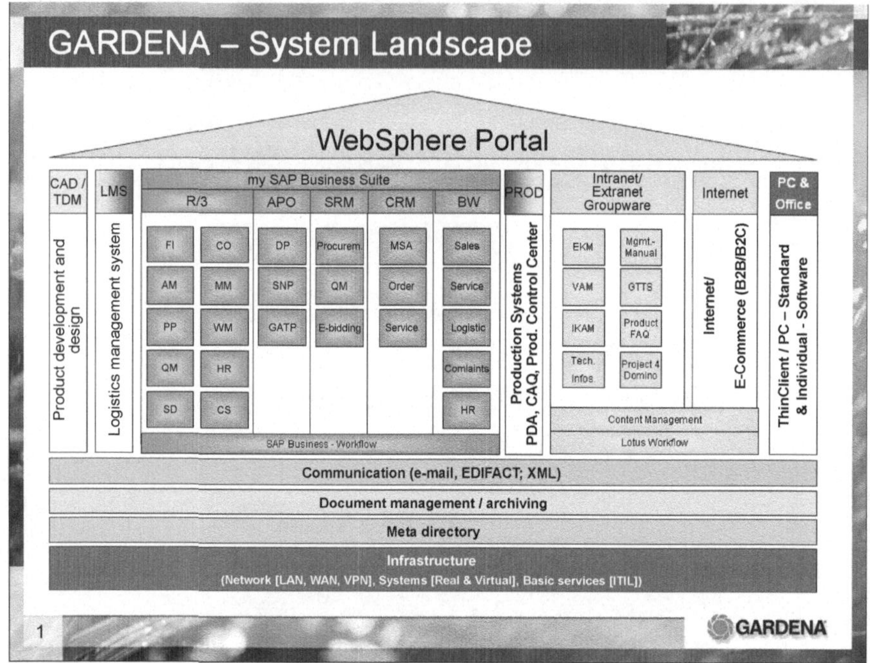

Abb. 3. Systemlandschaft von Gardena

3 Ehrgeizige Business-Ziele

3.1 Die Zielsetzung

Zwei wesentliche Entwicklungen haben die Kostensensibilität operativer Primärkosten deutlich erhöht. Nach dem Übergang von der Personengesellschaft zur AG wurden in den 90er Jahren vielfältige Vorbereitungen für die Entwicklung zum Weltkonzern getroffen: Mehrmarkenstrategie, Vertriebsstrukturen für Expansion und Vorbereitung operativer Kapazitäten auf signifikantes Wachstum führten zum Anstieg der Kosten und Reduktion der Rendite. Das Wachstum trat nicht in der Form ein. Deshalb wurden Korrekturmaßnahmen ergriffen.

Im Jahr 2002 wurde GARDENA durch einen Private-Equity-Fond übernommen. Demzufolge wurde die Sensibilität für operative Kosten nochmals erhöht. Daneben wurden aber auch Wachstumsprojekte verstärkt. Die beiden wesentlichen Ansatzpunkte waren:

1. Operative Kosten senken

- Stringenter Make-or-Buy-Prozess
  Bei der Entstehung neuer Produkte sowie der Überarbeitung wurden feste Regeln etabliert, nach denen entschieden wird, ob ein Teil selbst hergestellt wird

oder gekauft wird. In diesem Zusammenhang wurde auch der Anteil des Fern-Ost-Imports verstärkt. Für die Produktion bedeutet dies eine verstärkte Konkurrenzsituation. Deshalb wurden große Anstrengungen unternommen, die „intelligente" Steuerung der Produktionsstandorte in Bezug auf Produktionskosten, Transportkosten, Flexibilität etc. zu optimieren.

- Optimierung der Supply-Chain
  Die Optimierung der Bestände und der Lieferquote wird durch Zentralisierung (Reduzierung der dezentralen Landesläger) und der Reduzierung der Fertigwarenbestände erreicht. Zur Erhaltung bzw. Steigerung der Lieferfähigkeit wurden die Bestände der Halbzeuge und Rohwaren erhöht. Zusammen mit der Flexibilisierung der Produktion (Make to Order) und des zunehmenden Anteils der durch Direktbelieferung versorgen Märkten konnte neben der Reduzierung der Bestände gleichzeitig eine Erhöhung der Lieferquoten erreicht werden (vgl. Abb. 4).

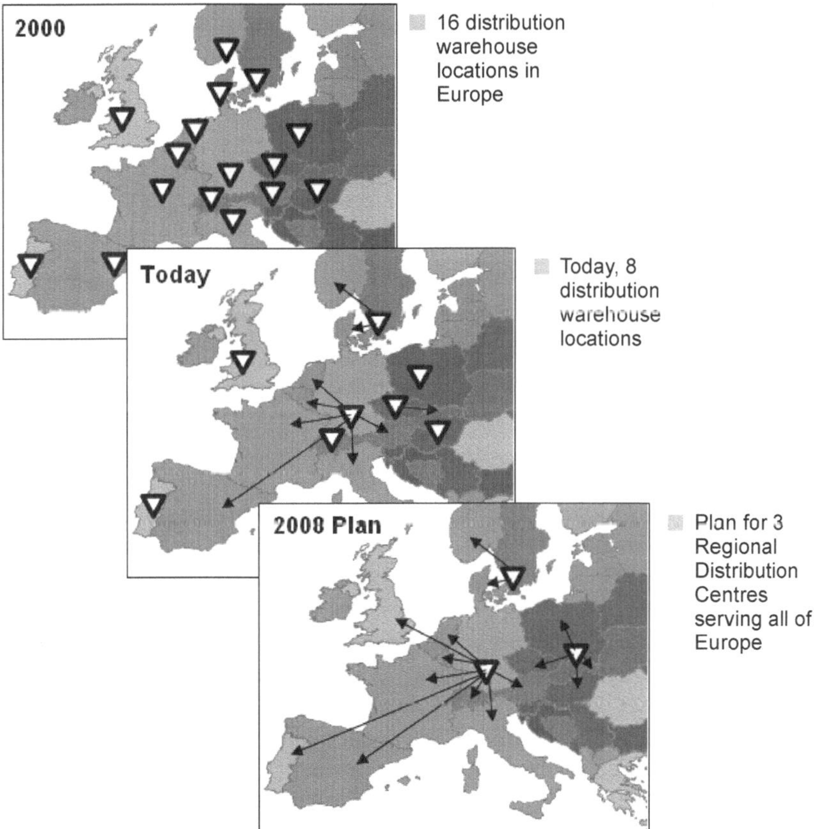

Abb. 4. Reorganisation der Supply Chain

- Optimierung im Back-Office
  Bei den nicht wertschöpfenden Zentralbereichen wurde die Einführung von Shared Service Center überprüft und zum Teil umgesetzt. In manchen Bereichen wie Finance, Treasury, Human Resources und IT konnte durch die Zentralisierung von Aufgaben deutlich Kosten gesenkt werden.

2. Transparenz steigern

- Reporting
  Die Einführung und konsequente Umsetzung einer einheitlichen Reporting-Systematik führte zu einer neuen Qualität der Transparenz und Aktualität der Informationen. Mit der Vereinheitlichung der Methodik wurde auch ein gleiches Verständnis geschaffen. Auf dieser Basis können nun sowohl die Geschäftsführer der Gesellschaften als auch das zentrale Management das Business analysieren und gemeinsam weiterentwickeln.
- Finanzen
  Die Basis für das Reporting ist natürlich ein einheitlicher Kontenrahmen und identische Verbuchungsregeln.
- Kundenbeziehung
  Für ein verbessertes Management der Kundenbeziehungen wurden die Konditionen und Rabattvereinbarungen überarbeitet. Daneben hat die Vereinheitlichung der Kundenhierarchien die interne Transparenz der Kundeninformationen international agierender Kunden erhöht.

Diese Maßnahmen erhöhten insgesamt die Steuerbarkeit und die Flexibilität der Prozesse bei gleichzeitiger Reduzierung der operativen Kosten.

3.2 Der Lösungsansatz

Die Erfüllung der erwähnten Businessziele kann nur dann gelingen, wenn ein ganzheitlicher Ansatz gewählt wird. Eine Erhöhung der Transparenz kann nur durch eine „Durchlässigkeit" von Informationen über Prozessgrenzen und Landesgrenzen hinweg funktionieren.

Vertriebs- und Finanzkennzahlen müssen einheitlich konsolidierbar sein, damit im Umkehrschluss durch einen Drill-down Einzelsituationen analysiert werden können. Dies bedingt international einheitliche Strukturen. Um einheitliche Strukturen zu schaffen, müssen die Businessprozesse bekannt sein: Wo sind diese einheitlich und wo müssen sie regional verschieden sein?

Wenn einzelne Verantwortungsbereiche ihre Prozesse zu optimieren versuchen, ohne die Auswirkungen auf andere Bereiche zu berücksichtigen, dann kann dieses Ziel nur schwer erreicht werden. Aus diesem Grunde wurde bei GARDENA ein prozessorientiertes Vorgehen gewählt. Entscheidender Gedankengang ist hier „IT follows Business" oder auch „P2A – Process to Application". Im Nachgang können dann Rückschlüsse gezogen werden, mit welcher IT-Architektur dies erfolgreich und kostenoptimal umgesetzt werden kann.

Die generelle Frage bezüglich der optimalen Unterstützung ganzheitlicher Strukturen und Prozesse entweder nach dem Ansatz „Best of bread" oder nach dem Prinzip „zentrales einheitliches System" wurde bei GARDENA pragmatisch entschieden: Dort, wo der Business-Impact groß ist, wo eine zentrale Vertriebstransparenz wichtig ist und wo eine Unterstützung der internationalen Logistikprozesse notwendig ist, wird das zentrale SAP-System ausgerollt. Gesellschaften, deren Umsatzpotential eher gering und deren Marktsituation speziell ist, können vorerst ihr Legacy-System behalten. Diese Länder berichten aber nach einheitlichen Konzernrichtlinien. Auf diese Weise arbeitet mittlerweile eine große Anzahl von Landesgesellschaften mit SAP® – ca. 85% des Gesamtumsatzes im GARDENA-Konzern wird über SAP® abgewickelt.

4 Das Projekt

4.1 Die Methodik der Prozessdokumentation

In der ersten Phase des Projektes war es wichtig, die Methodik der Aufnahme, der Visualisierung und damit die Basis einer gemeinsamen Sprache zu definieren. Hierbei wurde ein Modell entworfen, das zum einen verschiedene Detaillierungsebenen erlaubt, als auch in der Darstellung ein hohes Maß an Verständlichkeit gewährleistet. Analog zu den verschiedenen Detaillierungsgraden von Landkarten – Europa/Deutschland/Bundesland/Stadtplan – wurden für die Detaillierungsgrade der Prozessdarstellungen vier Ebenen definiert.

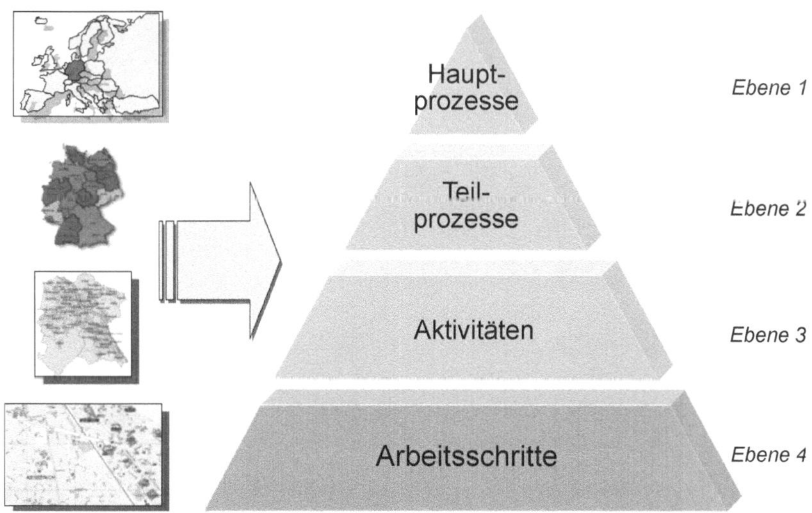

Abb. 5. Prozessebenen

Hierbei wurde auf bewährte Methodiken zurückgegriffen: Auf den Ebenen 1 bis 3 verwendet GARDENA das Wertschöpfungskettendiagramm (WKD):

Abb. 6. Wertschöpfungsdiagramm

Auf Ebene 4 werden die Prozesse durch „erweiterte ereignisgesteuerte Prozessketten" (eEPK) dargestellt:

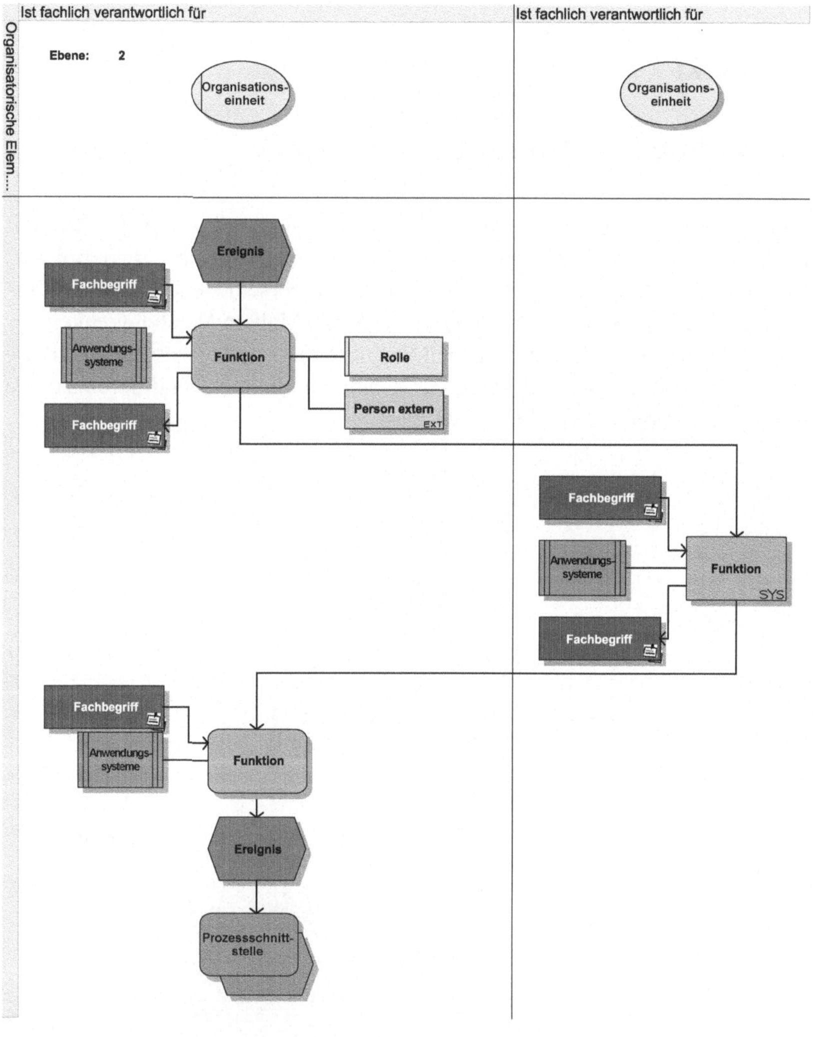

Abb. 7. Ereignisgesteuerte Prozessketten

Diese Darstellung ermöglicht es, die wesentlichen Informationen strukturiert zu sammeln. Um die graphische Darstellung nicht zu überfrachten, wurden zu jeder Funktion/Tätigkeit erweiterte Attribute erfasst. Diese sind:

Tabelle 1. Attribute von Funktionen

Pflege	Attribut	Inhalt
M	Name	Bezeichnung des Objektes = Objektname.
M	Beschreibung/ Definition	Der Name von Objekten darf maximal 80 Zeichen umfassen. Sollte dies nicht für eine sinnvolle Benennung des Objektes ausreichend sein, sind entsprechende Ergänzungen hier zu erfassen.
M (falls vorhanden)	Optimierungs- potenzial	Schwachstellen und Verbesserungen, die bei der Modellie- rung auffallen, sollten erfasst werden.
K	Störgrößen	Beschreibung der negativen Einflussfaktoren, die eine opti- male Prozessperformance bremsen.
K	Komplexitäts- treiber	Beschreibung der Ausprägungen, die im Wesentlichen für die Komplexität des Prozesses, oder der IT-Abbildung verant- wortlich sind.
M (falls vorhanden)	Optimierungs- potenzial (nur eEPK)	Schwachstellen und Verbesserungen, die bei der Modellie- rung auffallen, sollten erfasst werden.
K	Prozesskennzahl (nur eEPK)	Messzahl für die Bewertung der Prozesse
K	Reihenfolge	Der Inhalt dieses Feldes wird bei der Erstellung der Doku- mentation zur Bestimmung der Reihenfolge der Auflistung der Objekte verwendet.
K	Titel 1–4	Titel für extern gelinkte Dokumente
K	Verknüpfung 1–4	Physikalischer Pfad von extern gelinkten Dokumenten

Die gesammelten Informationen wurden zur Dokumentation und Überarbeitung in Word überführt. So konnten die Fachleute die Ergebnisse noch einmal kontrol- lieren und dem Projektteam zurückspielen (vgl. Abb. 8).

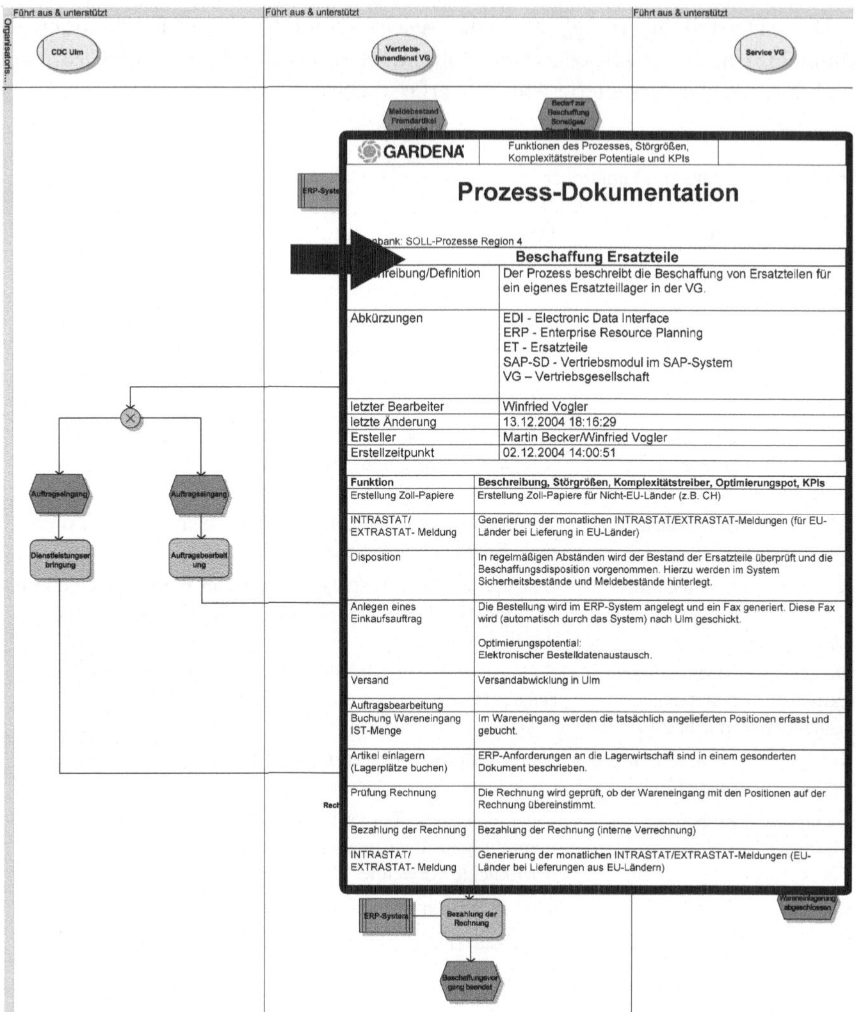

GARDENA	Funktionen des Prozesses, Störgrößen, Komplexitätstreiber Potentiale und KPIs	

Prozess-Dokumentation

...bank: SOLL-Prozesse Region 4

Beschaffung Ersatzteile	
...hreibung/Definition	Der Prozess beschreibt die Beschaffung von Ersatzteilen für ein eigenes Ersatzteillager in der VG.
Abkürzungen	EDI - Electronic Data Interface ERP - Enterprise Resource Planning ET - Ersatzteile SAP-SD - Vertriebsmodul im SAP-System VG – Vertriebsgesellschaft
letzter Bearbeiter	Winfried Vogler
letzte Änderung	13.12.2004 18:16:29
Ersteller	Martin Becker/Winfried Vogler
Erstellzeitpunkt	02.12.2004 14:00:51

Funktion	Beschreibung, Störgrößen, Komplexitätstreiber, Optimierungspot, KPIs
Erstellung Zoll-Papiere	Erstellung Zoll-Papiere für Nicht-EU-Länder (z.B. CH)
INTRASTAT/ EXTRASTAT- Meldung	Generierung der monatlichen INTRASTAT/EXTRASTAT-Meldungen (für EU-Länder bei Lieferung in EU-Länder)
Disposition	In regelmäßigen Abständen wird der Bestand der Ersatzteile überprüft und die Beschaffungsdisposition vorgenommen. Hierzu werden im System Sicherheitsbestände und Meldebestände hinterlegt.
Anlegen eines Einkaufsauftrag	Die Bestellung wird im ERP-System angelegt und ein Fax generiert. Diese Fax wird (automatisch durch das System) nach Ulm geschickt. Optimierungspotential: Elektronischer Bestelldatenaustausch.
Versand	Versandabwicklung in Ulm
Auftragsbearbeitung	
Buchung Wareneingang IST-Menge	Im Wareneingang werden die tatsächlich angelieferten Positionen erfasst und gebucht.
Artikel einlagern (Lagerplätze buchen)	ERP-Anforderungen an die Lagerwirtschaft sind in einem gesonderten Dokument beschrieben.
Prüfung Rechnung	Die Rechnung wird geprüft, ob der Wareneingang mit den Positionen auf der Rechnung übereinstimmt.
Bezahlung der Rechnung	Bezahlung der Rechnung (interne Verrechnung)
INTRASTAT/ EXTRASTAT- Meldung	Generierung der monatlichen INTRASTAT/EXTRASTAT-Meldungen (EU-Länder bei Lieferungen aus EU-Ländern)

Abb. 8. Ereignisgesteuerte Prozessketten

Als Hilfsmittel für die interpretationsfreien Zusammenarbeit wurde der Prozess-Designguide entworfen (vgl. Abb. 9).

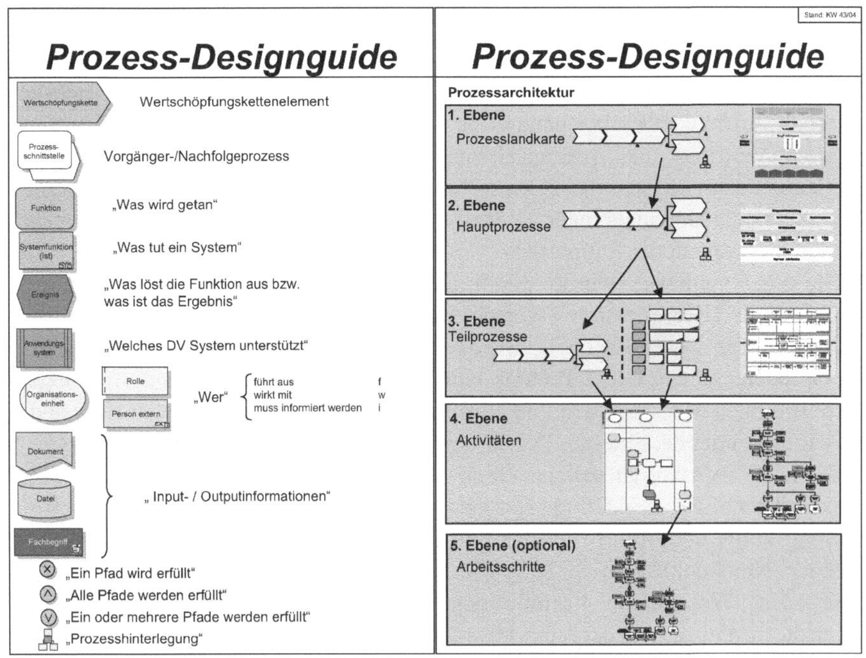

Abb. 9. Prozess-Designguide

4.2 Projektorganisation und Vorgehensweise

Die Aufgabenstellung wurde bei GARDENA in enger Verzahnung zwischen der IT/Organisation und den Fachbereichen bearbeitet. In dieser Verzahnung sehen die Verantwortlichen einen der wesentlichen Erfolgsfaktoren. Die Neugestaltung von Businessprozessen wird nur dann erfolgreich sein, wenn sie auf allgemeine Akzeptanz stößt. Dabei ist nicht nur die Akzeptanz des Business, sondern auch der operativ betroffenen User und die Akzeptanz der umsetzenden IT von Bedeutung. Abgestimmtes Vorgehen führt eben nicht nur zu zufriedenen Anwender, sondern auch zur Architektur-Konformität und damit zu einem effizienten Betrieb. Das grundsätzliche Vorgehen war folgende:

1. Prozessanalyse
2. Definition Sollprozesse
3. Abstimmung der Sollprozesse
4. Definition der geeigneten ERP-Plattform

4.2.1 Prozessanalyse

Die Prozessanalyse umfasste alle Prozesse, die in einer GARDENA-Vertriebsgesellschaft auftreten. Hierbei handelt es sich bei den Kerngeschäftsprozessen um „Verkauf/Vertrieb", die „Auftragsabwicklung" sowie um den „Service". Als Managementprozesse wurden das „Controlling" und der „Planungsprozess" betrachtet. Das „Stammdatenmanagement", „Staff Management" und „Finanzmanagement" wurden im Rahmen der Supportprozesse untersucht.

Die Prozessanalyse wurde durch ein erfahrenes Team von Organisatoren durchgeführt. Hierbei wurden verschiedene Arbeits- und Moderationstechniken verwendet. Die wesentlichen Techniken waren zum einen moderierte Workshops mit Gruppenarbeiten. Diese Technik wurde insbesondere zu Beginn des Projektes, bei bestimmten Meilensteinen und zum Ende des Projekts angewendet. Zum anderen wurde bei der detaillierten IST-Analyse die Interviewtechnik verwendet.

Die Interviews wurden dabei in kleinen Gruppen durchgeführt und die Ergebnisse direkt mit der eEPK-Darstellung festgehalten. Unterstützt wurde das Team durch die Führungskräfte und Mitarbeiter der Vertriebsgesellschaften. Die dabei verwendete Technik (Notebook/Beamer/ARIS) wurde von allen Beteiligten als sehr produktiv empfunden. Wesentliche Vorteile gegenüber konventioneller Interviewtechnik waren die Strukturierung der Interviews und die direkte Verfügbarkeit der Inhalte.

Ein allgemein bekanntes Problem bei Interviews ist die Schwierigkeit, „bei der Sache" zu bleiben. Insbesondere fachliche Spezialisten „tauchen" oftmals an unvermuteter Stelle in eine Detailtiefe ab, die für eine Prozessanalyse nicht relevant ist. Beim „Auftauchen" findet man sich dann oft an einer anderen Stelle wieder, so

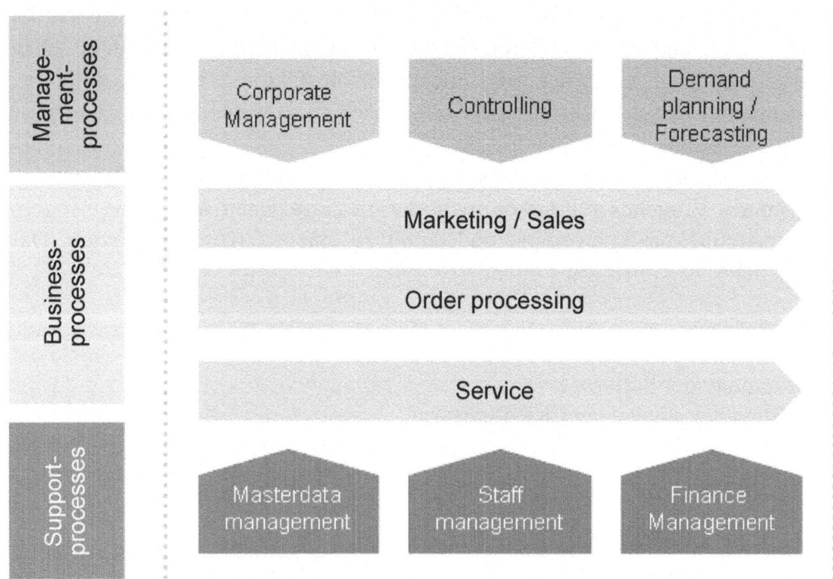

Abb. 10. Umfang der Prozessanalyse

dass anschließend der „Rote Faden" verloren geht. Hier hilft das von uns verwendete strukturierte Vorgehen mit direkter Visualisierung. Die Akzeptanz war nicht nur bei den Organisatoren gegeben, sondern stellte sich auch innerhalb ¼ bis 1/2 h bei den Fachleuten ein.

Die Analyse wurde in fünf Landesgesellschaften durchgeführt. In vier Vertriebsgesellschaften wurden zu dem Zeitpunkt verschiedene bestehende ERP-Systeme eingesetzt – in einer Gesellschaft verwendete man bereits SAP®. Das Vorgehen beinhaltete folgende Schritte:

1. Identifizierung der Prozesse
   Die Aufnahme der Tätigkeiten und die von den Fachleuten geschilderte „empfundene" Reihenfolge und Zusammengehörigkeit muss nicht unbedingt einer sinnvollen Prozesskette entsprechen. Deshalb war anschließend eine neutrale, objektive Analyse und Clusterung notwendig. Die daraus destillierten Prozessketten wurden dann mit den Fachleuten nochmals reflektiert.

2. Differenzierung Standardprozess und Sonderfälle
   Sehr wichtig ist es, wirklich zu verstehen, was ein Sonderfall ist, und welcher Prozess „im Normalfall" durchlaufen wird. In den Berichten der Fachleute werden die Sonderfälle mindestens den Raum einnehmen, wie der Bericht über das Standardvorgehen. Der Grund hierfür ist die Tatsache, dass für die Sonderfälle viel mehr Aufwand und Augenmerk investiert werden muss als für Standardprozesse. Deshalb sollten Angaben zum Mengegerüst gesammelt werden (wie oft, welcher Aufwand?).

3. Ein- und ausgehende Daten und verwendete Systeme
   Bei der Aufnahme wurde der für den jeweiligen Arbeitsschritt nötige Input, der erzeugte Output sowie die verwendeten Systeme festgehalten.

4. Störgrößen/Komplexitätstreiber
   Ein ganz wesentlicher Punkt bei der IST-Aufnahme ist die Berücksichtigung der fachlichen Expertise derjenigen, die jeden Tag in dem Prozess arbeiten. Diese Personen wissen am besten, wo „der Schuh drückt". Unterstützt durch das methodische Vorgehen gelingt es so recht leicht, die wesentlichen Schwachstellen aus Teilprozesssicht zu identifizieren.

5. Verbesserungspotential/Vorschläge zur Reduzierung der Komplexität
   Diese Fragestellung bietet den Fachleuten die Möglichkeit, eigene Verbesserungsvorschläge zu platzieren. Dies darf sowohl für den eigenen, als auch andere Verantwortungsbereiche erfolgen. Hier kommen schon mal Äußerungen: „Mein Kollege müsste nur eine zusätzliche Info mit auf dem Beleg vermerken, und schon könnte ich…".

6. Messgrößen für Prozessschritte
   Wesentlicher Input bereits im Rahmen der Analyse sind KPIs. „Wie lange dauert die Durchführung dieses Arbeitsschrittes im Durchschnitt?" Oftmals tun sich die Spezialisten schwer damit, diese Frage zu beantworten. An dieser Stelle muss man unbedingt zwischen dem Standardprozess und Sonderfällen unterscheiden. Es genügt hier meist, eine Durchlaufzeit für den 80% Standardablauf zu ermitteln. Allein das Bewusstsein nochmals zu schärfen hilft nicht nur bei

der Diskussion von Soll-Prozessen, sondern auch bei einer möglichen Implementierung einer ERP-Funktionalität. Auch dort wird allzu gerne und schnell die Implementierung der Sonderabläufe und deren Bedeutung diskutiert – diese Diskussion können ganz schnell beendet werden, wenn das Bewusstsein für das „Kernbusiness" vorhanden ist.

Mit dieser Methodik wurden pro Ländergesellschaft 29 Prozesse mit 43 Teilprozessen erfasst. Dazu zählen bspw.

- Jahres- Geschäftsplan erstellen,
- Monatsreporting,
- Listungen pflegen,
- Kundengespräch vorbereiten und durchführen,
- Auftragsabwicklung,
- Reklamationsbearbeitung,
- Bewässerungsplanung.

Die wichtigste Erfahrung während der IST-Analyse war die weitgehende Ähnlichkeit der Prozesse in allen Ländern. Gab es bisher die Auffassung, dass die Vertriebsprozesse sehr individuell auf Kunden, Märkte und Marktsituation abgestimmt und deshalb sehr individuell und verschieden sind, so hat sich doch herausgestellt, dass die Prozesse sehr ähnlich sind und sich lediglich die Arbeitsweise geprägt durch Gewohnheiten und Systemeigenschaften unterscheiden.

4.2.2 Definition von Sollprozessen

Die Definition der Sollprozesse besteht aus vier wesentlichen Teilaspekten:

1. Zusammenführung der sich entsprechenden Prozesse der verschiedenen Vertriebsgesellschaften
   Das Zusammenführen der Prozesse ist rein sachlich kein großes Problem. Arbeitsabläufe, die sich aufgrund persönlicher Präferenzen oder unterschiedlicher Systemunterstützung entwickelt haben, können mit Hilfe der Eingangsinformationen und der Ergebnisse einzelner Tätigkeiten oder Tätigkeitsketten verglichen und gestrafft werden. Hier waren die Prozesse der SAP-nutzenden Vertriebsgesellschaft ein gutes Hilfsmittel, da dort bereits eine erprobte und moderne funktionale Systemunterstützung verfügbar war.
2. Optimieren der Prozesse im Hinblick auf Schnittstellenreduktion, dem Ressourcenbedarf einzelner Schritte sowie des Aufwandes des Informationstransportes
   Die Optimierung wird durch die eEPK-Spaltendarstellung optimal unterstützt. Der Reihenfolge der Tätigkeiten wird von oben nach unten dargestellt. Die Spalten repräsentieren dabei Organisationseinheiten wie z.B. Vertrieb-Außendienst/Vertrieb-Innendienst/KeyAccountManagement. Die Übergänge zwischen Organisationseinheiten erzeugen grundsätzlich erhöhten Aufwand des Informationsflusses und damit auch Informationsverluste. Rein optisch wird bereits deutlich, dass ein Prozess mit vielen Spaltenwechseln tendenziell problematischer ist.

Beim Informationsfluss sollte individuell darüber nachgedacht werden, wo Information Bringschuld ist und wo Holschuld. Weiterhin zu prüfen ist die Fragestellung, ob Prozesse nicht verlagert werden können. Hier stellt sich die Frage nach dem eigentlichen Auftrag für eine Einheit/Vertriebsgesellschaft. Wenn man sich auf den Standpunkt stellt, dass die Bearbeitung des Marktes/der Kunden und die nachhaltige und kostenoptimale Umsatz- und Renditesteigerung der Hauptauftrag einer Vertriebsgesellschaft ist, dann ergeben sich daraus natürlich andere Fragen: „Kann der Kundenservice durch die Zentrale übernommen werden oder können Backofficefunktionen als Shared Services bezogen werden?"

3. Nutzung der Informationen der Störgrößen sowie der Vorschläge der Verbesserung

   Die Vorschläge der Fachexperten, die aus ihrer Sicht einen reibungslosen Prozess behindern, können oft nicht direkt als Optimierungspotential angesehen werden. Die Gründe für Schwachstellen haben ihre Ursache oft an ganz anderer Stelle des Prozesses oder gar in anderen Prozessen bzw. auch den Schnittstellen zwischen Prozessen. Diese Zusammenhänge zu erarbeiten ist elementare Aufgabe in dieser Phase. Hier gilt es auch das Mengengerüst zu beachten: Leicht passiert es, dass man versucht, die Ausnahme zur Regel zu machen – den komplexesten Ablauf zu systematisieren und automatisieren, der in einem von hundert Fällen zur Anwendung käme. Das Fokussieren auf die 80–90% der Abläufe hilft hierbei – die Ausnahmen lassen sich leichter in einem kontinuierlichen Verbesserungsprozess addressieren.

4. Definition von Prozessverantwortlichen

   Dieses ist der absolut wichtigste Aspekt. Es wird pro Kunden-Kunden-Prozess eine Person benötigt, die diesen Prozess betreut und weiterentwickelt. Viele Prozessverbesserungen sind wegen der Vernachlässigung dieses Punktes gescheitert. Wurde die Gestaltung eines Prozesses von den fachlich Betroffenen als Projektarbeit noch akzeptiert, so werden doch leicht die in der praktischen Umsetzung sich ergebenden Problempunkte als Gründe gegen die neuen Prozesse gesehen: „Ich habe doch gleich gesagt, dass das nicht geht." Hier gilt es Nachhaltigkeit systematisch zu garantieren.

   Der Prozess-Owner muss eine genau definierte Verantwortung, Kompetenz und Befugnis bekommen, die ihn sowohl gegenüber den Mitarbeitern im Prozess, als auch – und das ich noch wichtiger – gegenüber den Linienvorgesetzten positioniert.

   Last but not least: Die Prozess-Owner benötigen große Prozesserfahrung (Akzeptanz durch fachliche Erfahrung), IT-Background (Was ist machbar? Was bedeutet überduchschnittliche IT-Komplexität? Was ist deshalb vielleicht einfacher organisatorisch zu lösen?), Methoden und Sozial-kompetenz (kontinuierliche Verbesserung bedeutet ständige Veränderung von Arbeitsweisen und Verantwortungsbereichen) und Weitblick (Vision: Was wollen wir erreichen? Entwickelt durch die Kombination sowohl interner und externer „Best Practices" als auch der Negierung von Limitation: Wie müsste ein idealer Prozess „auf der grünen Wiese" aussehen?).

4.2.3 Abstimmung der Ergebnisse

Um sicherzustellen, dass neue Prozesse umgesetzt werden können, müssen sowohl die potentiell Betroffenen, als operativ tätigen Mitarbeiter, als auch das Management dahinter stehen. Die Vorsorge für eine breite Akzeptanz beginnt schon vor dem Projektstart – beim Staffing des Projektes.

Im Projektteam kommt es daher darauf an, dass alle „Parteien" involviert sind – Betroffene zu Beteiligten machen.

Das Projektteam bei GARDENA war fachbereichsseitig aus Key-Usern aus verschiedenen Ländern besetzt: mindestens ein Teammitglied aus jeder Vertriebsregion und mindestens ein Teammitglied als Spezialist des Prozesses (Finance, Sales, KAM, Service etc.). Um hier die Teamgröße zu kontrollieren, wurden die beiden Sichten gemischt – der Finance-Experte aus einer Region, der Sales-Experte aus der zweiten etc.

Die Projektleitung wurde durch eine Stabstelle des Vorstandes gebildet. Hierdurch war sichergestellt, dass der Vorstand als „Sponsor" hinter dem Projekt stand.

Im Steering-Commitee waren die Verantwortlichen der Vertriebsregionen, der IT-Leiter und der Vorstand vertreten.

Durch diese Projektorganisation wurde sichergestellt, dass die Ergebnisse akzeptiert und getragen wurden. Die Sollprozesse wurden dabei von den Key-Usern in ihren Regionen mit den Kollegen und Führungskräften abgestimmt und im letzten Steering-Commitee zum gemeinsamen Abschluss gebracht.

4.2.4 Definition der geeigneten ERP-Plattform

Für GARDENA war die schließlich die entscheidende Frage, inwieweit für die Vertriebsgesellschaften ein eigenes ERP-System implementiert werden sollte oder ob die Vertriebsgesellschaften auch mit SAP® arbeiten sollten. Ausschlaggebend war hierbei die Wirtschaftlichkeit der Lösung, d. h. alle Kostenpositionen mussten innerhalb der Abschreibungsdauer durch Einsparungen ausgeglichen werden. Kostenpositionen sind u. a.:

- Erst-Implementierungskosten (Template, Infrastruktur, Know-how Aufbau in Anwendung und Infrastruktur etc.),
- paralleler Betrieb von zwei ERP-Umgebungen,
- Verzögerung weiterer Prozessharmonisierungen und damit erzielbarer Einsparungen wegen der Template-Erstellung im 2nd-Tier-System.
- Prozessoptimierungen müssen in zwei Systemen plus der Schnittstelle realisiert werden.

Mögliche Einsparungen ergeben sich insb. durch den reduzierten Rollout-Aufwand. Bei einem 2nd-Tier-ERP-Rollout kann ca. 1/3 der SAP-Rollout-Kosten eingespart werden, wenn vergleichbare Rollouterfahrung vorliegt.

An dieser Stelle können nur eine Auswahl an Gründen angeführt werden, die letztendlich aber mit ausschlaggebend zur Entscheidung beigetragen haben.

1. SAP-Umgebung

   GARDENA betrieb zu dem Zeitpunkt bereits eine umfangreiche SAP-Landschaft – sowohl was die Module anbelangt, als auch die Anzahl der damit bedienten Gesellschaften. So war SAP® bereits in 6 Produktionswerken und 5 Vertriebsgesellschaften im Einsatz. Damals waren 6 weitere Vertriebsgesellschaften für eine ERP-Einführung im Fokus. Das heißt: es können maximal 6 x 1/3 (also Kosten für zwei Rollouts) eingespart werden. Da aber keine Rollout-Erfahrung für ein zweites System vorliegt, liegt das tatsächliche Potential in jedem Fall darunter.

2. Setup- und Betriebskosten

   Das SAP-Template war im Sinne eines 2nd-Tier-ERP-Templates bereits vorhanden. Laut einschlägiger Erfahrungen muss für die Erstellung eines 2nd-Tier-Templates eine mittlere dreistellige Anzahl von Personentagen plus externe Beratung aufgewandt werden. Dazu kommt Schulungsaufwand für die Anwendungsbetreuer, Key-User und Infrastruktur-Mitarbeiter. Natürlich muss eine Systemumgebung konzipiert und realisiert werden. Hinsichtlich der Betriebskosten galt es zu berücksichtigen, dass in einem stark saisonalen Umfeld ein internationales System mit einem 7 x 24 h-Betrieb sicherzustellen war. Dies muss zum einen durch eine geeignete Architektur, als auch mit einer entsprechenden Verfügbarkeit von Know-how erreicht werden. Daneben entfallen Kosten für die Schnittstellenkomplexität: Laut einer Gartner-Studie entfallen in einer gewachsenen IT-Umgebung bis zu 40% der Aufwände für Anwendungen auf die Berücksichtigung/Anpassung und Tests von Schnittstellen.

3. Prozessverbesserungen

   Da bei GARDENA SAP® bereits in 5 Vertriebsgesellschaften eingesetzt wird, muss man davon ausgehen, dass in einer absehbaren Zeitdauer zwei ERP-Systeme in Vertriebsgesellschaften eingesetzt bleiben. Das bedeutet, dass jede Verbesserung/Veränderung in Vertriebsprozessen in zwei Systemen realisiert werden muss. Sollte eine Veränderung nicht mit der ERP-Funktionalität erreichbar sein, sondern eine Zusatzsoftware nötig werden, so muss diese mit zwei unterschiedlichen Systemen verknüpft werden. Damit potenzieren sich Schnittstellenkomplexitäten und Versionsabhängigkeiten.

Die Entscheidung bei GARDENA wurde somit zugunsten von SAP® getroffen.

4.3 Bestandteile eines SAP-Rollouts

In einer Landesgesellschaft existiert meist eine pragmatisch gestaltete Struktur vor. Aus der Notwendigkeit der Kostenkontrolle ist die IT-Umgebung geprägt durch eine bunte Mischung verschiedener Hard- und Softwareprodukte. Eine strategische Ausrichtung und Vereinheitlichung ist nicht im Fokus. Deshalb sind auch meist die Sicherheitsvorkehrungen in Richtung Viren etc. sowie Zugriffkontrolle von außen auf einem niedrigeren Level, als es der GARDENA-Standard vorschreibt.

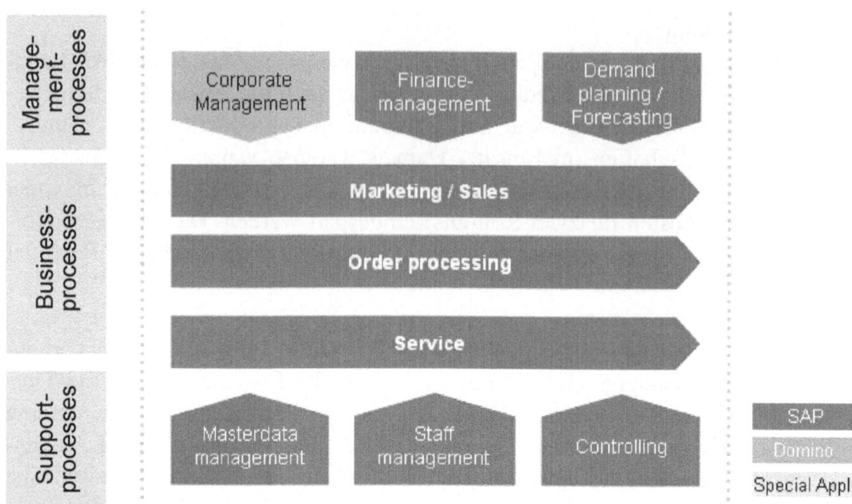

Abb. 11. Einsatz von SAP® in einer Vertriebsgesellschaft

In der Vorbereitung eines Rollouts wird zunächst die Infrastruktur neu aufgestellt. Beginnend mit einer Analyse wird untersucht, ob bestehende Komponenten (z. B. Drucker, PCs, Notebooks) weiterverwendet werden können. Daneben wird die Anwendungslandschaft untersucht, um zu entscheiden, an welchen Stellen für GARDENA neue Funktionalitäten implementiert werden müssen.

Das Ziel für die neue Infrastruktur ist es, möglichst ohne Server auszukommen. Präferiert wird außerdem eine hohe Durchdringung von Thinclients. So ist es möglich, die IT-Betreuung für die Vertriebsgesellschaft auf ein Mindestmaß zu reduzieren – sowohl beim Aufwand als auch beim Know-how.

Im eigentlichen Rollout werden dann in einem wichtigen Schritt die Soll-Prozesse mit den Mitarbeiter durchgesprochen und in einem bereits vorbereiteten Landessystem durchgespielt. An dieser Stelle werden die Mitarbeiter an die neuen Prozesse sowie die Begrifflichkeiten gewöhnt. Insbesondere werden auch die logistischen Prozesse intensiv diskutiert.

Anpassungen gibt es meist aufgrund legaler, meist finanztechnischer Seite, sowie aufgrund besonderer Vereinbarungen mit Kunden.

Da Ziel des Projektes ist es, neben der neuen, maintenance-armen Infrastruktur alle Prozesse durch SAP® zu unterstützen. Ergänzt durch eine Office-Umgebung sowie die Domino-Plattform für Mail und Kalender steht dem Land eine Umgebung zur Verfügung, die eine Konzentration auf ihr Kerngeschäft ideal unterstützt.

5 Zusammenfassung und Ausblick

Das geschilderte Vorgehen wurde bei GARDENA sehr positiv wahrgenommen. Zum einen wurden gute Ergebnisse auf der fachlich-sachlichen Ebene erzielt. Der „Spagat" zwischen einer weitgehenden Standardisierung und der notwendigen Individualisierung erlaubt sowohl eine effiziente Einführung von SAP® als auch eine kundenorientierte Weiterführung des Business aus Vertriebssicht.

Zum anderen wurde vor allem die Integration der Beteiligten und das daraus resultierende Kommitment als auch die positive Grundstimmung als sehr angenehm empfunden. Gerade auf dieser Ebene werden oft wichtige Gesetzmäßigkeiten übersehen und mit erhöhtem Stresspotential und mit auch nach dem Projekt bleibenden Reibungspunkten bezahlt.

Durch dieses Projekt vorbereitet wurde bereits sechs Vertriebsgesellschaften mit SAP® versorgt. Die Erfahrung zeigt, dass die Projekte zunehmend routiniert und effizient ablaufen.

Noch wichtiger ist jedoch der Erfolg auf der Business-Seite. Durch die im Zusammenhang mit dem Rollout eingeführte Direktbelieferung in nunmehr sechs Landesgesellschaften konnten die Kosten um signifikante siebenstellige Beträge pro Jahr nachhaltig reduziert werden. Zusätzlich wurde die Lieferquote und der Bestand deutlich verbessert.

Somit kann man sagen, dass die Wettbewerbssituation von GARDENA sich sowohl auf der Kostenseite als auch auf Vertriebsseite verbessert hat: GARDENA kann auch bei einer überraschenden Entwicklung der Saison noch liefern!

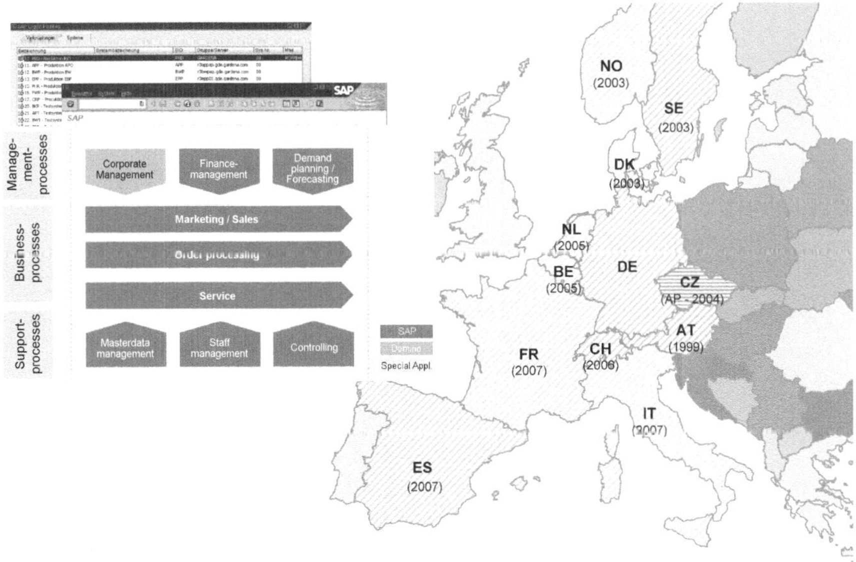

Abb. 12. Einsatz von SAP® in den Gardena Vertriebsgesellschaften

Stammdatenmanagement in einem globalen ERP-System

Jürgen Hawig

1 Einleitung

1.1 Vorstellung des Unternehmens

Die Elastogran-Gruppe gehört weltweit zu den führenden Unternehmen auf dem Gebiet des Spezialkunststoffes Polyurethan (PUR). Das BASF-Tochterunternehmen verfügt über mehr als 40 Jahre PUR-Know-how. Der Stammsitz im niedersächsischen Lemförde ist das Technologiezentrum der BASF-Polyurethan-Welt.

Die Elastogran ist Markt- und Technologieführer für Polyurethan-Systeme und Polyurethan-Spezialelastomere sowie führender Anbieter von Polyurethan-Grundprodukten. Zur Elastogran-Gruppe gehören elf Standorte in Europa und Südafrika. Die Gruppe vertreibt europaweit alle PUR-Grundprodukte der BASF und entwickelt, produziert und vertreibt Polyurethan-Systeme sowie thermoplastische und zellige Spezialelastomere.

Alle PUR-Geschäfte der BASF in Europa, im Nahen Osten und in Afrika sind bei der Elastogran gebündelt. 2006 erwirtschaftete die Elastogran mit 1719 Mitarbeitern einen Umsatz von ca. 2,08 Mrd. Euro.

1.2 Vorstellung der IT-Architektur

Die Elastogran Gruppe Europa ist zu einem großen Teil in die IT-Architektur und das ERP-System der BASF Gruppe integriert. Es werden sowohl hardware- wie auch softwareseitig die BASF Standards eingesetzt.

Die Elastogran nutzt das globale SAP® R/3 System der BASF (GERP), das in den USA am Standort Rockaway betrieben wird. Neben Europa und Afrika nutzen auch die Gesellschaften aus Nord- und Südamerika dieses System. Der aktuelle Releasestand des SAP® Systems ist 4.7C.

Daneben arbeiten die BASF-Gesellschaften aus Asien und Australien auf einem 2. SAP® System, das in Ludwigshafen betrieben wird. Releasestand dieses Systems ist ebenfalls 4.7C.

Als weitere zentrale Systeme neben dem globalen ERP-System der BASF nutzt die Elastogran das globale Business Information Warehouse (SAP® BW, Releasestand 3.5) der BASF Gruppe sowie das zentrale, global gültige Stammdatensystem, das ebenfalls auf einer eigenständigen SAP-Plattform realisiert wurde. Auf diesem Referenzsystem sind alle Material- und Partnerstammdaten global eindeutig hinterlegt. Globale Abstimmungsprozesse bei der Stammdatenneuanlage gewähren eine hinreichende Sicherheit, dass identische Stammdaten nicht doppelt mit unterschiedlichen Schlüsseln in dem System erfasst werden (ausführliche Beschreibung siehe unten).

Integriert in das Materialstammdatensystem sind EH&S-Funktionalitäten (Environment, Health & Safety) wie z. B. die Rohstoffklassifizierung, die Gefahrenrechnung oder die Erstellung von Sicherheitsdatenblättern.

Als eigenständige Anwendung betreibt die Elastogran ein SAP® APO-System (Advanced Planner Optimizer, Release 4.1) mit den Modulen Production Planning and Detailed Scheduling (PP/DS) für die Produktionsplanung und -steuerung sowie die Fremdbeschaffung und Demand Planning (DP) für die Absatzplanung. Gestartet wurde hier ein Projekt zur Erweiterung um die Available-to-Promise (ATP)-Funktionalität für die Verfügbarkeitsprüfung und Bestätigung von Materialbedarfen. In dieses APO-System ist ein eigenständiges Business Warehouse integriert.

Speziell zur Unterstützung von Forschungs- und Entwicklungsprozessen setzt die Elastogran eigenentwickelte Systeme ein (LIMS, Laborinformationssysteme), die auch zum Teil den Lifecycle eines Produktes dokumentieren. Spezielle Eigenentwicklungen sind auch die produktionsunterstützenden Anwendungen. Diese sind zum größten Teil Unix-basiert und werden von allen europäischen Elastograngesellschaften, zum Teil auch von den Gesellschaften in Nordamerika und Asien, genutzt.

Sofern ein Datenbanksystem eingesetzt wird bzw. datenbankbasierte Applikationen genutzt werden, ist die Basis jeweils Oracle 10 g. Das zentrale Archiv für alle archivierungspflichtigen und archivierungswürdigen Daten ist ein SER – System Release 4.41 (Server Release).

Des weiteren setzt die Elastogran intensiv E-Business-Lösungen ein. Das sind zum Teil Eigenentwicklungen wie z. B. spezielle VMI-Lösungen (Vendor Managed Inventory, Tankmonitoring), aber auch Standardanwendungen wie Elemica oder Edifact.

Elemica ist der führende, internationale e-Business Marktplatz für die Chemieindustrie, in den sämtliche Waren- und Informationsströme eingebunden sind. Edifact (Electronic Data Interchange For Administration, Commerce and Transport) ist ein branchenübergreifender internationaler Standard für das Format elektronischer Daten im Geschäftsverkehr. Dieser wird für einen speziellen Kundenkreis, häufig Großkunden aus dem Bereich Automotive, eingesetzt.

Schließlich wird das BASF Standard Portal WorldAccount, die internetbasierte Informations- und Auftragsmanagementplattform der BASF, intensiv genutzt.

Welche dieser E-Business Lösungen in einem speziellen Fall zum Einsatz kommt, wird bestimmt durch die Kombination Kunde und Produkt.

1.3 Ausgangslage

Im Jahr 2001 hat die Elastogran die Entscheidung getroffen, vom damaligen SAP® R/2-System auf SAP® R/3 zu migrieren. Zu diesem Zeitpunkt waren die meisten europäischen Elastograngesellschaften auf dem zentralen R/2 System, das eigenständig von der Elastogran betrieben wurde. Einige Gesellschaften hatten aber auch noch eigene (Non SAP) Systeme im Einsatz.

Nach einigen Abstimmungen innerhalb der BASF Gruppe (Alternativen: Weiterhin Betrieb eines eigenständigen Elastogran-ERP-Systems oder Migration auf das vorhandene System der BASF Gruppe) fiel die Entscheidung für das bereits existente BASF R/3 ERP System, das mittelfristig zu einem globalen System innerhalb der BASF Gruppe ausgebaut werden sollte. Die Elastograngruppe sollte in diesem ERP-System einen eigenständigen Mandanten erhalten; die einzelnen Landesgesellschaften sollten als Buchungskreise in diesem Mandanten abgebildet werden.

Voraussetzung dafür war allerdings, dass zunächst die Automotive Branchenlösung der SAP® in das existierende SAP® R/3 System integriert werden musste. Durch diese Lösung sollten wesentliche Standardprozesse, wie z. B. die Leihgut- und Packmittelverwaltung, die ansonsten nur mit sehr großem Aufwand individuell hätte realisiert werden können, bereitgestellt werden. Ein weiterer bedeutender Aspekt war die Nutzung der standardmäßig in dieser Lösung hinterlegten VDA-Formulare sowie die Nutzung der Lieferplanabwicklung.

Betroffen von dieser Migration waren alle europäischen Tochtergesellschaften der Elastogran Gruppe. Die Alternative, verschiedener Systeme z. B. über den SAP® Business Connector zu verbinden (SAP® XI war noch nicht auf dem Markt), anstatt die Systeme zu reduzieren und integrieren, wurde nicht ernsthaft erwogen.

Mit dieser Migrationsstrategie sollte neben der Nutzung einer neuen ERP-Plattform und der Harmonisierung von Kernprozessen ein weiterer, wesentlicher Effekt erzielt werden: Die Harmonisierung von Stammdaten. Dabei lag der Focus nicht nur auf den „klassischen" Stammdaten wie Material- oder Partnerdaten, sondern auch auf zentralen Steuerungsschlüsseln des SAP Systems, den sogenannten „keys & codes". Dieses soll unten weiter erläutert werden.

Schließlich sollte die Nutzung eines zentralen (Server-) Betrieb auch finanzielle Vorteile bringen, da die Kosten des Betriebs nun zwischen verschiedenen BASF-Gesellschaften aufgeteilt werden konnten.

Die Befürchtung, dass der Betrieb des ERP System in den USA und damit nicht in der europäischen Zeitzone erfolgt, könnte eine negative Konsequenz auf den Support und Reaktionsgeschwindigkeiten haben, hat sich im Nachhinein glücklicherweise nicht bestätigt. Die zentrale Supportgruppe in den USA hat einen Rufdienst aufgebaut, der für die europäischen Gesellschaften zu deren Arbeitszeit

ansprechbar ist. Das funktioniert auch außerhalb der US-amerikanischen Arbeitszeiten zufriedenstellend. Häufig ist der Rufdienst in der Lage ist, das Problem
direkt zu lösen (hohe Erstlösungsrate).

Auch in den Fällen, wo Dritte, die keinen Bereitschaftsdienst haben, zur Problemlösung hinzugezogen werden müssen, ist die durchschnittliche Problemlö-
sungsdauer erfreulich gering und weicht im allgemeinen kaum von den Zeiten ab,
die ein lokaler Dienstleister zur Problemlösung benötigt.

Entsprechende SLAs (Service Level Agreement) legen Betreuungs- und Reaktionszeiten eindeutig und überprüfbar fest.

Im Folgenden soll ein wesentlicher Aspekt der Migration, die Organisation und
das Management von Stammdaten, sowohl grundsätzlich wie auch projektbezogen
näher erläutert werden.

2 Definition und Eigenschaften von Stammdatensystemen

2.1 Grundsätzliche Definitionen

Unter Stammdaten sollen im Folgenden die Daten verstanden werden, die in einem Unternehmen und in den dort genutzten Applikationen über einen längeren
Zeitraum unverändert bleiben (zeitliche Invarianz). Sie sind zustandsorientierte
Daten, d. h. sie dienen der Identifikation, Klassifikation und Charakterisierung von
spezifischen Sachverhalten. Klassische Beispiele für Stammdaten sind Material-
und Kundenstammdaten. Damit stellen Stammdaten eine wesentliche Grundlage
der Geschäftsprozesse dar. Es gibt letztendlich keinen Geschäftsprozess, der nicht
in irgendeiner Form auf ein Stammdatenobjekt referenziert.

Identische Stammdaten werden häufig von mehreren Applikationen und Orga-
nisationsbereichen eines Unternehmens genutzt (Einkauf, Buchhaltung etc.) und
sind im Rahmen von Reportinganwendungen und Analysen oft die Parameter, die
als Eingrenzungskriterium für bestimmte Fragestellungen dienen.

Viele Stammdaten haben einen definierten Gültigkeitszeitraum (gültig von,
gültig bis). Das ist u. a. von großer Bedeutung im Rahmen des Product Lifecycle
Managements (PLM), wo ein bestimmtes Produkt über Attribute in den Materialstammdaten einer speziellen Phase seines Lebenszyklus' (Entwicklung, Labortest,
Linientest etc.) zugeordnet wird.

Aus Datenmodellierungssicht sind Stammdaten diejenigen Daten, die existen-
tiell unabhängigen Entitätstypen zuzuordnen sind (ER-Diagramm).

Demgegenüber stehen die Bewegungsdaten, die laufend neu durch Prozesse
des Unternehmens (auf Applikationsebene häufig als Transaktionen abgebildet)
erzeugt werden. Sie referenzieren im Allgemeinen auf Stammdaten und führen
meistens zu Veränderungen eines spezifischen Bestandes.

2.2 Auswirkungen von Änderungen

Aufgrund der Bedeutung von Stammdaten und ihrer grundsätzlichen Invarianz ist eine Änderung der Stammdatensystematik für ein Unternehmen immer ein bedeutender Schritt, der weitreichende Konsequenzen in fast alle Unternehmensprozesse hinein hat. So hat zum Beispiel eine Änderung der Materialnummersystematik Konsequenzen auf den Aufbau von Stücklisten/Rezepturen (neue Rohstoff- und Zwischenproduktnummern), beim Einkauf (Bestellvorgänge), beim Marketing (neue Kataloge mit neuen Artikelnummern) oder beim Etikettendruck.

Auch muss bei einer Änderung der Systematik sichergestellt werden, dass Vorgänge aus der Vergangenheit, die auf Stammdaten referenzieren, eindeutig nachvollziehbar sind, d. h. die Stammdatenhistorie muss lückenlos abbildbar sein.

Das ist z. B. wichtig beim Umgang mit Gefahrgut, wo auch nach 30 Jahren oder länger die Identität eines Produktes noch eindeutig feststellbar sein muss, um eine Gefahrenklassifizierung vorzunehmen. Wie mögliche Migrationsstrategien, die diese Voraussetzungen berücksichtigen, aussehen können, wird weiter unten erläutert werden.

2.3 Stammdatensysteme in der BASF

Stammdatensysteme haben innerhalb der BASF-Gruppe eine zentrale Bedeutung. Es gibt ein dediziertes SAP® R/3 System, das einzig dazu dient, global Material- und Partnerstammdaten vorzuhalten und zu verwalten. Es ist an die ERP-Systeme der BASF angeschlossen und publiziert neue Stammdaten bzw. Stammdatenänderungen in diese Systeme hinein (Push-Effekt). Mit wenigen Ausnahmen ist eine Anlage von Stammdaten direkt in den ERP-Systemen nicht möglich.

Das System für Materialstammdaten ist innerhalb der BASF Gruppe intern noch einmal unterteilt: Eine Sicht beschreibt die chemische Substanz mit einem klar definierten Set an Eigenschaften, die andere das Produkt (Eigenfertigung bzw. Kaufprodukte) mit den dazugehörigen Artikeleigenschaften. Die Produktsicht referenziert immer auf eine chemische Sicht; die Stammdatenobjekte sind über einen link miteinander verbunden.

Auf Basis der chemischen Sicht erfolgen z. B. die Gefahrenrechnung und die Klassifizierung eines Produktes, an deren Ende die Erzeugung eines Sicherheitsdatenblattes liegt. Die Erstellung dieser produktspezifischen Sicherheitsinformation erfolgt jeweils auf Basis aktueller Landesgesetzgebungen, die im System abgelegt sind. Die Anwendung ist somit in der Lage, für landesübergreifende Transporte oder auch bei Produktion eines identischen Materials in unterschiedlichen Ländern sicherheitsrelevante Produktinformationen nach landesspezifischem Recht zu erstellen.

Ein Modul für die Erzeugung von Begleitpapieren für gefahrstoffrelevante Transporte ist in das System integriert. Der Ausdruck dieser Papiere über Funktionen des Stammdaten SAP-Systems (integrierte Druckfunktion) ist Standard.

2.4 Die Bedeutung von Stammdatensystemen

Bedeutung und Funktionsweise (von Stammdatensystemen im allgemeinem und dem der BASF im besondern) werden im Folgenden am Beispiel von Materialstammdaten erläutert, da diesen vor allem im produzierenden Gewerbe eine besondere Bedeutung zukommt und die systematische Abbildung hohe Anforderungen an das zugrunde liegende System stellt.

Ein wesentliches Ziel von Stammdatensystemen ist, eine (globale) Eindeutigkeit der in diesem System definierten Objekte sicherzustellen. Das heißt zum Beispiel, dass ein eingesetzter Rohstoff oder ein produzierter Artikel global in allen Systemen und Prozessen, in denen er eingebunden wird, unter einer identischen Materialnummer geführt wird.

Dabei ist der Begriff der Eindeutigkeit nicht so einfach zu definieren, wie es auf den ersten Blick scheint. So können z.B. Rohstoffe eines Herstellers, die in unterschiedlichen Ländern unter dem gleichen Namen vertrieben werden, chemisch nicht identisch sein, weil unterschiedliche Ländergesetzgebungen verschiedene Restmengen von Verunreinigungen oder Zusätzen erlauben.

Es ist möglich, dass aufgrund der unterschiedlichen chemischen Charakterisierung das Ergebnis einer Gefahrenrechnung und damit die Gefahrenklassifizierung eines aus diesem Rohstoff gefertigten Produktes zu unterschiedlichen Ergebnissen führen. Dieser Rohstoff wäre damit im Sinne einer Stammdatensystematik nicht identisch, müsste also trotz Namens- und Herstellergleichheit unter verschiedenen Materialnummern geführt werden. In der chemischen Industrie ist dies ein außerordentlich wesentlicher und teilweise auch problematischer Aspekt.

Andererseits kann ein Produkt, das auf Basis unterschiedliche Rezepturen (Stücklisten) gefertigt wird, sich chemisch und physikalisches absolut identisch verhalten. Im Sinne der oben beschriebenen Systematik müsste hier also eine identische Produktnummer vergeben und dieses identische Produkt über Alternativstücklisten gefertigt werden.

Hier ist jedes Unternehmen gefordert, aufgrund gesetzlicher Vorgaben und unternehmensspezifischer Rahmenbedingungen die Parameter für Eindeutigkeit und Identität von Materialien intern zu definieren. Grundsätzlich sollte an dieser Stelle darauf hingewiesen werden, dass Stammdaten bzw. Stammdatensysteme in ihrer Ausprägung immer einen unternehmensindividuellen Charakter haben und häufig direkt mit Unternehmensstrategien korrelieren. Wenn sich auch die zugrunde liegenden Anforderungen, insbesondere an die Abbildung in den IT Systemen, in vielen Fällen nicht oder nicht gravierend unterscheiden, so ist doch das konkrete Ergebnis immer an individuellen, oft auch einzigartigen Anforderungen des Unternehmens ausgerichtet.

Über die chemische/physikalische Beschreibung eines Materials müssen Stammdatensysteme unter anderem auch in der Lage sein, spezielle Anforderungen des Marktes oder insbesondere marketingstrategische Aspekte abzubilden. So muss z. B. definiert werden, ob ein (chemisch) identisches Produkt, das in Europa und USA vertrieben wird, in den USA aber aufgrund der dort gängigen, nichtmetrischen Systeme (Gallon statt Liter,...) eine eigene Artikelnummer erhält oder nicht. Das ist insbesondere dann wichtig, wenn ein globaler Kunde das identische Produkt in verschiedenen Märkten/Regionen bezieht und eine global eindeutige Artikelnummer erwartet.

Weiterhin kann es aus Marketingsicht sinnvoll sein, einen identischen Artikel in verschiedenen Märkten unter unterschiedlichen Namen (und damit unter unterschiedlichen Artikelnummern) zu platzieren.

Gute Stammdatensysteme müssen die Flexibilität aufweisen, diese Anforderungen zu erfüllen und die Eindeutigkeit eines Materials (oder anderer Stammdatenobjekte) unter unterschiedlichen Aspekten sicherzustellen.

Wie schon erwähnt stellt die BASF ein globales System für Stammdaten zur Verfügung. Damit dieses effizient betrieben werden kann, muss eindeutig geregelt sein, wer in dem System welche Rechte hat, also z. B. ein Material anlegen oder, was noch wesentlicher ist, die Eigenschaften eines vorhandenen Materials ändern kann. Gerade dieser letzte Aspekt ist kritisch, da eine Eigenschaftsänderung existenter Stammdatenobjekte direkte Auswirkung auf Prozesse in ERP Systemen haben kann.

Grundsätzlich stellt dieser Change Management Prozess eine der wesentlichen Herausforderungen an ein zentrales Stammdatensystem dar, da nur ein funktionierender Prozess Nachfolgeprobleme von Änderungen eliminiert und insbesondere im Rahmen von Neuanlagen die gewünschte Eindeutigkeit und die Vermeidung von Dubletten garantiert (s. u.).

Vor diesem Hintergrund gibt es innerhalb der BASF ein klares Rollenkonzept, das Zugriffsberechtigungen festlegt und auch z. B. eine klare Stammdateneignerschaft definiert. Organisatorisch wird dieses Konzept unterstützt durch (globale) Clearingstellen, die einer Neuanlage oder Änderung eines Stammdatums zustimmen müssen und teilweise selbst ergänzende Einträge in dem System vornehmen bzw. vorhandene Eingaben korrigieren (Es gibt für jedes Stammdatum einen dedizierten Satz von Pflichtfeldern, die gepflegt sein müssen = ,minimum set').

Neben der Tatsache, dass durch diese Form der Validierung die Korrektheit von Eingaben deutlich verbessert wird, verhindert dieser Change-Prozess fast vollständig die Erzeugung von Dubletten. Das Anlegen von Dubletten stellt eine grundsätzliche Gefahr bei der dezentralen Erfassung von Stammdaten dar. Clearingprozesse, die über elektronische Workflows unterstützt werden, minimieren die Gefahr einer doppelten Erfassung; die geforderte Eindeutigkeit von Stammdatenobjekten wird damit wesentlich verbessert.

Die Eignerschaft eines Stammdatenobjektes kann sich im Laufe seines Lebenszyklus ändern – wiederum ein Change, den es über Prozesse abzubilden gilt. So kann es sein, dass ein Bereich, der z. B. einen Rohstoff erstmalig genutzt und damit im System angelegt hat (und damit auch Eigner dieses Rohstoffes wird), diesen kaum noch einsetzt, ein anderer Bereich diesen Rohstoff aber zwischenzeitlich intensiv nutzt. Dieser letztgenannte Bereich muss die Möglichkeit haben, Objekteigenschaften zu ändern oder zu erweitern.

Für diesen Fall gibt es innerhalb der BASF eine globale Stammdaten Community, in der sog. „Accreditates", die aus den einzelnen Geschäftsbereichen stammen, Fragestellungen wie diese klären.

3 Vorteile eines Stammdatensystems

3.1 Der Nutzen eines durchgängigen Stammdatensystems

Betrachten wir den Nutzen am Beispiel der Materialstammdaten. In einem globalen Unternehmen wie der BASF gibt es natürlich vielfältige Warenströme zwischen den Regionen und den Gesellschaften. Da ist es von außerordentlichem Vorteil, wenn ein Material entlang der gesamten Prozesskette über einen identischen Code identifiziert und beschrieben werden kann. Umschlüsselungen über Tabellen entfallen, Informationen innerhalb der beteiligten IT Systeme können direkt verarbeitet werden. Das klassische „Intercompany Geschäft" wird durch die einheitliche Materialnummer wesentlich vereinfacht.

Ein weiterer Effekt ergibt sich im Rahmen der Einkaufsprozesse, speziell im Rohstoffeinkauf. Bei einer durchgängigen Materialnummer ist relativ einfach möglich, Einkaufsaktivitäten über Länder- und Gesellschaftsgrenzen hinweg zu bündeln. Das gesamte Einkaufsvolumen für spezielle Materialien (oder bei speziellen Lieferanten) kann einfach ermittelt und in Verhandlungen über Einkaufspreise eingebracht werden.

Es gibt auch Fälle, in denen die Einkaufspreise bei identischen Materialien zwischen Ländern oder Regionen sehr stark differenzieren. Hier kann es (in Anrechnung von Transportkosten) sinnvoll sein, den Einkauf eines bestimmten Rohstoffes auf ein Land zu konzentrieren.

Im Wesentlichen gilt das analog für die Beschaffung und Identifizierung von technischen Materialien, für die innerhalb der BASF Gruppe ein eigenständiges Klassifizierungssystem (e-class) aufgebaut wurde.

Daneben bringt die Nutzung einer zentralen Plattform für die Stammdatensysteme auch aus rein technischer Sicht wesentliche Vorteile. Systembezogene Projekte wie z. B. ein Release Wechsel und andere Aktivitäten im Systemumfeld können zentralisiert und damit auch effizienter und kostenoptimierter umgesetzt werden. Das Know How für diese Aufgaben muss innerhalb der BASF nur noch an wenigen Stellen vorgehalten werden, was sowohl aus Sicht der Mitarbeiterkompetenz wie auch aus Kostensicht für die Einzelgesellschaft von großem Vorteil ist.

3.2 Anreicherung von Stammdaten und Reportinganforderungen

Neben den Eigenschaften und Parametern, die das Stammdatenobjekt direkt beschreiben, sollten Stammdatensysteme auch immer die Möglichkeit anbieten, Stammsätze mit Informationen anzureichern, die sich nicht direkt aus der Eigenschaft des Objektes ableiten lassen. Im Bereich von Materialstammdaten kann das z. B. die Zuordnung zu einem Marktsegment oder zu einer bestimmten Technologie sein. Hintergrund einer solchen Erweiterung sind größtenteils Reporting- oder Marketinganforderungen, die den Einsatz oder die regionale Marktpräsenz eines bestimmten Materials analysieren wollen. Innerhalb der BASF-Gruppe gibt es hier ein einheitliches Klassifizierungssystem, um diese Anforderungen abzubilden und entsprechende Analysen durchzuführen.

Eine weitere, mögliche Anforderung liegt in der Zuordnung zu einzelnen Einheiten innerhalb der BASF. Identische Produkte/Artikel können von mehreren Geschäftseinheiten vertrieben und bevorratet werden. Das BASF System ist flexibel genug, dem auf Reportingebene Rechnung zu tragen. Umsatzanalysen stellen über existente Schlüssel (z. B. Nutzung der Verkaufsorganisation) kein Problem dar; bedeutend schwieriger jedoch kann es sein, einen Bestand eindeutig einem Geschäftsbereich zuordnen zu können. Gerade eine solche Zuordnung des Bestandes muss bei einer globalen Sicht auf den Gesamtbestand über Attribute im Stammdatenobjekt möglich sein.

Einige Stammdatenattribute können auch den Charakter von Sekundärschlüsseln haben. So ist es im Rahmen einer Migrationsstrategie nicht unüblich, die „alte" Materialnummer in dem Stammsatz zu hinterlegen und diese bei bestimmten Transaktionen oder im Rahmen spezieller Auswertungen für eine Übergangszeit mit anzuzeigen bzw. Auswertungen darüber zu ermöglichen.

Diese zusätzlichen Attribute können auch externe Klassifizierungen sein, wie z. B. die DUNS Nummer (Data Universal Numbering System) bei den Partnerstammdaten. Diese DUNS Nummer ist ein neunstelliger, nicht sprechender Zahlencode, der international anerkannt ist und ein Unternehmen weltweit eindeutig identifiziert. Nur Unternehmen oder unternehmerisch tätigen Personen können eine DUNS Nummer erhalten. Dieser zusätzliche Schlüssel kann für Analysen sehr hilfreich sein und unter anderem auch dazu eingesetzt werden, die Eindeutigkeit von Kunden- oder Lieferantennummern in dem System sicherzustellen.

3.3 Zentrale Schlüssel (Keys and Codes)

Kurz soll an dieser Stelle auf eine spezielle Art von Daten eingegangen werden, die im Allgemeinen nicht den Stammdaten zugerechnet, sondern häufig unter der Bezeichnung „Keys and Codes" thematisiert werden. Es handelt sich dabei um zentrale Steuerschlüssel des SAP-Systems. Als Beispiele können hier der Buchungskreis, der Kostenrechnungskreis oder Kontenpläne und Kostenarten genannt werden.

Auch das Material-Klassifizierungssystem kann an dieser Stelle als weiteres Beispiel aufgeführt werden.

In dem Migrationsprojekt der Elastogran sollte neben der eigentlichen Migration als zusätzliches Ziel eine weitreichende Harmonisierung zentraler Steuerungsschlüssel im SAP-System erreicht werden. Im Focus lagen vor allen die Schlüssel, die grundlegende Zentralprozesse der Elastogran steuern. Dieses Harmonisierungsziel wurde im Rahmen des Gesamtprojektes als wesentlich eingestuft, da sie eine grundlegende Voraussetzung für buchungskreisübergreifende Intercompany-Prozesse und den Roll Out von „best practices" im SAP® ist.

Diese Schlüssel werden im Rahmen des Projektes täglich genutzt, angepasst oder geändert. Insofern ist es hier für den Erfolg äußerst wichtig, eine zentrale Stelle für die Pflege dieser Schlüssel einzurichten und die aktuellen Schlüssel (grundsätzliche Definition und Wertebereich) online allen Projektbeteiligten zur Verfügung zu stellen. Ideale Basis hierfür ist das Intranet. Die Bereitstellung muss auf jeden Fall mehrsprachig (mindestens englisch und deutsch) stattfinden.

Allerdings müssen bei der zentralen Schlüsselharmonisierung auch landes- bzw. marktspezifische Anforderungen berücksichtigt werden, die eventuell zu abweichenden Schlüsseln führen und damit dem Ziel einer durchgängigen Harmonisierung zuwiderlaufen.

3.4 Harmonisierung von Prozessen/Intercompany Business

Neben der Schlüssel- und Stammdatenharmonisierung innerhalb der Elastogran wurde auch das Ziel verfolgt, durch Integration in den BASF Verbund gesellschafts-übergreifende Prozesse IT-technisch zu implementieren. Die gemeinschaftliche Nutzung der IT-Infrastruktur hat diesen Aspekt wesentlich unterstützt. Vorlieferwerke für die Grundprodukte des Polyurethans, die zu anderen BASF-Geschäftsbereichen gehören, arbeiten auf identischen IT-Systemen mit einer identischen Stammdatenbasis bzw. sind über Standardschnittstellen untereinander verbunden.

Allerdings sind reine Intercompany Prozesse mit diesen Nicht-Elastogran Gesellschaften noch nicht möglich, da die zugrundeliegenden Keys&Codes (siehe oben) und damit auch die wesentlichen Prozesse im SAP-System nur innerhalb der Elastogran Gruppe harmonisiert sind.

Für Prozesse zwischen Gesellschaften (Cross Company Prozesse) ohne diese Schlüsselharmonisierung existiert innerhalb der BASF Gruppe ebenfalls eine globale Lösung: Über ein standardisiertes Kommunikationsmodell, das in Form von Funktionsbausteinen im SAP® realisiert wurde, können grundsätzlich weltweit Prozesse system- und gesellschaftsübergreifend in den ERP-Systemen durchgeführt werden.

Die Nutzung eines durchgängigen Stammdatensystems ermöglicht natürlich auch die Prozeßharmonisierung bzw. -standardisierung innerhalb der BASF Gruppe. Diese Standardisierung ist eine wesentliche Voraussetzung, um regionale/globale Services über Gesellschaftsgrenzen hinweg anbieten zu können. Die BASF hat das konsequent umgesetzt und für diese Art von Prozessen weltweit Service Center aufgebaut, die für die in der Region ansässigen BASF Gesellschaften bzw. global diese Services erbringen.

Das bringt zusätzlich zu der Professionalisierung der Services noch weitergehende Vorteile. Neben einer verursachungsgerechten Kostenzuordnung für die Inanspruchnahme der Services existiert für den Betrieb und die Wartung der zugrunde liegenden Systemlandschaft sowie der Erweiterung/Neueinführung von Services eine abgestimmte Vereinbarung, wie diese Kosten zwischen den einzelnen Gesellschaften aufgeteilt werden (Cost Sharing Agreement). Diese Aufteilung bringt für die einzelnen beteiligten BASF Gesellschaften natürlich deutliche Kostenvorteile, da der anfallende Aufwand nur zu einem festgelegten Anteil von einer Gesellschaft übernommen werden muss. Innerhalb der BASF existiert für diese Art von Projekten ein globaler Abstimmungsprozess, der über das zentrale Informationsmanagement gesteuert wird.

Hinzu kommt die Tatsache, dass neue globale Standards viel einfacher und effizienter eingeführt werden können – aktuell betrifft das vor dem Hintergrund einer standardisierten Systematik zur Einstufung und Kennzeichnung von Chemikalien die Einführung des GHS (Globally Harmonized System of Classification and Labelling of Chemicals) in der BASF Gruppe.

Betrachtet man die zunehmende Globalisierung von Geschäftsprozessen, insbesondere des Intercompany Business innerhalb der Elastograngruppe, aber auch das stete Wachstum der Cross Company Prozesse und des Aufbaus eines globalen Reportings innerhalb der BASF Gruppe, war die Entscheidung für ein globales System mit Integration in die beschriebenen Subsysteme (Stammdaten und Reporting über BW etc.) rückwirkend betrachtet die exakt richtige Entscheidung.

3.5 Migrationsszenarien für Stammdaten

Aus der Sicht des Gesamtprojektes gehörte der Umgang mit den Stammdaten zu den wesentlichen Fragestellung im Rahmen des Migrationskonzepts auf die neue SAP-Plattform. Es war klar, dass sämtliche Stammdaten (Material und Partner) im neuen SAP® R/3 System auf das global gültige BASF Stammdatenkonzept umgestellt werden sollten. Für das Vorgehen im Rahmen der Stammdatenumstellung gab es 2 Alternativen:

- Eine stichtagsbezogene Umstellung oder
- eine Umsetzung der existenten Stammdatenhistorie („Altdaten") auf die neue Stammdatensystematik.

Die Konsequenz einer stichtagsbezogenen Umsetzung stellt grundsätzlich einen „Bruch" in der Stammdatenhistorie dar (Kunde/Material hat unterschiedliche Schlüssel vor und nach einem bestimmten Stichtag). Das hat Konsequenzen bei jahresübergreifenden Analysen bzw. Periodenvergleichen. Auch zum Zeitpunkt der Umstellung im System existierende, offene Vorgänge müssen besonders behandelt werden, da z. B. eine Bestellung eines Rohstoffes bei einem Lieferanten mit der „alten" Material- und Lieferantennummer erfolgt sein kann, Nachfolgeprozesse (Wareneingang, Einlagerung, Rechnungsregulierung etc.) aber in einem System ablaufen, wo dieses Material und auch der Lieferant nicht mehr bekannt sind.

Die Alternative dazu ist eine Umsetzung existenter (historischer und aktueller) stammdatenbezogener Belege auf das neue System. Eine sinnvolle Strategie bei diesem Vorgehen kann sein, nicht den kompletten Altdatenbestand umzusetzen, sondern rückwirkend eine Eingrenzung der umzusetzenden Datenhistorie, z. B. auf 3 Jahre, vorzunehmen, den „Bruch" bei der Stammdatenkongruenz also in die Vergangenheit zu verlagern.

Dieses Vorgehen ist natürlich mit einem erheblichen Aufwand verbunden. Es müssen Cross Reference Table definiert, und auch nicht mehr aktuell genutzte Datenbestände, wie z. B. Rezepturen, nach denen nicht mehr gefertigt wird, müssen umgesetzt werden. Heute müssen bei einer solchen Entscheidung die Vorgaben des GdPdU (Grundsätze zum Datenzugriff und zur Prüfbarkeit digitaler Unterlagen) berücksichtigt werden. In diesen Vorgaben wird klar gesetzlich geregelt, in welchem Umfang eine historische Datenkongruenz sichergestellt sein muss.

Die SAP® bietet für die Umsetzung von Altdatenbeständen ein spezielles Verfahren, die sogenannte System Landscape Optimization (SLO) an. Dieses Verfahren wurde speziell für die Konsolidierung unterschiedlicher Nummernsysteme entwickelt. Durch SLO werden Daten innerhalb von SAP-Systemen über Konvertierungsprogramme umgestellt. Diese Änderung findet direkt auf den Tabellen der Datenbank statt. Die Umstellung betrifft je nach Zielrichtung Stamm- und Bewegungsdaten, Änderungsbelege etc.

Der Einsatz dieses Verfahrens ist kaum ohne eine direkte Unterstützung durch die SAP® bzw. durch spezialisierte Dienstleister möglich. Ein Einsatz von SLO ist im Allgemeinen recht aufwendig und teuer. Umstellungsläufe können je nach Datenvolumen mehrere Tage dauern.

In Abwägung beider Alternativen hat sich die Elastogran für eine stichtagsbezogene Umstellung entschieden. Die oben beschriebenen Probleme erschienen beherrschbar, jahresübergreifende Auswertungen und Analysen sollten mit entsprechender manueller Unterstützung erstellt werden. Entsprechende Supportressourcen für die Zeit nach der Umstellung wurden eingeplant.

Rückblickend hat sich dieser Ansatz als sinnvoll herausgestellt. Der manuelle Aufwand war nur in der ersten Zeit nach der Umstellung relativ hoch und hat im Laufe des ersten Jahres immer weiter abgenommen. Sowohl vom Standpunkt des Ressourceneinsatzes wie auch des finanziellen Aufwandes war die gewählte Alternative günstiger als es ein Einsatz des SLO Tools gewesen wäre.

3.6 Verantwortlichkeiten im System

Ähnlich wie bei der Frage der Stammdateneignerschaft war im Zentralprojekt eine der wesentlichen Fragestellungen, die im Vorfeld der Migration geklärt werden musste, die nach Verantwortlichkeiten für das neue System. Das konnte vor dem Hintergrund der Globalität des Systems natürlich nur für den Elastogran Mandanten definiert werden konnte. Grundsätzlich liegen zentrale Verantwortlichkeiten für die globalen SAP-Systeme der BASF beim zentralen Informationsmanagement der BASF in Ludwigshafen, das als sogenannter „System Owner" agiert.

Im Wesentlichen ging es um die Festlegung, welche Funktionen zukünftig zentral verantwortet werden sollten und was weiterhin in der lokalen Verantwortung der Elastogran verbleiben sollte.

Die sog. „Application Ownership" für das Elastogran ERP System sollte auch weiterhin lokal bei der Elastogran angesiedelt sein. Diese Verantwortung wurde intern über die Funktion des „Gatekeepers" realisiert. Das bedeutete insbesondere die Verantwortung für die speziellen Business Prozesse, die nur den Mitarbeitern der Elastogran bekannt waren, für Schnittstellen zu anderen Elastogran Systemen oder auch für Rollen und Berechtigungen in dem ERP-System, sofern sie die Elastogran betreffen.

In zentraler Verantwortung lagen neben dem grundsätzlichen Betrieb des Systems Aufgaben wie z. B. die Archivierung, das Schnittstellenmanagement in andere BASF-Systeme oder das Transportwesen im Rahmen von Change Management Prozessen (s. u. GSKC). Dieser Aspekt ist insbesondere vor dem Hintergrund, dass die BASF auditierungspflichtig nach den Vorgaben des Sorbanes Oxlay Act ist, äußerst bedeutsam (s. u.).

Schließlich wurde natürlich auch immer der Aspekt analysiert, ob spezielle Dienste, die in der Vergangenheit lokal erbracht wurden, bei gleicher oder besserer Qualität zukünftig kostengünstiger zentral erbracht werden könnten. Hier gab es durch die Integration in die BASF IT-Landschaft nun Alternativen, die bei der eigenständigen Lösung in der Vergangenheit nicht vorhanden waren.

3.7 Lösungsansatz

Wie schon erwähnt ging der Entscheidung für das zentrale SAP-System der BASF eine längere Diskussion voraus. Es war den Beteiligten von Seiten der Elastogran klar, dass mit dieser Entscheidung ein Teil der bisherigen Selbständigkeit und auch der Flexibilität aufgeben wurde. In einem globalen System mit unterschiedlichen BASF Gruppengesellschaften müssen Abstimmungsprozesse, vor allen Dingen für Einstellungen oder Entwicklungen mit mandantenübergreifenden Auswirkungen, nach definierten Regeln ablaufen, die die Funktionsfähigkeit des Gesamtsystems sicherstellen.

Grundsätzlich wird bei Neuentwicklungen oder Einstellungen im Customizing nach einem 3-stufigen Konzept gearbeitet, das durch 3 eigenständige SAP Systeme abgebildet ist:

- Entwicklungen/Änderungen werden zunächst auf einen separaten SAP-Entwicklungssystem vorgenommen, das relativ wenig Stamm- und Bewegungsdaten enthält.

- Nach einem erfolgreichen Funktionstest wird die Entwicklung auf ein SAP-Freigabesystem überführt, das eine Kopie des produktiven SAP-Systems darstellt. In diesem System werden die Abnahmetests durch die entsprechenden Prozessverantwortlichen durchgeführt.
- Schließlich wird nach erfolgreichen Tests die Neuentwicklung/Änderung in das produktive SAP System übernommen.

Diese notwendigen und sinnvollen Abstimmungen können für den Einzelnen in einer speziellen Situation natürlich eine zeitliche Verzögerung bedeuten – vor allem, weil der Transport von Änderungen oder Erweiterungen in das produktive ERP System nur an bestimmten Tagen (Ausnahme: „Nottransporte") nach erfolgreichem Durchlauf des beschriebenen Abstimmungsprozesses erfolgt.

Im Umfeld dieser Prozesse hat sich eine europäische IT Community gebildet. Aus den bisher dezentral organisierten Gruppen musste eine Community mit einem gleichen Verständnis und mit europäisch durchgängigen Strukturen werden. In dieser Elastogran internen Community gibt es klare Abstimmungsprozesse, die sicherstellen, dass harmonisierte Prozesse nicht unabgestimmt verändert werden.

Die BASF hat eigens für diese Prozesse ein SAP® basiertes Werkzeug, das GSKC (Global SAP Knowledge Center) entwickelt,

- in dem alle Entwicklungen/Anpassungen in dem zentralen ERP-System dokumentiert werden müssen,
- das regelt, wer die Änderungen zu testen und freizugeben hat,
- in dem die Testergebnisse nach klaren Vorgaben abgelegt werden müssen und
- das die Transporte in das produktive SAP System steuert.

Wie bereits oben erwähnt ist die BASF auditierungspflichtig nach den Vorgaben des Sorbanes Oxlay Act (SOA). Das globale SAP-System wurde als SOA-relevant eingestuft, was hohe Anforderungen an die Prozesse des Change Managements stellt (I-Prozesse). Das GSKC ist eine der Plattformen, mit deren Hilfe die BASF die Anforderungen des SOA erfüllt.

3.8 Organisatorische Unterstützung

Ein weiterer wesentlicher Aspekt, um das Gelingen der Umstellung zu unterstützen, war die Schaffung einer durchgängigen, europäischen Supportstruktur mit dem Ziel, die Anwender in der Umstellungsphase, aber danach auch langfristig bei der Arbeit mit dem neuen System zu unterstützen.

Dazu wurden zunächst als organisatorische Maßnahme in den europäischen Gruppengesellschaften lokale Informationsmanagements (IM) geschaffen, die in enger Abstimmung mit dem zentralen Informationsmanagement der Elastogran am Standort Lemförde arbeiten.

Darüber hinaus wurde ein 3-stufiges Supportrollenkonzept mit den folgenden Funktionen entwickelt und umgesetzt:

- 1. Process Owner
  Diese definieren und entscheiden entsprechend der zugrundeliegenden Anforderungen über die Struktur des Geschäftsprozesses, steuern das Change Management dieser Prozesse, sind für Kosten und Benefits der Prozesse verantwortlich und stellen schließlich eine stets aktuelle Dokumentation der Prozesse zur Verfügung. Process Owner werden für die operativen Prozesse (Marketing, Vertrieb, Produktion, teilweise auch Logistik etc.) pro Geschäftsbereich benannt. Für die zentralen Prozesse (Rechnungswesen, Einkauf etc.) existiert eine Prozessverantwortung.
- 2. Business Supporter (Key User)
  Diese Gruppe übernimmt den lokalen first level support (Help Desk), beantwortet fachliche (und teilweise auch technische) Anwenderfragen, verifiziert und validiert Change Requests, ist zusammen mit den Process Ownern für das Change Management verantwortlich und testet und gibt Entwicklungen für die Übernahme in das Produktionssystem frei. Lokale Information Manager sind immer auch Business Supporter, über die bei Bedarf der Kontakt zum zentralen Informationsmanagement der Elastogran hergestellt wird.
- 3. Process Experts (Gate Keeper)
  Diese Gruppe, die aus den Mitarbeitern des zentralen Informationsmanagements gebildet wird, übernimmt den second level support. Die Mitglieder dieser Gruppe sind Application Owner, kontaktieren und steuern die externen Service Provider (hauptsächlich die BASF IT Services, BIS), evaluieren, genehmigen und priorisieren Change Requests oder geben Transporte in das Produktivsystem frei.

Alle Rollen waren ja nach Projektphase in das Migrationsprojekt eingebunden. Zwischen den 3 Gruppen gab und gibt es klar definierte Prozesse und Kommunikationsstrukturen. Die Informationsmanager bilden heute zusammen mit einigen speziellen Key Usern die IT Community der Elastogran.

Wesentlich für den Erfolg des Projektes war das frühe Einbinden von Mitarbeiten aus den Fachbereichen in das Projekt sowie die Definition von Eskalationsstrukturen, wenn es im Projekt zu Problemen kommt – und bei Projekten dieser Größenordnung kommt es immer zu einigen Problemen. Externe Berater wurden zu einem klaren Projektvorgehensmodell mit einer klaren Projektmanagementstrategie verpflichtet.

Durch dieses Konzept wurde (und wird auch heute noch) insbesondere in den europäischen Landesgesellschaften sichergestellt, dass Anforderungen, Probleme, Wünsche etc. aus diesen Gesellschaften aufgenommen und berücksichtigt werden. Dadurch wurde und wird die Akzeptanz des Systems europaweit sichergestellt.

4 Ergebnisse

Rückblickend war die Migration auf die SAP® R/3 Plattform der BASF die richtige Entscheidung für die Elastogran. Durch Nutzung zentraler Servicestrukturen und des gemeinsamen Rechenzentrums, der Teilhabe an den BASF Lizenzvereinbarungen und auch den Preisvereinbarungen für IT Produkte bzw. mit IT Dienstleistern wird das SAP® R/3 System heute zu vergleichsweise günstigen Kosten betrieben.

Der Effekt ist der, dass der Anteil zentraler IT Kosten zwar zugenommen hat, die IT Kosten in Summe jedoch gesunken sind. Der Betrieb des Systems, der teilweise durch BASF IT in Nordamerika, teilweise aber auch durch die BASF IT Services (BIS) in Ludwigshafen erfolgt, ist über SLA (Service Level Agreements) und Funktion- und Leistungsbeschreibungen (FuL) überprüfbar definiert.

Es gibt vereinbarte KPIs, und der Provider erstellt monatlich einen Report über die Ausprägung der KPIs im zurückliegenden Monat (Service Delivery Report). Die Lizenzverwaltung wird, wie schon erwähnt, global vom Informationsmanagement der BASF in Ludwigshafen übernommen.

Natürlich bringt die Integration auch einige Nachteile. Abstimmungsprozesse laufen nun langsamer als in der Vergangenheit, und teilweise ist die Elastogran in Projekte involviert, die sie wahrscheinlich ohne die Integration in den BASF IT Verbund nicht durchführen würde.

Trotzdem überwiegen eindeutig die Vorteile, und die Elastogran beginnt, aufbauend auf der vorhandenen IT Infrastruktur weitere Funktionen zu entwickeln bzw. Prozesse zu optimieren.

Dazu gehört z. B. der Start der Business Intelligence Initiative, bei der das globale SAP® BW System eine zentrale Rolle spielt, oder auch die Optimierung der APO Landschaft innerhalb der BASF, um gesellschaftsübergreifend Lieferketten zu optimieren.

Grundsätzlich wird dabei die Strategie verfolgt, Prozesse immer dann an neue technologische Möglichkeiten anzupassen bzw. in vorhandene Systeme zu integrieren, wenn durch eine abweichende technologische Abbildung oder die Nutzung individueller Software kein Alleinstellungsmerkmal generiert wird. Das gilt vor allem für entwicklungs- und produktionsnahe Software, die das unternehmensspezifische Know How enthält und nachhaltig für den Unternehmenserfolg verantwortlich ist.

In 2007 hat die Elastogran einen sogenannten SAP® Vital Check mit dem Reverse Business Engineer (RBE) gestartet. Über verschiedene Analyse-ABAPs werden dabei die Nutzungshäufigkeit von Transaktionen und spezifischer Erweiterungen dokumentiert und bewertet. Daraus kann ein Nutzungsprofil des SAP-Systems erstellt werden, um festzustellen, inwieweit die Systemnutzung den Prozessanforderungen entspricht. Parallel wird eine Befragung der Key-User zu dem gleichen Thema durchgeführt.

Die Grenzen klassischer ERP-Systeme

Frank Roth

1 Einleitung

Die MCM Klosterfrau hat 1997 mit der umfassenden Einführung einer SAP®
ERP-Lösung begonnen und löste damit einige von ihr zuvor selbstentwickelter
Anwendungen ab. Mit der SAP® ERP-Lösung werden heute bei der MCM Kloster-
frau die Funktionsbereiche Materialwirtschaft, Produktion, Finanzen/Controlling,
Personal und Vertrieb unterstützt.

Besonderer Wert wurde und wird auf eine optimale Unterstützung im Market-
ing- und Vertriebsbereich gelegt. Bereits im Rahmen der ERP-Einführung wurde
deshalb der Bereich Reporting mit Hilfe der SAP-Entwicklungswerkzeuge um ein
selbstentwickeltes Klosterfrau-Datawarehouse (KDW) ergänzt. Natürlich handelte
es sich hierbei noch nicht um ein echtes Datawarehouse.

Die heutigen Informationsbedarfe haben aber zugenommen und sind für die
Bereiche Marketing und Vertrieb von noch höherer Bedeutung als im Rahmen der
damaligen ERP-Einführung (siehe Kap. 3).

2 Unternehmen MCM Klosterfrau

1826 gründete Klosterfrau Maria Clementine Martin das gleichnamige Unternehmen und legte damit den Grundstein für eine über 180-jährige Erfolgsgeschichte.
Bis heute zählt der von ihr entwickelte „Klosterfrau Melissengeist" zu den erfolg-
reichsten rezeptfreien Arzneimitteln Deutschlands. Das Heilpflanzendestillat hat
einen festen Platz in fast jeder dritten deutschen Hausapotheke und ist 94 Prozent
aller Bundesbürger ein Begriff.

Heute ist das Unternehmen Klosterfrau zu einem national und international
führenden Anbieter im Bereich der Selbstmedikation herangewachsen. Vom effek-
tiven Erkältungsmedikament bis zu zeitgemäßen Vitalstoffzubereitungen bietet

das forschende Unternehmen Klosterfrau in Apotheken, Drogerien und Super-
märkten eine breite Palette marktführrernder Gesundheitsprodukte an. Für den
Vertrieb der Klosterfrau-Produkte zeichnet dabei die Tochtergesellschaft MCM
Klosterfrau verantwortlich. Diese kümmert sich aber nicht nur um die firmen-
eigenen Produkte, sondern ist darüber hinaus auch für viele Fremdunternehmen
ein interessanter Vertriebspartner.

3 Heutige Informationsbedarfe

Da die Herausforderungen im Pharmamarkt zugenommen haben (z. B. durch steigende Gesundheitskosten, mehrere Gesundheitsreformen, Erhöhung der Selbstbe-
teiligung, Entstehung von Versandapotheken wie z. B. Doc Morris, evtl. Wegfall
des Apothekenmehrbesitzverbotes (Stichwort Kettenbildung), Internetverkauf, allgemeine Konzentration im Pharmamarkt usw.) sind auch die entsprechenden Anforderungen und Bedarfe des Fachbereichs Marketing und Vertrieb im Bereich
Planung und Reporting erheblich gestiegen.

Reichte es früher, tagesaktuell die Absatz- und Umsatzzahlen gemäß Vertriebs-
struktur zu berichten, brauchen die Fachbereiche Marketing und Vertrieb heute
eine Verknüpfung der eigenen Zahlen mit den relevanten Marktzahlen bis hin zur
Ermittlung von entsprechenden Deckungsbeitragsauswirkungen.

Konkret werden heute Instrumente gebraucht, die es den Verantwortlichen in
den Fachbereichen ermöglichen, sehr viel zeitnaher Antworten auf z. B. folgende
Fragen zu geben:

- Wie sieht mein Markt aus?
- Wie entwickeln sich meine Produkte im Vergleich zum Mitbewerber?
- Welche Auswirkungen haben meine Marketing- und Vertriebsaktivitäten?
- Wie sehen die Marktpotentiale generell aus?
- Wie entwickeln sich meine Deckungsbeitrage?

Erfolgte die Analyse solcher Fragestellungen früher i.d.R. im Rahmen von Jah-
resplanungen und unterjährigen Hochrechnungen und somit in überschaubaren
Zeitfenstern, genügt dieses den Verantwortlichen heute nicht mehr. Heute wün-
schen sich die Fachbereiche ein IT-Instrument, mit dem sie die Funktionen

- Planung,
- Analyse,
- Simulation,
- Reporting

zeitlich flexibel und effizient durchführen können. Aus IT-Sicht ergeben sich
hieraus folgende Anforderungen, die auch bezogen auf die bereits schleichende
Entwicklung der Anwendungslandschaft (siehe Kap. 4) von der IT unterstützt
bzw. maßgeblich forciert wird:

- ein zentrales IT-System
  - für die effiziente Unterstützung aller Funktionen von Planung bis Reporting
  - mit der Möglichkeit der Integration von Fremddaten
  - zur Abdeckung von Standard- und ad hoc Reporting

- eine einheitliche Datenbasis
  - eine Datenintegration unabhängig vom Datenformat und Anwendung
  - eine definierte Währung (festgelegte Lesart für das Unternehmen)
  - eine Wahrheit (keine Datenredundanz)

- eine intuitiv zu bedienende Benutzeroberfläche
  - wenn möglich Anwendungen, die mit einem Internet-Browser laufen
  - Ausgabe von Reports je nach Wahl als HTML oder Excelspreadsheet
  - Möglichkeit der Weiterbearbeitung innerhalb MS Excel

- Einbindung von Kunden und Vertriebspartnern via Web über Portal
- ein leistungsstarkes und auf Massendatenverarbeitung ausgelegtes Tool

4 Typisch gewachsene Systemlandschaft neben ERP-Systemen

Wie die Abb. 1 zeigt, haben sich bereits im Funktionsbereich Planung, Analyse und Reporting neben dem eigentlichen ERP-System mehr oder weniger schleichend Insellösungen etabliert.

Abb. 1. Planungs- und Reportinginstrumente (Stand 2004)

Das zentrale SAP® ERP-System ist zwar noch der führende Lieferant der operativen Daten. Für die Planung und das Reporting werden jedoch bereits Subsysteme eingesetzt, die über Schnittstellen angebunden sind.

Rückblickend betrachtet hat sich diese Systemlandschaft natürlich nicht strategisch und somit gezielt so entwickelt. Diese Entwicklung ist schleichend über einen längeren Zeitraum aus z. B. folgenden Anforderungen bzw. Situationen heraus entstanden:

- Der Fachbereich kommt mit einer ersten unscharfen Anforderung und reiner Fachbereichsbrille auf IT zu. Anforderungen wie diese sind dabei typisch:
  - „Bräuchte da mal auf die Schnelle"
  - „Muss aber einfach zu bedienen sein"
  - „Sollte möglichst keine externen Kosten verursachen"
- Vorhandene Tools und Ressourcen reichen und der damit verbundene Aufwand ist überschaubar.
- Der Fachbereich hat spezielle Anforderungen mit hohem Termindruck, die leider auf die Schnelle mit bestehenden IT-Mitteln nicht realisiert werden können. Eine Insellösung für einen einzelnen Fachbereich ist schneller und preiswerter zu realisieren (Termindruck und die Sichtweise Fachbereich und leider auch manchmal der Geschäftsführung haben Priorität). Ausserdem werden die Ressourcen der IT nur begrenzt für Schnittstellen benötigt (Argumentation Fachbereich). Dies bewegt die IT i. d. R. zur generellen Hinterfragung des Themas in Form eines Projektes (Argumentation Entscheider: Großlösung zu aufwendig, fehlende Mentoren, ggf. fehlende Vision und Strategie IT).

Diese Situationen sind nie ganz vermeidbar. Wichtig ist jedoch, frühzeitig zu erkennen, ab wann hier ein Thema bzw. Themenkomplex für das Unternehmen eine IT-strategische Festlegung braucht. Dies hängt natürlich auch von der Reife des Unternehmens in Bezug auf das entsprechende Thema ab (Bewusstsein über die Fachbereiche hinaus).

Letztendlich ist es dann aber Aufgabe der IT mit Unterstützung der Fachbereiche, die einzelnen Fachbereichsanforderungen bzw. -interessen zu bündeln und hieraus eine strategische Festlegung – am besten verbunden mit einer Vision – aus der Brille des Unternehmens und nicht des einzelnen Fachbereiches zu definieren (siehe Kap. 7).

Bezogen auf die Abb. 1 ergaben sich für Klosterfrau natürlich eine Reihe von Nachteilen, die im Laufe der Zeit nicht nur den betroffenen Fachbereichen bewusst wurden, sondern auch Bereichen darüber hinaus. Wesentliche Nachteile aus Sicht der Fachbereiche waren:

- hoher Abstimmaufwand, da redundante Datenquellen auch zu unterschiedlichen Auswertungsergebnissen führten,
- fehlende Möglichkeit, Marktdaten (Fremddaten) mit eigenen Daten integriert auszuwerten,

- keine einheitliche Währung (Lesart), da jeweilige Insellösung natürlich eine Fachbereichslösung und keine Unternehmenslösung ist,
- hoher manueller Aufwand in den Fachbereichen für die Erstellung von Auswertungen, da Anforderungen durch geeignete IT-Instrumente bisher nicht bedarfsgerecht abgedeckt werden konnten.

Wesentliche Nachteile aus Sicht der IT waren:

- keine einheitliche Datenbasis,
- mittlerweile hoher Aufwand für Betrieb und Wartung der Inselsysteme und Schnittstellen,
- fehlende IT-Werkzeuge für eine bedarfsgerechte Erfüllung der Fachbereichsanforderungen und insbesondere für die Integration und das Management von Fremddaten.

Dies führte zu der Erkenntnis, dass die Anforderungen aus den Fachbereichen im Planungs- und Reportingumfeld funktional und IT-technisch mit dem vorhandenen ERP-System nicht mehr gelöst werden konnten.

Doch neben fehlenden funktionalen Möglichkeiten zeichneten sich auch andere Aspekte ab, die generell gegen einen weiteren Ausbau entsprechender Planungs- und Reportinganwendungen im ERP-System sprachen (siehe Kap. 5). Die schleichend gewachsene IT-Anwendungslandschaft ließ dringenden Handlungsbedarf erkennen.

5 Grenzen klassischer ERP-Systeme

Der Wunsch der Fachbereiche innerhalb des ERP-Systems mit den Daten auch Funktionen für eine anspruchsvolle Planung (inkl. Simulation) mit entsprechenden Reportingfunktionen zur Verfügung zu bekommen, ist nachvollziehbar, stößt jedoch bezogen auf die eigentliche Auslegung und Zielsetzung eines ERP-Systems an Grenzen.

Ein ERP-System stellt für die meisten Unternehmen das eigentliche Herzstück der IT-Anwendungen dar. Es ist das *operativ, buchende System* und steht für wichtige Funktionen wie z. B. Auftragserfassung, Materialverfügbarkeit, Auftragsstatus etc. Es ist das führende System und deshalb i.d.R. im Hinblick auf die Systemverfügbarkeit absolut hoch eingestuft und in Sachen Performance entsprechend ausgelegt.

Doch gerade der Punkt Performance wird durch Funktionen wie Planung, Simulation und Reporting häufig unplanbar stark beeinträchtigt, da Zeitpunkt und Datenvolumen hier in der Entscheidung des Benutzers liegen (Selektion) und somit festen Eckgrößen für eine bessere Systemauslegung im Vorfeld nur schwer definierbar sind.

Die Grenzen von ERP-Systemen in Hinblick auf analytische Anwendungen wie Planung und Reporting liegen also somit u. a. auch im IT-technischen Umfeld. Um also bestehende ERP-Systeme nicht zu beeinträchtigen und für analytische Anwendungen ausreichend Ressourcen zur Verfügung zu haben, werden die Systeme heute hardware-technisch getrennt und über entsprechende Datenladeroutinen schnittstellentechnisch miteinander verbunden. Die Daten des ERP-Systems als führendes System werden ja für das *analytische System* benötigt.

Für den Bereich der Planung, Analyse, Simulation und das Reporting gibt es heute spezielle und recht komplexe Lösungen, die auf einer eigenen Hardwareplattform laufen. Diese Anwendungen heißen heute Business Intelligence (BI) bzw. früher Datawarehouse (DW).

6 Lösungsansätze

6.1 Überblick

Basierend auf den Informationsbedarfen aus den Fachbereichen (siehe Kap. 3) und den begrenzten Möglichkeiten, diese innerhalb des ERP-Systems zu lösen, musste eine Lösung gefunden werden, die auch die zwischenzeitlich heterogen gewachsene IT-Anwendungslandschaft wieder zu bereinigen hilft.

Aus Sicht der IT hieß die Lösung Implementierung eines entsprechenden Datawarehouses. Dieser Begriff war jedoch zu unserem Zeitpunkt durch einige in der Presse erschienende Artikel, die von teuren und fehlgeschlagenen Projekten berichteten, negativ belegt. Für ein mittelständisches Unternehmen beinhaltete dies zudem eine nicht unerhebliche Investition. Dies löste eine Reihe von Fragen aus, deren Beantwortung im Hinblick auf eine positive Entscheidung vorab zu klären waren:

- Brauchen wir wirklich ein Datawarehouse oder können wir dies nicht anders lösen?
- Von welchem Anbieter soll die Lösung sein und deckt diese unsere Anforderungen ab?
- Was kostet ein solches Projekt und welchen wirtschaftlichen Nutzen bringt die Investition?
- Wie sieht die IT-Strategie und das entsprechende Projektvorgehen aus?

In den nachstehenden Ausführungen wird auf die jeweiligen Fragestellungen eingegangen.

6.2 Alternativen zum Datawarehouse

Für die Implementierung eines Datawarehouse sprachen folgende Gründe:

1. Die bestehenden Anforderungen aus den Fachbereichen, insbesondere das umfangreiche Handling von Fremd- und Eigendaten sowie die anspruchsvollen und komplexen Datenanalysen nach verschiedenen Dimensionen, Zeitreihen und Hierarchien lassen sich nur mit Hilfe klassischer Datawarehousefunktionen bzw. einer Business-Intelligence Anwendung zufriedenstellend lösen.
2. Die schleichend entstandene, heterogene IT-Anwendungslandschaft im Bereich Planung und Reporting hat gezeigt, welche Nachteile für die Fachbereiche und die IT mittlerweile hieraus entstanden waren. Ein weiteres Fortschreiten in dieser Form würde diese noch erhöhen.
3. Das vorhandene SAP® ERP bot aufgrund begrenzter und zum Teil fehlender Funktionalität sowie der IT-technischen Auslegung insgesamt keine Alternativen mehr.

Nur mit der Implementierung eines Datawarehouses lassen sich letztendlich die bestehenden Anforderungen zufriedenstellend lösen, die Entstehung weiterer Insellösungen vermeiden und die heterogene IT-Anwendungslandschaft wieder bereinigen.

6.3 Anbieter

Als SAP-Anwender war MCM Klosterfrau natürlich bekannt, dass es von SAP® bereits eine Datawarehouselösung (SAP® Businesswarehouse) gibt. Aufgrund der Bedeutung und der Investitionsgröße wurde aber entschieden, den Markt in überschaubarem Umfang dennoch zu sondieren, um hier eine fundierte Entscheidung treffen zu können.

Die fachlichen und IT-technischen Anforderungen wurden zusammengestellt und mit einer Gewichtung versehen. Anschließend erfolgte eine Ausschreibung an insgesamt 3 Anbieter inkl. SAP®. Die Unterlagen wurden ausgewertet (inhaltliche Abdeckung, Kosten, Referenzen etc.) und alle Anbieter wurden gebeten, ihr Produkt anhand eines vorgegebenen Beispiels aus dem Categorymanagement (CM) live zu präsentieren. Das Produkt musste live anhand der definierten Aufgabenstellung demonstriert werden.

Die Ausschreibung und Produktbewertung ist mit Beteiligung des Fachbereiches erfolgt, um hier auch frühzeitig eine Akzeptanz für die zukünftige Lösung sicherstellen zu können. Parallel wurden Erfahrungen bei Referenzkunden eingeholt.

Mit dem favorisierten Anbieter wurde anschließend in überschaubarem Rahmen eine erste Pilotanwendung für das CM aufgebaut. Die Erfahrungen und Erkenntnisse wurden gemeinsam mit dem Fachbereich ausgewertet. Neben den Kosten wurden die wesentlichen Entscheidungskriterien aus fachlicher und IT-technischer Sicht als Entscheidungsgrundlage aufbereitet (siehe Abb. 2).

Ergebnis Anbietervergleich (Teilauszug)

Gegenüberstellung wesentlicher Kriterien

Nr.	Kriterium	SAP	Lief. B	Lief. C	Anmerkung
1.	**Abdeckung fachliche Anforderungen**				
1.1	Category Management (CM)	++	-	-	
1.2	Einbindung von Fremddaten (verschiedene Formate, tool-gestützt)	+	+	+	nur Werkzeug, keine CM-Lösung
1.3	Standard-Schnittstellen (GfK)	++	-	-	
1.4	Aufbau webbasiertes Reporting	+	+	+	
1.5	Definition und Abbildung von Kennzahlen (Projektgruppe 2008)	+	+	+	GfK=vorhanden Nielsen=in Vorb.
1.6	Definition und Abbildung integrierten Planungsprozess	++	+	+	
1.7	Vorkonfigurierte CM-Lösung (Prozessschema, Reporttemplates, Business Content)	++	-	-	
1.8	Anbindung von Kunden und Kooperationspartner via Internet (CM-Prozess, Info-Abruf)	+	+	+	
					SAP-interne Schnittstelle
2.	**IT-spezifische Anforderungen**				
2.1	Einbindung von SAP-Daten (bei NON-SAP-Systemen=zertifizierte SAP-Schnittstelle)	++	-	+	
2.2	keine Notwendigkeit der Erstellung von Schnittstellen zu SAP	+	-	-	
2.3	Passt in bestehende IT-Landschaft (keine Insellösung)	+	-	-	
2.4	Nutzung des bestehenden IT-Know hows (SAP)	+	-	-	
2.5	Ausbaufähig und zukunftssicher; bietet Plattform für Erweiterung zur Abdeckung zukünftiger Anforderungen (z. B. im Bereich CRM)	+	-	-	
2.6	Handling / Bedienerfreundlichkeit	+	+	+	

Legende: ++ = sehr gut abgedeckt (vorkonfigurierte Lösung), + = erfüllt, - = nicht erfüllt

Abb. 2. Ergebnis Anbietervergleich (Teilauszug)

6.4 Nutzen

Die Geschäftsführung wollte nicht nur die Kosten für den ersten Einstieg kennen, sondern einen groben Gesamtkostenrahmen für die Realisierung des Gesamtprojektes kennen. Für die Klärung dieser Frage musste natürlich zunächst der inhaltliche Gesamtumfang des Projektes sowie eine entsprechende Einführungsstrategie definiert werden (vgl. das Vorgehen dazu in Kap. 7).

Bei der Frage der Kosten-Nutzen-Bewertung wurde mit Blick auf den Aufwand und die Genauigkeit ein pragmatischer, aber auch einfach nachzuvollziehender Weg gewählt. Die relevanten Geschäftsprozesse wurden im Detail aufgenommen (Prozessschritte, -beteiligte, -dauer, eingesetzte Hilfsmittel, Anzahl Vorgänge etc.) und bewertet. Im nächsten Schritt wurden für diese Prozesse die Sollabläufe definiert. Die Ist- und Sollabläufe wurden gegenübergestellt und qualitativ und quantitativ bewertet.

Bei einer Reihe von Prozessen zeigte sich hier deutliches Potential im Hinblick auf die Reduzierung der Prozessdauer und des für den Fachbereich damit verbundenen Arbeitsaufwandes. Hinzu kamen qualitative Verbesserungen, die i. d. R. nicht einfach zu quantifizieren sind.

Der für die relevanten Geschäftsprozesse ermittelte Nutzen wurde nach Realisierung überprüft. Abbildung 3 dokumentiert das Ergebnis für einen solchen Prozess.

Die Ermittlung des Kosten-Nutzenverhältnisses ist somit nur für Teile des Projektes detailliert beleuchtet worden. Eine komplette Bewertung aller Prozesse und Projektinhalte wäre sehr aufwendig gewesen und laut eigener Erfahrungen nicht sehr viel aussagekräftiger und genauer.

Prozess Report Mineralien/Vitamine – Vergleich Alt/Neu

		Prozessablauf Alt				Prozessablauf Neu			
Nr.	Aktivität	Org.-Einheit	Tool	Zeitaufwand in Std.	Anmerkung	Org. Einheit	Tool	Zeitaufwand in Min.	Anmerkung
1.	Dateninstallation/Prüfung	Mafo Berlin	Sales Analyser	8	Installation der Daten via CD	IT	FTP Client SAP BW	51	eleketronische Zusendung der Daten viea FTP
...									
2.	Reporterstellung	Mafo Berlin	Sales Analyser Excel		manuelle Erstellung	IT	SAP BW		Aufruf der Standard-Query mit Ausgabe Excelformat
...				4					
3.	Prüfung	Mafo Berlin	Sales Analyser Excel		Neueinführungen, Artikeländerungen	Mafo Berlin	SAP BW Nitro Excel	90	Neueinführungen, Artikeländerungen
...									
4.	Versand	Mafo Berlin	Excel Mail	2	Bereitstellung, ggf. Rücksprache mit PG	Mafo Berlin	SAP BW Mail	120	Bereitstellung, ggf. Rücksprache mit PG

Summe In Min.			261
Summe In Std.	14		4,35
Einsparung absolut			9,65
Einsparung in %	100		68,9

Fazit

Dateninstallation und Reporterstellung erfolgen nun maschinell und führen somit für die Mafo zu einer erheblichen Arbeitszeiteinsparung von 68 %

Abb. 3. Kosten-Nutzen-Bewertung Prozess Report Mineralien/Vitamine

6.5 IT-Strategie und Projektvorgehen

Die Frage der IT-Strategie stellte sich weniger aus technischer Sicht, sondern viel mehr aus unternehmensstrategischer Sicht allgemein. Letztendlich wollte man schon genauer wissen, wo „die Reise überhaupt hingeht" und ob man bereit ist, diesen Weg mitzugchcn.

Eng damit verbunden galt es natürlich festzulegen, mit welchen Projektinhalten auf der Zeitachse die Einführung begonnen werden sollte. Auf beide Fragestellungen wird nachfolgend eingegangen.

7 Ansätze für die Entwicklung einer Vision/Strategie

7.1 Gründe für eine Vision

Die Gründe für eine Vision ergeben sich aufgrund der folgenden Aspekte:

1. Projektumfang/-dauer
   Die inhaltlichen Möglichkeiten, die mit einer BI-Lösung machbar sind, aber auch die eigenen Erfahrungen im Rahmen des Anbietervergleiches haben deutlich gemacht, welche Komplexität in dem Projekt stecken und dass die damit

verbundene Projektdauer ebenfalls eine nicht zu vernachlässigende Größe und somit auch ein Risiko darstellt. Es wurde bewusst, dass bis zur abschließenden Realisierung

- mehr als ein Jahr vergehen wird,
- ein sog. Masterplan erforderlich ist, der allen Projektbeteiligten und der Geschäftsführung die „Reiseroute" transparent aufzeigt und
- eine Strategie benötigt wird, wie die Vision realisiert werden soll.

Basierend hierauf ist die in Abb. 4 dargestellte Vision entstanden, die am Ende dieses Kapitels noch einmal inhaltlich erläutern wird.

2. Investitionsvolumen
Natürlich ist allein schon wegen der Investitionshöhe ein überzeugendes, argumentativ nachvollziehendes Gesamtkonzept erforderlich, auch weil die Investition aufgrund der Projektdauer auf mehrere Jahre angelegt war.
3. Richtschnur und Kommunikationsplattform
Doch am wichtigsten, so hat sich für MCM Klosterfrau gezeigt, ist die Vision für die Kommunikation innerhalb des Unternehmens. Sie dient

- der Geschäftsführung als argumentative Plattform für die Investitionsentscheidung des Unternehmens,
- sie ist für die Projektbeteiligten die architektonische Grundlage und dokumentiert das langfristige Projektziel,
- sie kann zur Erklärung des Gesamtprojektvorhabens in der Kommunikation mit Kollegen außerhalb des Projektes verwendet werden und
- sie kann zur Dokumentation von bereits erreichten Zielen genutzt werden (Reviewbasis).

Abb. 4. Vision

Die in Abb. 4 aufgezeigte Vision beinhaltet inhaltlich folgende Zielsetzungen.

1. Schaffung einer einheitlichen Datenbasis
   Es soll zukünftig nur eine zentrale Datenbasis geben, in der alle internen und externen Daten für die Planung, Analyse, Simulation und das Reporting zur Verfügung gestellt werden.
2. Integration von Fremddaten
   In der zentralen Datenbasis sollen alle relevanten Fremddaten unabhängig vom Datensatzaufbau und Format hoch geladen werden können. Die Integration der Marktdaten soll somit providerunabhängig realisiert werden, damit das Marketing hier nicht technisch bedingt an bestimmte Datenprovider gebunden ist.
3. Integration eigener Daten
   In der zentralen Datenbasis sollen alle relevanten Zahlen aus den betreffenden Anwendungen, wie z. B. SAP® ERP, Logistiksystem etc. zur Verfügung gestellt werden. Darüber hinaus sollen auch Daten weiterer Klosterfraugesellschaften unabhängig von der Anwendung, der Datensatzstruktur und dem Format integriert werden können.
4. Portal und Webzugang
   Kunden sollen via Web einen gesicherten Zugriff auf für sie in der Zusammenarbeit mit Klosterfrau relevante Daten erhalten und bei Bedarf auch Daten ablegen.

Für die Vision selbst müssen die einzelnen Lösungsansätze noch nicht scharf umrissen sein, da diese nur den Weg und das langfristige „Reiseziel" aufzeigen soll. Wie die „Wegstrecke" zur Erreichung der Vision aussehen soll, muss aber natürlich noch konkreter in Form einer Strategie definiert werden.

7.2 Umsetzung einer Vision

Da die Vision und die damit verbundenen Realisierungsmaßnahmen komplex und zeitlich aufwendig sind, empfiehlt es sich, das Gesamtvorhaben in kleinere, überschaubare Phasen und Projekteinzelmaßnahmen zu strukturieren. Bei der Strukturierung des Gesamtvorhabens sind wir nach folgenden Kriterien vorgegangen.

1. Machbarkeit und grobe Aufwandschätzung
   In Zusammenarbeit mit der SAP® wurde im Rahmen eines Workshops über die Vision und die entsprechenden Projekteinzelmaßnahmen gesprochen. Hierbei wurde auf Basis der aktuellen Anforderungen des Fachbereiches geprüft, inwieweit diese mit dem vorhandenen SAP® BI Release realisiert werden können und von welchem Aufwand intern und extern auszugehen ist. Themen wie die Unternehmensplanung wurden hierbei direkt aus inhaltlichen Gründen (hier mussten Projekteinzelmaßnahmen als Vorleistung abgeschlossen sein) sowie auch aus entwicklungstechnischer Sicht des SAP® BI Release als Endphase definiert.

2. Priorität („Wo drückt der Schuh am ehesten?")

Bei der Realisierung offener, hoch priorisierter Fachabteilungsanforderungen ist der Vorteil natürlich, dass die Motivation und Beteiligung des betreffenden Fachbereiches hier sehr viel höher ist, als wenn zunächst ausschließlich mit der Ablösung einer vorhandenen Funktion begonnen wäre.

3. Repräsentatives Projektbeispiel für Sammlung erster Erfahrungen

Dieser Punkt war insbesondere der IT sehr wichtig, da bei der Definition des Gesamtaufwandes auf der Zeitachse Klosterfrau zunächst auf die Aussagen der Berater angewiesen war. Die erste Planung konnte Klosterfrau somit nur begrenzt kritisch hinterfragen bzw. bewerten.

4. Realisierung fehlender Funktionen vor Ablösung bestehender

Dies war eine strategische Festlegung, die aus politischen und auch aus wirtschaftlichen Gründen direkt so definiert wurde. SO waren auch für die letzten „Zweifler" schnelle und überzeugende Ergebnisse erforderlich, denn die Ablösung vorhandener Funktionen ergibt aus der wirtschaftlichen Brille gesehen keinen direkten Mehrwert.

5. Projekteinzelmaßnahme kleiner 1 Jahr

Dieser Aspekt ist extrem wichtig, da Projekte, die länger als ein Jahr laufen, der Gefahr ausgesetzt sind, in eine Ermüdungsphase zu geraten. Auslöser hier sind die abfallende Motivation, das Fehlen von Arbeitsergebnissen als positive Bestätigung und die zunehmende Ungeduld der Projektsponsoren.

Basierend auf der klaren Vision konnte Klosterfrau seine Projekteinzelmaßnahmen nach diesem Kriterium definieren.

Als Ergebnis dieser Überlegungen ist ein entsprechendes Phasenkonzept entstanden (siehe Abb. 5).

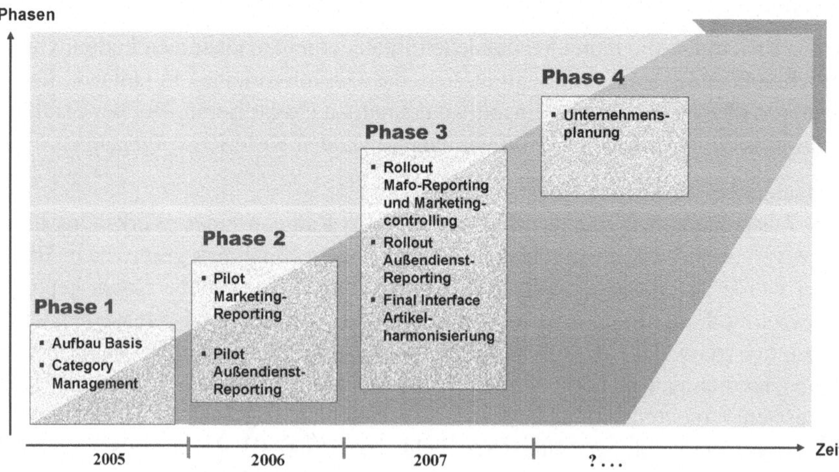

Abb. 5. Grobe Projektphasen (Masterplan)

Innerhalb der Phasen wurden Projekteinzelmaßnahmen definiert. Hierbei war und ist immer oberste Maßgabe, dass die Projektdauer unter einem Jahr liegt, um hier keine Ermüdungserscheinungen im Projekt zu erhalten bzw. um auch in überschaubarer Zeit sichtbare Erfolge zur weiteren Motivation und für die Überzeugung letzter „Zweifler" zu erreichen.

8 Erfahrungen

Zusammenfassend lassen sich die wesentlichen Erfahrungen von Klosterfrau wie folgt zusammenfassen:

1. Zeitpunkt erkennen, wann Themen IT-strategisch aufgegriffen werden müssen
   Neben der IT hat hier letztendlich auch der Fachbereich nachher erkannt, dass es mit den vorhandenen Insellösungen so nicht weiter gehen konnte. Mit Unterstützung der Fachbereiche konnte die IT das Thema dann strategisch definieren. Insofern waren die Insellösungen zur Bewusstseinsbildung bis zu einem bestimmten Zeitpunkt hilfreich.
2. Fachbereiche als Projekttreiber frühzeitig gewinnen
   Es ist optimal, wenn die Fachbereiche für eine bestimmte Lösung an vorderster Front das Projekt unterstützen. Die frühe Beteiligung schaffte eine hohe Akzeptanz, gute Motivation und war bzw. ist ein wesentlicher Garant für die bisherigen Projekterfolge. Die Projekterfolge selbst wiederum sind das beste Marketing und helfen somit auch die letzten „Zweifler" zu überzeugen. Bei den Produktpräsentationen bleibt es jedoch Aufgabe der IT, die dahinterliegende Technik kritisch zu bewerten. Die Fachbereiche lassen sich recht schnell von einem guten Vertriebsauftritt und einer gut gemachten Produktdemo blenden. Die dahinter liegende Technik können diese natürlich nicht bewerten.
3. Groß denken und klein starten
   Die Definition einer Vision und Strategie war und ist für Klosterfrau aufgrund der Größe des Projektes und des damit verbundenen langen Atems, den alle Beteiligten mitbringen müssen, absolut hilfreich. Groß zu denken und klein zu starten ist natürlich auch keine neue Weisheit. Bezogen auf die Komplexität des Gesamtprojektes ist dies aber eine elementare Vorgehensweise gewesen, um alle Beteiligten auch über die Jahre im Boot zu behalten.
4. BI-Systeme erfordern viel neues Know-how für IT und Fachbereich
   Die erforderliche Zeit, um das Know-how aufzubauen und erste Erfahrungen zu sammeln, wurde am Anfang völlig unterschätzt. Die Welt der BI-Systeme ist mit der Welt von ERP-Systemen überhaupt nicht vergleichbar.
5. Verantwortung für Datenqualität muss Aufgabe der Fachabteilung bleiben
   Für die Realisierung von BI-Lösungen muss die IT die Arbeitsweise (Kernaufgaben, Prozesse etc.) der Fachbereiche recht gut kennen. Die Verantwortung für die Datenqualität muss aber im Fachbereich bleiben, selbst dann, wenn die entsprechenden Datenladeprozesse bis hin zur Erstellung der Standardreports nun vollständig automatisiert abläuft.

6. Datenredundanzen müssen geklärt werden/einheitliche Währung (Lesart) für
   das Unternehmen ist festzulegen
   Selbst kleinere Differenzen, die aufgrund der Datenredundanz aus Insellösungen entstanden sind, müssen mit der BI-Einführung auf einmal hinterfragt und
   geklärt werden („Welche Zahl ist richtig? Haben wir eigentlich bisher korrekt
   gerechnet?"). Letztendlich müssen von den Fachbereichen für das Unternehmen allgemein gültige Begriffsdefinitionen und Rechenregeln festgelegt werden. Dieser Aufwand wurde ebenfalls unterschätzt.
7. Aufbau von Keyusern im Fachbereich und Erstellung eines Supportkonzeptes
   ist wichtig
   Mit Inbetriebnahme der ersten BI-Anwendung müssen u. a. zur Entlastung der
   IT im Fachbereich frühzeitig entsprechende Key-User aufgebaut werden. Diese
   übernehmen den 1st-Level-Support und unterstützten den Rollout im Fachbereich. Somit ist auch der Aufbau eines entsprechenden Supportkonzeptes nötig.
   Als Bestandteil des Supportkonzeptes ist die Definition von Spielregeln hilfreich, in denen u. a. festgelegt wird, wie beim Auftreten von z. B. falschen Auswertungen verfahren wird (also wer übernimmt welche Aufgabe und ab wann
   gelangt das Thema zur weiteren Bearbeitung mit Ergebnissen aus der Vorklä-
   rung des Fachbereiches in die IT). Die IT übernimmt hiermit den 2nd-Level-
   Support. Ihr bleibt somit genug Zeit für die weitere Projektarbeit. Die Fachbereiche behalten ein großes Maß an Flexibilität und Selbständigkeit.

ERP im validierten Umfeld

Olaf Passenheim

1 Einleitung

1.1 Umfang der Arbeit

Für das Jahr 2006 planten 47 Prozent leitender IT-Mitarbeiter ihre Ausgaben für Investitionen in ERP-Systeme. Bei einer entsprechenden Frage der Zeitschrift „The McKinsey Quarterly" an leitende IT-Mitarbeiter, wie sie ihre Ausgaben und Investitionen im IT-Bereich für 2006 planten, war das die zweithäufigste Antwort.

Bei der weiteren Spezifizierung dieser Investitionen fällt auf, dass die größten Ausgaben (45 Prozent) auf den Bereich „Industriespezifische Erweiterungen" geplant waren. (http://www. mckinseyquarterly.com/CIO_spending_in_2006_1745). Das unterstreicht die Vermutung, dass trotz der Vielfalt der branchenübergreifenden- und branchenindividuellen ERP-Lösungen auf dem Markt nicht nur jede Branche, sondern sogar jedes Unternehmen sein eingesetztes ERP-System an betriebsspezifische Anforderungen anpassen muss. In einigen Fällen kommen dazu noch gesetzliche oder regulatorische Anforderungen, die ebenfalls berücksichtigt werden müssen.

Eine der am meisten regulierten Branchen ist die pharmazeutische Industrie. Das hat seinen berechtigten Grund, da bei allen Geschäftsmodellen in diesem Industriezweig neben betriebswirtschaftlichen Zielen vor allem das Wohl des Patienten im Mittelpunkt der Geschäftsinteressen stehen sollte. Der Begriff „Validierung" steht daher als zentrale Forderung im Mittelpunkt jedes ERP-Projektes in der pharmazeutischen Industrie.

Der folgende Artikel beschreibt die gesetzlichen Rahmenbedingungen und regulatorischen Anforderungen der Implementierung eines validierten Systems bei der HAL Allergy Group in den Niederlanden und ausgewählten europäischen Vertriebsorganisationen.

Abbildung 1 zeigt den Aufbau und die Abgrenzung des Themas. Nach einer Darstellung der regulatorischen und gesetzlichen Rahmenbedingungen für das

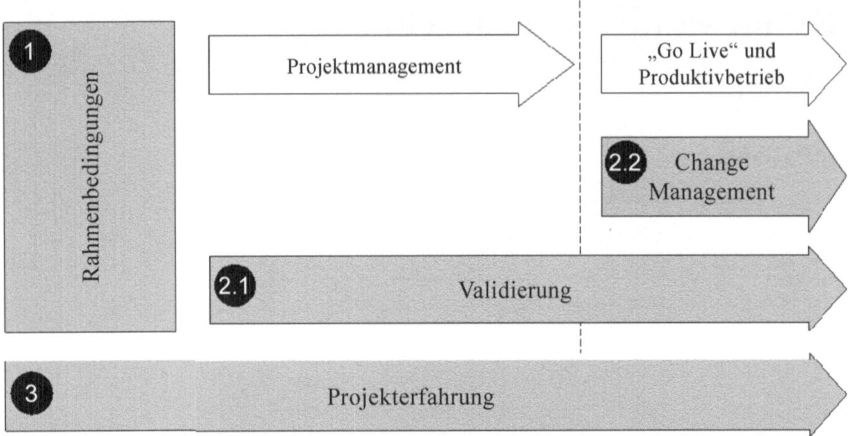

Abb. 1. Aufbau und Abgrenzung des Artikels

Arbeiten im validierten Umfeld im ersten Abschnitt, werden in den beiden Hauptabschnitten „Validierung" und „Change Management" bei der Einführung eines ERP-Systems beschrieben.

Am Beispiel der Einführung eines neuen ERP-Systems in der HAL Allergy Group werden im dritten Abschnitt Projekterfahrungen am theoretischen Rahmen gespiegelt.

Nicht betrachtet werden allgemeine Anforderungen an das Projektmanagement sowie an die Hauptnutzer nach dem Produktivstart eines ERP-Systems, da diese weitgehend getrennt von den Validierungsaufgaben betrachtet werden können, wobei in einem Projekt natürlich in den meisten Fällen eine Koordination vorgenommen wird und in jedem Fall eine enge Abstimmung aus Kosten- und Zeitgründen sinnvoll ist.

1.2 Definition Validierung

In fast jeder Diskussion über die Einführung oder bei der Änderung von computergestützten Systemen kommt zwangläufig die Frage auf, ob das System oder der Prozess GMP-relevant ist. GMP steht für Good Manufacturing Practice, der „guten Herstellungspraxis", einem System von Regeln und Regelwerken, die einen anerkannten Stand von Wissenschaft und Technik darstellen und bei deren Umsetzung mit hoher Wahrscheinlichkeit Produkte von adäquater Qualität erzeugt werden.

Viele Unternehmen der pharmazeutischen Industrie orientieren sich heute daher an den GMP-Richtlinien. Man kann generell davon ausgehen, dass eine GMP-Relevanz vorliegt, wenn computergestützte Systeme direkt oder indirekt Einfluss auf die Produktqualität, Herstellung, Prüfung oder Qualitätssicherung von Ausgangsstoffen, Wirkstoffen, Zwischenprodukten und Arzneimitteln haben können.

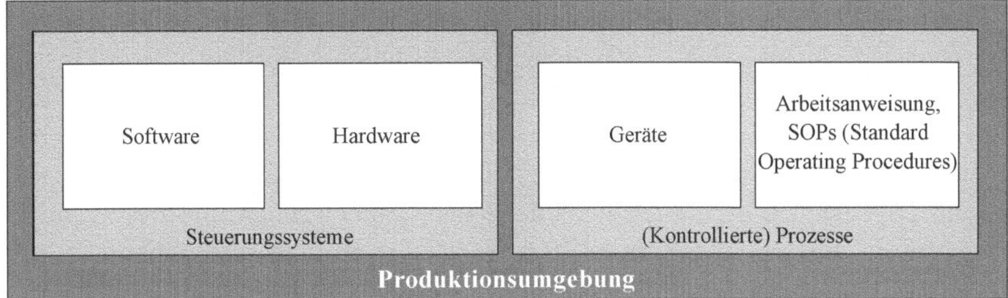

Abb. 2. Computergestützte Systeme

Betrachtet man die Summe eines computergestützten Systems, das aus den Komponenten Computersystem (= Hardware, Systemsoftware und Applikationssoftware) und kontrollierte Funktionen (= Vorgänge/Prozesse und Ausrüstung) besteht, so erfolgt durch die Installation von Anwendungssoftware, die zur Bewältigung von Prozessen und Aktivitäten des Tagesgeschäftes notwendig ist, die Charakterisierung des Computersystem.

Ab diesem Zeitpunkt spricht man bei der Validierung von einem „computerisierten System". Fasst man mehrere computerisierte Systeme innerhalb einer logischen bzw. physikalischen Einheit (operationale Umgebung) zusammen, z.B. im Fall einer automatisierten Produktionsanlage, spricht man von einem „computergestützten System" (vgl. Abb. 2).

Die Forderung nach Validierung der an den Prozessen beteiligten computergestützten Systeme wurde verbindlich seit den 90er Jahren vorangetrieben. „Wenn ein computergestütztes System an die Stelle eines manuellen Vorgangs tritt, dürfen weder die Qualität der Produkte noch die Qualitätssicherung beeinträchtigt warden" (Auszug aus Annex 11 des EU-Leitfadens zu GMP). Aus diesem Annex lässt sich auch eine einfache Definition der Validierung ableiten:

Validierung ist die dokumentierte Beweisführung, dass ein spezifischer Prozess mit hoher Wahrscheinlichkeit dauerhaft ein spezifikations- und qualitätsgerechtes Produkt erzeugt.

Das bedeutet, dass alle Prozesse, Systeme und Aktivitäten, die mittelbar und unmittelbar in Bezug zu der Produktherstellung stehen, in angemessener Art und Weise dokumentiert werden müssen. In GMP-regulierten Industriezweigen darf demzufolge keine produktqualitätsrelevante Information dem Dokumentationssprich Qualitätsmanagement-System entgehen.

1.3 Regulatorische Anforderungen

Die Bedeutung von computergestützten Systemen in der pharmazeutischen Herstellung nimmt immer stärker zu. Parallel dazu geben Behörden und Verbände

Regularien und Leitfäden vor, welche die Qualitätsanforderungen an computergestützte Systeme abdecken. Die Einhaltung der gesetzlichen Auflagen beim Einsatz dieser Systeme ist somit eine unabdingbare Pflicht für die Life Science-Industrie.

Bei der Einhaltung dieser gesetzlichen Anforderungen nimmt die Qualitätssicherung eines Unternehmens eine besondere Rolle ein. Bereits die Definition von Qualität nach DIN 8420 (Gesamtheit von Merkmalen einer Einheit, in ihrer Eignung festgelegte und um vorausgesetzte Erfordernisse zu erfüllen) gibt einen Ansatzpunkt an die Anforderungen einer Validierung von computergestützten Systemen.

Im Jahre 1995 publizierte das UK Pharmaceutical Industry Computer Validation Forum den „Good Automated Manufacturing Practice (GAMP) Supplier Guide for Validation of Automated Systems in Pharmaceutical Manufacture". Dieser Leitfaden, seit Ende 2001 in der vierten Version (GAMP 4) vorliegend, hat sich zum Standardregelwerk für die Validierung computergestützter Systeme in der pharmazeutischen Industrie (Hersteller und Zulieferer) entwickelt. Die GAMP-Regelwerke haben jedoch keine gesetzliche Bindung.

Der EU-GMP-Leitfaden ist die ausführlichere Auslegung der EU-GMP-Richtlinie. Der Leitfaden gilt europaweit und hat Empfehlungscharakter. Der Anhang Nr. 11 des Leitfadens liefert die Anforderungen an computergestützte Systeme. In GMP-regulierten Unternehmen ist die Validierung verbindlich vorgeschrieben und wird auch vor Ort von zuständigen Behörden (in Deutschland = Regierungspräsident) inspiziert. Für den Zielmarkt Amerika jedoch ist ein solcher Ansatz nicht immer ausreichend. Hier greifen beispielsweise die Vorgaben der „Food and Drug Administration" (FDA) durch ihre Richtlinie Final Rule 21 CFR Part 11.

Die FDA definiert damit ihre regulative Erwartungshaltung an computergestützte Systeme sehr konkret: Alle Änderungen an Daten und Dokumenten müssen mit Datum, Uhrzeit und Namen über die gesamte Lebensdauer der Aufzeichnung nachvollziehbar sein (Audit Trail), es muss Datensicherheit als Schutz vor Manipulation sichergestellt sein (Rollen basierte Zugriffsregelung; Verfügbarkeit aller Trainingsdaten), und eine Electronic Signature (eindeutige nicht wieder verwendbare Zuordnung zu einer Person) muss aufgezeichnet werden. damit sollen alle Änderungen konstant nach bestimmten Kriterien verfolgt und wenn nötig unter Berücksichtigung bestimmter Faktoren ausgewertet werden können.

Die europäischen, beziehungsweise deutschen Forderungen lassen größere Interpretationsspielräume zu. Dieser Umstand vergrößert zum einen den Ermessensspielraum bei Inspektionen, lässt jedoch auch die Unsicherheit bei vielen Verantwortlichen in Unternehmen zögern, welche Anforderungen für sie von Relevanz sind. Besondere Hürden haben die Unternehmen zu überwinden, die mehrere Märkte bedienen. Sie sind besonders gefährdet, ihre Unternehmensprozesse durch Überregulierung deutlich zu verlangsamen. Um der Gefahr der Überregulierung zu umgehen, versuchen Unternehmen, bei der Erstellung und Pflege ihrer IT-Qualitätsmanagementsysteme auf akzeptierte Industriestandards und Normen zu setzen.

Ständig zunehmende Komplexität durch sich weiter durchsetzende „e-Technologien" auf der einen Seite und sich durch die Globalisierung verschärfende behördliche Anforderungen auf der anderen, machen es den Firmen nicht immer leicht, die geforderte „Compliance" zu erreichen und zu halten. Die Konsequenzen

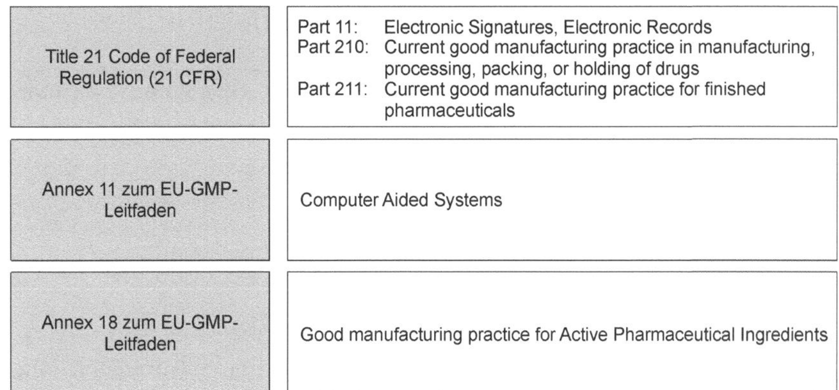

Abb. 3. Regularien

bei Nichteinhaltung der Bestimmungen können jedoch immens sein. Informationsdefizite, schlecht spezifizierte oder unzureichend getestete Systeme beinhalten das Risiko der Überziehung des Zeit- und Kostenrahmens bei der Projektierung, was in hohe Wartungskosten und Produktivitätsverlust münden.

Abbildung 3 gibt einen Überblick über die am häufigsten angewandten Regularien.

2 Validierungsmethodik/-strategie

Für eine GMP-gerechte Validierung, bei der auch die von der FDA veröffentlichte finale Richtlinie zum Part 11 der elektronischen Aufzeichnung und Unterschrift eine wesentliche Rolle spielt, ist eine Projektrealisierung in klar definierten Schritten unter Abarbeitung eines detaillierten Validierungs-(master)-plans erforderlich. Ergebnisse und Schlussfolgerungen sind schriftlich zu fixieren und zu archivieren.

Die Validierung endet jedoch nicht mit der Inbetriebnahme des Systems: Durch geeignete Verfahren ist sicherzustellen, dass die konkrete Funktionsfähigkeit des Systems zu jeder Zeit gegeben ist. Dies muss durch periodische Revalidierung nachgewiesen werden.

Die Validierung stellt den Anwender vor ein Problem: Oft ist das Know-how der Validierungsanforderungen und ihrer konkreten Umsetzung nicht vorhanden, der vorgegebene Zeitrahmen ist eng und die erforderlichen Ressourcen sind nicht verfügbar. Hier erweist sich eine strukturierte Validierungsmethodik als sinnvoll. Zu den einzelnen Schritten eines Validierungsprojektes gehören:

- Validierungs(master)plan
- Risikoanalyse
- Design-Qualifizierung (DQ)
- Installations-Qualifizierung (IQ)

- Funktions-Qualifizierung (Operational Qualification OQ)
- Leistungs-Qualifizierung (Performance Qualification PQ)
- Systemspezifische Verfahrensanweisungen (Standard Operation Procedures SOPs)
- Validierungsbericht
- Änderungsmanagement (Change Management)

2.1 System- oder Prozessvalidierung

Eine der ersten Fragen, die in einem Validierungsprojekt gestellt werden, sollte lauten: „Was muss überhaupt validiert werden?" Diese Frage mag trivial erscheinen, jedoch ist die genaue Abgrenzung der Anforderungen nicht nur aus Zeit- und Kostengründen für das aktuelle Projekt wichtig, sondern wird auch die zukünftig zu validierenden Bereiche ein- und abgrenzen.

Die Erfahrung in der Praxis zeigt, dass für jeden aufgewendeten Projekttag, an dem unternehmenspezifische GMP-Anforderungen umgesetzt werden, ungefähr drei zusätzliche Projekttage für die Validerung dieser Anforderungen aufgewandt werden müssen. Die Qualifizierung kann heute bis zu 15 Prozent der Investitionssumme eines ERP-Projektes ausmachen. Daher ist es geboten, den Qualifizierungs- bzw. Validierungsablauf so zu konzipieren, dass er nicht nur als Kostenblock betrachtet wird, sondern als aktives Element der Qualitätssicherung in den Betrieben etabliert wird.

Hier kann nochmals auf Abb. 1 verwiesen werden, anhand derer die zu validierenden Bereiche genauer definiert werden. In Abb. 2 ist verdeutlicht, dass Hard- und Software nur ein Teil eines gesamten ERP-Systems ausmachen, das System sich neben der (auch zu validierenden) Soft- und Hardware zu einem wichtigen Teil aus den beschreibenden Prozessen definiert. Mit dem Verständnis dieser Prozesse erhöht sich unmittelbar auch das Verständnis für das gesamte System.

Validierung bedeutet auf jeden Fall, dass ein gesamtes System validiert werden muss, eine nur auf die Hard- und Software konzentrierte Betrachtungsweise also nicht weit genug geht.

Genauso falsch wäre es aber auch, in einem ganzheitlichen Ansatz alle in einem Unternehmen stattfindenden Prozesse zu validieren. Zum einem würde dies die Kosten und die Komplexität eines Projekts in nicht mehr zu rechtfertigende Höhen treiben, zum anderen ist eine solche Validierung vom Gesetzgeber nicht verlangt.

Vor einem Validierungsprojekt ist also genau zu definieren, welche ERP/IT-Infrastrukturen qualifiziert werden müssen, welche Applikationen validiert werden sollen und wo die Abgrenzungen und die Überschneidungen zwischen Prozess- und Systemvalidierung liegen. Die in der Praxis wohl am verbreitetste Vorgehensweise ist die Applikation des V-Modells, mit dem die Validierungsphasen eines ERP-Systems definiert werden können.

2.2 Vorgehen nach dem V-Modell

Das V-Modell (vgl. Abb. 4) ist prinzipiell ein kaskadierendes Lebenszyklusmodell. Die Softwareentwicklung wird dabei schrittweise detailliert und dabei durch Integration und dazugehörige Tests zu einem Gesamtsystem zusammengesetzt. Vereinfacht ausgedrückt kann das V-Modell innerhalb der Validierung von ERP-Systemen als Lastenheft definiert werden.

Beginnend an der linken oberen Ecke wird das Modell im Projektverlauf schrittweise durchlaufen. Von besonderer Bedeutung sind dabei die verschiedenen Ebenen, welche die Entwicklungs- und Teststufen in ihrem Detaillierungsgrad widerspiegeln. Wird auf der „rechten" Seite des V-Modells, also in der Testphase, ein Fehler erkannt, so muss dieser in der Regel auf der Entwicklungsebene (linke Achse im V-Modell) wieder behoben werden, bevor der Prozess des Entwickelns wieder aufgenommen werden kann. Das ist natürlich umso kosten- und zeitintensiver, je weiter das Projekt bereits fortgeschritten ist.

Die einzelnen Phasen des V-Modells lassen sich dabei wie folgt detailliert spezifizieren:

Der **Validierungs-(Master)-Plan** sollte das erste Objekt in einer Validierung sein und zieht sich wie ein roter Faden durch das gesamte Projekt. Er beschreibt detailliert das Ziel, das Vorgehen, einen Zeitplan und Verantwortliche. Vor der Freigabe dieses Planes durch den Systemeigner und die Qualitätssicherheit muss er mit allen Verantwortlichen abgestimmt sein und sollte vor dem Beginn der

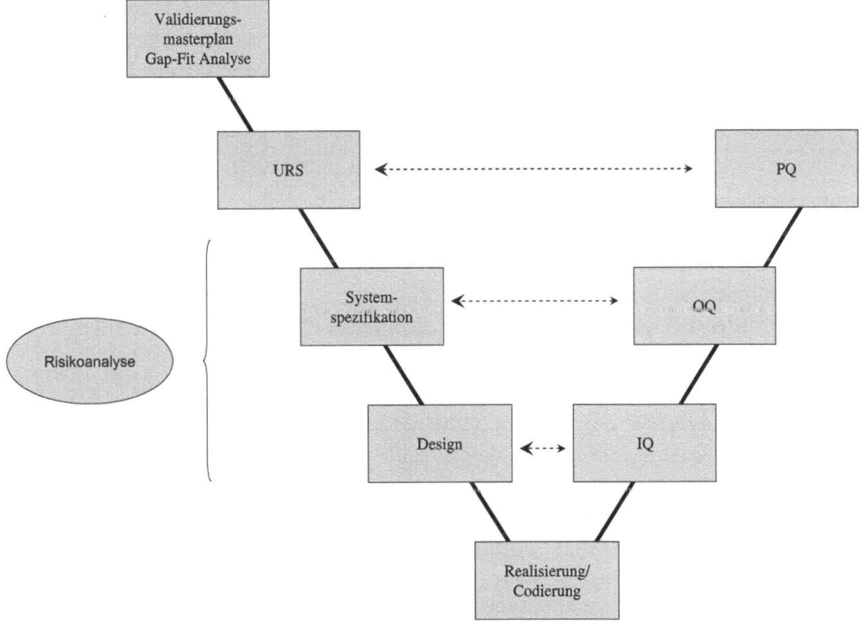

Abb. 4. V-Modell

Tests zur Verfügung stehen. Besonders wichtig dabei ist es, ein Vorgehen für Änderungen während der Validierungsphasen zu etablieren. Üblicherweise geht mit der Validierung ein Erkenntnisgewinn einher, der zu neuen Anforderungen oder Funktionen führt.

Die **User-Requirements-Spezifications** (URS; deutsch: Nutzeranforderungen) sind die zentralen Dokumente bei der Entwicklung einer Anwendung. Hier wird schriftlich festgehalten, wie der Geschäftsprozess innerhalb der Anwendung abgebildet werden soll und welche Funktionen angeboten werden müssen.

Die **Systemspezifikation** beschreibt das System mit den technischen Aspekten. Die Gap-Fit-Analyse stellt die Nutzeranforderungen und Systemspezifikationen gegenüber. Hier muss geprüft werden, ob alle Nutzeranforderungen umgesetzt worden sind.

In der **Risikobetrachtung** sollen die Risiken, die aus den Geschäftsprozessen heraus entstehen, bewertet werden. In einer Tabelle werden die Risiken, die Bewertung und eventuell die Maßnahmen zur Vermeidung aufgelistet. Standard-Risiken sind zum Beispiel Ausfall des Systems, Datensicherheit, Qualität/Richtigkeit von Auswertungen und Berechnungen, Verwaltung von Nutzerberechtigungen und Fehlbedienungen, Fehleingaben etc.

Der erste Schritt einer Risikobetrachtung besteht in einer groben Risikobewertung auf Ebene der URS. Es ist festzulegen, ob die einzelne Nutzeranforderung validierungspflichtig ist. Kriterium für die Validierungspflicht sind die GMP-Richtlinien. In einem zweiten Schritt wird eine detaillierte Risikobetrachtung auf Basis der funktionalen Spezifikation erstellt. Ziel ist die Analyse und Bewertung der Risiken. Eine detaillierte Risikobewertung nach GAMP 4 identifiziert dabei die Kriterien Auftrittswahrscheinlichkeit, Folgen und Entdeckungswahrscheinlichkeit in der Stärke ihrer Ausprägung und bildet in einer Matrix die Klassen einzelner Risiken ab. Eine Risikominderung erfolgt dann durch vorbeugende Maßnahmen mit den beiden Zielen: Reduzierung der Auftrittswahrscheinlichkeit und/oder Reduzierung der Folgen. Bereits GAMP 4 verweist jedoch auf den Aspekt, dass nicht alle Funktionen getestet werden können: „It is impractical to completely test every aspect of an automated system; therefore the effort should be focused on critical areas" (GAMP 4).

Beim **Installationstest** (IQ) der Datenbank wird die Einrichtung sowie deren Einrichtung der Nutzerbedingungen überprüft.

Im **Modultest** (Operational Test OQ) wird jedes Objekt auf seine Funktion geprüft.

In der **Performance Qualification** (PQ) wird der Geschäftsprozess, wie er in der Nutzeranforderung beschrieben wird, durchlaufen. In den Testfällen müssen auch die worst-case Bedingungen wie Falscheingabe, Grenzüberschreitungen etc. überprüft werden.

Für den richtigen Betrieb sind die Kontrollen aller SOPs notwendig. Standard Operating Procedures (SOPs), auf deutsch Standardarbeitsanweisungen, sind Anweisungen, die einen Arbeitsprozesses detailliert beschreiben. Häufig wiederkehrende Arbeitsabläufe werden textlich beschrieben und den Ausführenden, nach einem dokumentierten Training, erklärend an die Hand gegeben. Mit dieser Kontrolle wird sichergestellt, dass alle für den Betrieb notwendigen Regeln erstellt sind.

Der Validierungsbericht bildet den Abschluss. Hier werden alle Ergebnisse von Tests, ausstehenden Maßnahmen oder Abweichungen während der Validierung aufgeführt und bewertet. Mit der Freigabe des Validierungsberichtes ist das System für die Routinenutzung freigegeben.

Für den Routinebetrieb muss noch zusätzlich eine Änderungsprozedur (Change Management Prozess) beschrieben und installiert werden. Jeder Änderungswunsch wird bewertet und die neue, geänderte Funktion getestet. Der Änderungsantrag und die neuerlichen Tests werden in die Validierungsdokumentation integriert. Aufgetretene Fehler in der Anwendung werden verfolgt und bewertet. Wenn notwendig, wird ein Fehler durch eine Programmänderung behoben.

2.3 Dokumentenmanagement im Rahmen der Validierung

Unter Dokumentenmanagement wird die datenbankgestützte Verwaltung ursprünglich meist papiergebundener Dokumente in elektronischen Systemen verstanden. Die generellen Anforderungen an ein Dokumenetenmanagementsystem sind die schnelle Verfügbarkeit sowie die Möglichkeit der Bewältigung komplexer Dokumentenstrukturen. Es sollte sich flexibel dem unternehmenspezifischen Aufbau anpassen, muss eine hohe Verfügbarkeit garantieren, Schutzmechanismen und Rechtesysteme müssen eingehalten werden, und letztlich muss die Umsetzung unternehmensinterner Standards sichergestellt sein.

Elektronisches Dokumentenmanagement im Rahmen der Validierung bedeutet zusätzlich, dass alle Phasen im „Lebenszyklus" (Entwurf – Prüfung – Freigabe – Archivierung – Revidierung – Aufgabe – Löschung) eines Dokuments unterstützt und kontrolliert werden müssen. Die oben beschriebenen Compliance-Anforderungen im GMP Umfeld müssen auch von einem Dokumentenmanagementsystem erfüllt werden. Oft werden diese Anforderungen im GMP-Umfeld nach lückenloser Dokumentation auch scherzhaft durch die Übersetzung von GMP mit „Give Me Paper" beschrieben.

Durch die Richtlinien der GDMP (Good Documentation Management Practices) sind die Rahmenbedingungen für den Einsatz von Dokumentenmanagementsystemen sowie elektronischer Aufzeichnung und elektronischer Dokumentation (21 CFR Part 58 und 21 CFR Part 211) bereist regulatorisch festgelegt.

Dokumentationsrelevante Bereiche werden, wie bereits in Abb. 2 dargestellt, durch die beiden Komponenten Hard-/Software und Prozesse beschrieben. Sämtliche Unterlagen und Dokumente entlang des V-Modells fallen in diese Kategorie:

- Validierungsmasterplan,
- Qualifizierung (Lasten-, Pflichtenheft, DQ, IQ, OQ, PQ),
- SOPs,

- Risikoanalysen,
- zusätzliche Dokumente (Wartungs-, Ressourcenpläne) und
- Betriebsdaten (z. B. Chargenprotokolle, Trainingspläne).

2.4 Change Management

Ein Sachverhalt wird bei jeder Einführung eines ERP-Systems schnell deutlich:
die Einführung ist eigentlich niemals zu Ende, denn aufgrund der sich in der Regel
verändernden oder weiterentwickelnden Prozesse und Geschäftsmodelle beziehungsweise ERP-Lösungen und Anforderungen ist auch ein ERP-System in der
Praxis ständig Veränderungen unterworfen. Vor allem in modernen Unternehmen
von heute sind Änderungen (Changes) unvermeidlich. Deren Implementierung ist
jedoch nicht immer einfach, kann doch durch nur eine geringe Veränderung z. B.
der validierte Status eines Systems gefährdet werden.

Die einfachste Möglichkeit eines Change Control Systems besteht in der „Blo-
ckade-Taktik". Dabei wird ein System auf dem aktuellen Stand „eingefroren", und
es werden konsequent keine Veränderungen oder Anpassungen durchgeführt. Damit stehen quasi alle Prozesse „still".

Ein gut definiertes Change-Management bietet jedoch eine aktive, automatisierte und integrative Methode zur Kontrolle von Changes. Hierdurch werden Ge-
schäftsrisiken verringert und strategisches Planen gefördert.

Nach GAMP 4 sollte im operativen Change Management darauf geachtet werden, dass alle Änderungen überprüft und anhand einer Risikobewertung intensiv
betrachtet werden. Alle Änderungen müssen authorisiert, mit einer eindeutigen
Referenznummer dokumentiert, getestet und freigegeben sein. Ausnahmen davon
können gemacht werden, wenn es sich um eine Notfallsituation handelt, in denen
die Dokumentation auch retrospektiv erfolgen kann.

3 Erfahrungen im Projektverlauf einer ERP-Validierung

3.1 Geschäftsmodell HAL Allergy Group

Als das Haarlem Allergenen Laboratorium BV (HAL Allergy) im Jahr 1959 in
Haarlem bei Amsterdam als Servicelabor für die an Universitätskliniken tätigen
Allergologen gegründet wurde, war nicht abzusehen, wie rasant sich die Allergo-
logie und Immunologie in den nächsten Jahrzehnten entwickeln würde: Von der
Entdeckung des Antikörper (Immunglobuline) im Jahr 1967 bis zu den heutigen
Forschungsschwerpunkten z. B. auf dem Gebiet der rekombinanten Allergene oder
synthetischer Peptide kann die Forschung kaum mit der wachsenden Anzahl an
neuen Allergieerkrankungen mithalten.

HAL Allergy hat sich auf die spezifische Immuntherapie (SIT) konzentriert. In der spezifischen Immuntherapie oder Hyposensibilisierung werden langsam ansteigende Dosen des Allergens, gegen das die betroffene Person sensibilisiert ist, entweder subkutan oder sublingual verabreicht. Spezifische Immuntherapien können je nach verwendetem Therapieplan einige Wochen oder Monaten, teilweise Jahre, dauern.

Aus einer Vielzahl an Therapeutika stehen bei HAL Allergy Allergoide, sublinguale Zubereitungen und klassische Depotlösungen zur Verfügung. Ergänzend zu den hauseigenen Allergenextrakten bietet HAL Allergy ein System zur in vitro-Diagnostik sowie Epikutantestsubstanzen für Allergietest an.

Am Beispiel Deutschland verschreibt der behandelnde Arzt (im Regelfall ein Spezialist) dann ein patientenindividuelles Rezept, mit dem sich der Patient an eine Apotheke wendet. Die Apotheke versendet dieses Rezept z. B. in Deutschland über die deutsche Niederlassung an den Produktionsstandort in den Niederlanden, an dem innerhalb kurzer Zeit ein patientenindividualisiertes Produkt hergestellt wird (personifiziertes Etikett mit Name und inhaltlicher Zusammensetzung). Das wiederum wird an die Apotheke in Deutschland zurückgesandt, von der es sich der Patient zur Behandlung durch seinen Arzt abholen kann. Dieses Geschäftsmodell wird, mit kleinen Abweichungen bei der finalen Distribution an den Patienten, in allen europäischen Standorten und mit allen Distributionspartnern durchgeführt.

Europaweit arbeiten zur Zeit knapp 250 Mitarbeiter in 6 Tochtergesellschaften an der kontinuierlichen Marktentwicklung, davon über 130 Mitarbeiter an dem alleinigen Entwicklungs- und Produktionsstandort Haarlem, während der Umzug in einen modernen Produktions- und Verwaltungskomplex im nahe gelegenen Leiden vorbereitet wird.

Die wachsende Bedeutung der Allergiebehandlung spiegelt sich auch in der Geschäftsentwicklung der HAL Allergy Group innerhalb der letzten Jahre wieder. Um als Unternehmen der Life Science Industrie auch zukünftig markt- und konkurrenzfähig zu bleiben, mussten in den vergangenen Jahren konsequent die erhöhten gesetzlichen und regulatorischen Anforderungen an die Qualität besonders der computergestützten Systeme umgesetzt werden.

3.2 Vorgehensweise zur Implementierung und Validierung

Die Ausgangssituation Anfang 2003 war eine stark heterogene IT-Landschaft bei HAL Allergy, die weder die steigenden Produktionsanforderungen noch Aspekte der europäischen Expansion berücksichtigte. Verschiedene Softwareapplikationen, z. B. in den Bereichen Qualitätssicherung, Produktion und Finanzen, konnten nur stark oder überhaupt nicht miteinander „kommunizieren". Die Einführung eines neuen, integrierten ERP-Systems im validierten Umfeld wurde als elementarer Faktor identifiziert, um das weitere Wachstum unter Berücksichtigung von regulatorischen Anforderungen sicherzustellen.

Einer der ersten Schritte nach der groben Definition der Projektziele war die Auswahl des richtigen ERP-Systems. Die grundsätzliche Frage „Make or Buy" war dabei schnell geklärt. Nach den Erfahrungen eines individuell entwickelten Systems in früheren Jahren verständigte man sich übereinstimmend auf die Auswahl eines möglichst standardisierten Systems.

Die Verifikation und Auswahl der auf dem Markt befindlichen Systeme wurde dabei innerhalb einer Projektgruppe nach den folgenden Kriterien überprüft (vgl. Abb. 5) und in einer Matrix gegenüber gestellt. Nach intensiver Prüfung hat sich das Projektteam für die Branchenlösung Life Sciences, Version 2.20 von Tectura zusammen mit Microsoft Dynamics NAV, Version 4.0 entschieden.

Kriterien für das Lieferantenaudit waren dabei die vorhandenen Qualitätsmanagementsysteme (QMS) in der Softwareentwicklung, die Branchenerfahrung und Referenzen aus dem regulierten Umfeld. Das ursprüngliche Projektziel, Implementierung und Validierung aus einer Hand zu erfahren, konnte jedoch von Tectura zum damaligen Zeitpunkt nicht vollständig erfüllt werden, so dass punktuell externe Validierungsberater parallel zum intensiven Aufbau internen Know-Hows hinzugezogen wurden.

In der internen Besetzung des Projektteams wurde eine solche Differenzierung jedoch nicht vorgenommen, da die Qualitätssicherung ab dem ersten Tag voll innerhalb des Projektteams etabliert wurde, um Schnittstellenproblematiken zwischen Abteilungen a priori zu umgeben, eine prospektive Validierung des Systems

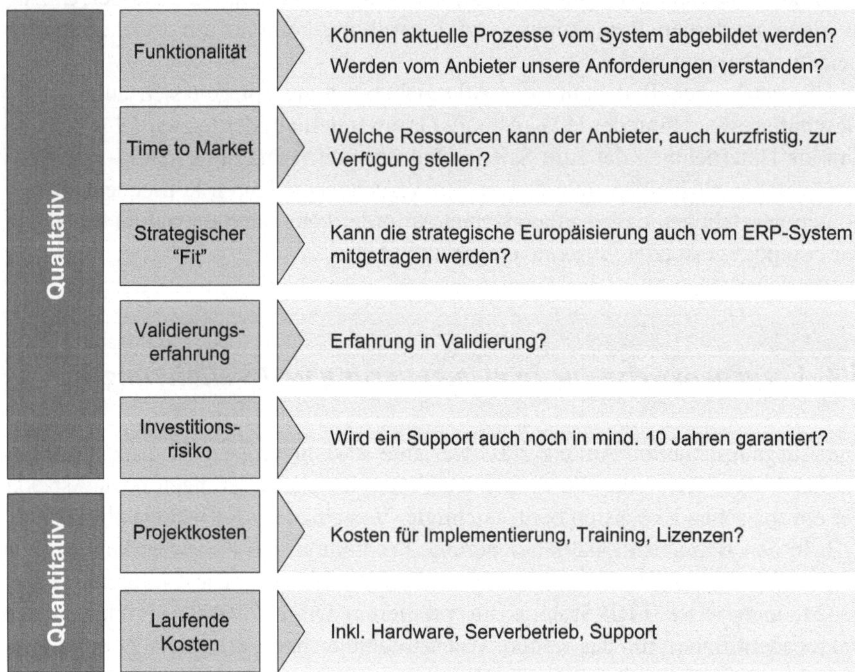

Abb. 5. Bewertungskriterien

sicherzustellen und Projektverzögerungen aufgrund Abstimmungsschwierigkeiten zwischen technischer Projektrealisierung und Validierung zu vermeiden.

Der darauf folgende Projektverlauf hat sich strikt am beschriebenen V-Modell orientiert. In der routinemäßigen Projektarbeit haben sich jedoch folgende Erfahrungen eingestellt.

Die Erstellung der Nutzeranforderungen durch die Hauptnutzer („Key-User") erfordert eine große Abstraktionsfähigkeit der Verfasser. Entscheidend bei der Modellierung von Prozessen sollte nicht die Beschreibung sein, wie ein Prozess innerhalb des Unternehmens mit der aktuellen Software abgebildet wird, sondern wie intern und extern eine Optimierung unter aktuellen und zukünftigen Anforderungen aussehen sollte. Das setzt zum einen voraus, dass die Key-User die aktuellen Prozesse beherrschen und diese beschreiben können, zum anderen müssen sie für die Abbildung der externen Sichtweise durch die Unternehmensleitung über strategische Zielsetzungen informiert werden und diese abbilden sowie Schnittstellen zu andern Abteilungen definieren können.

Das geht in vielen Fällen automatisch mit der „Enthronisierung" von geschaffenen Kompetenzinseln und damit mit Kompetenzstreitigkeiten einher. Ein klare Kommunikation der strategischen Zielrichtung, teilweise auch abstrahiert von einer reinen ERP-Implementierungsprojekt, hat hier kurzfristig zum einen zu einer hohen individuellen Motivation der Teammitglieder und zum anderen zu einer Festigung des Teamgedankens geführt, der auch in die Organisation getragen werden konnte. Eine Visualisierung des Prozesses und vor allem der Schnittstellen zu anderen Prozessen hat sich hierbei als sehr hilfreich erwiesen, auch komplexe Sachverhalte prägnant zu beschrieben und kritische Faktoren herauszukristallisieren.

In der Gap-Fit-Analyse zeigen sich die Qualität und die Erfahrung der Berater der Applikationssoftware in der Anpassung der Standardsoftware an die Bedürfnisse des Unternehmens. Die größte Hürde ist dabei das unterschiedliche „Vokabular" der externen Berater und der internen Key-User. Zum einen muss darauf geachtet werden, dass der Berater die verwendeten Begriffe in der Prozessdefinition genau beschreibt, um Missverständnisse zu vermeiden. Haben die Key-User bereits bei der Definition der Nutzeranforderungen Zeit und Verständnis in die geforderten Prozesse investiert, kann hierbei eine schnelle Plattform der gemeinsamen Kommunikation und des Verständnisses gefunden werden. In diesem Projektschritt hat sich gezeigt, dass die Projektleitung am besten alle Kernmeetings begleitet und moderiert, um auch dem übergeordneten Ziel einer integrierten Lösung gerecht zu werden.

Das Risikomanagement sollte zu einem großen Teil in die Hände der Qualitätssicherung gelegt werden. Wie bereits in der Definition nach GAMP 4 beschrieben, ist es unmöglich, alle Teile eines System zu testen, man sollte sich also auf diejenigen Prozesse konzentrieren, die kritisch bezüglich Produktion und Patientensicherheit bzw. kritisch bezüglich des Geschäftszieles sind. Gute Erfahrungen wurden in dem Projekt mit einer unternehmensindividuellen Checkliste gemacht, die pro Prozess abfragt, ob und in welchem Maße der Prozess GMP-kritisch ist.

Nach der Auszählung der kritischen Prozesse und der Mächtigkeit des Risikos ergibt sich fast automatisch eine Reihenfolge in der Bearbeitung der Risiken. Werden hier die Weichen in der Behandlung der Risiken richtig gestellt, sind nicht nur die Rahmenparameter für die später im V-Modell zu definierenden und durchzuführenden Testfälle bereits gesetzt, sondern es erleichtert auch im Change Management Prozess, die Validierung des ERP-Systems sicherzustellen.

Nach der erfolgreichen Durchführung der IQ/OQ- und PQ-Testserien konnte das ERP-System nur 15 Monate nach dem ersten Projektmeeting in einem validierten Umfeld „live gehen". Das System ist prospektiv validiert in vier weiteren europäischen Vertriebsstandorten implementiert worden.

Damit der validierte Zustand des Systems erhalten werden kann, wurde nach der Implementierung auf eine strenge Change Management Prozedur geachtet.

Dazu wurde bei HAL Allergy der Change Management Prozess in zwei große Teilbereiche untergliedert.

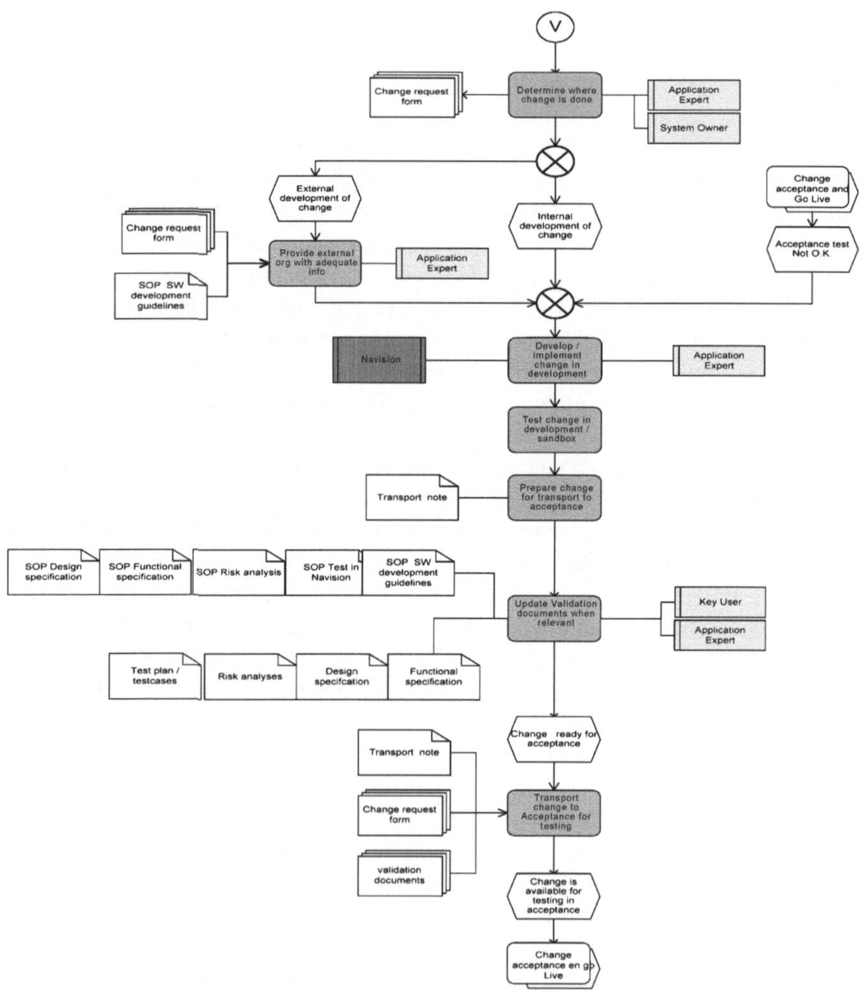

Abb. 6. Change Management Prozess

Der erste Teil beschreibt die Anforderung und Vorbereitung einer Prozessanpassung, im zweiten Teil ist die „Change Acceptance" und die Einspielung eines geänderten Prozesses in das System beschrieben. Eine allgemeingültige grafische Beschreibung des Change Management Prozesses ist dabei die Voraussetzung für alle Benutzer des Systems, die einen Antrag auf Änderung stellen (vgl. Abb. 6). Mithilfe eines vordefinierten Unterlagenpaketes, das sich eng an den SOPs und URSs des Projektes orientieren, wird dem Nutzer geholfen, Änderungen zu spezifisieren und zu detaillieren.

Dabei werden die verwendeten Dokumente als eine Art Prüfliste verwendet, um sicherzustellen, dass alle relevanten Personen und Abteilungen über die Änderung informiert sind. Der Vorteil dieser Methode ist, wie auch in Abb. 6 ersichtlich, dass dieser vordefinierte Änderungspfad auch „Abkürzungen" erlaubt, d. h. betrifft ein Change Request nicht validierungsnotwendige Teilbereiche des ERP-Systems, so kann dieser Änderungswunsch schneller bearbeitet werden und muss in der Regel nicht alle kosten- und zeitintensiven Validierungsschritte durchlaufen, sondern wird nur zur finalen Freigabe an ein „Change Advisory Board" weitergeleitet.

Parallel zu den Key-Usern trifft sich in regelmäßigen Abständen dieses neu eingerichtete „Change Advisory Board", deren Mitglieder sich aus dem Systemeigner, den Abteilungsleitern, Mitarbeitern der Qualitätssicherung und des Applikationsmanagement zusammensetzen. Dieses Komitee entscheidet anhand der vordetaillierten Prozessaufnahme über geplante Änderungen und deren zeitliche Umsetzung im validierten Umfeld.

4 Zusammenfassung

Die pharmazeutische Industrie steht heute unter dem zunehmenden Druck der Kunden und Behörden, die Qualifizierung bzw. Validierung der zu liefernden Produkte und der dafür notwendigen Infrastruktureinrichtungen zu erfüllen. Rahmenbedingung dafür sind die Einhaltung der GMP-Kriterien bei den pharmazeutischen Herstellern und Herstellern von Wirkstoffen.

Validierung als eines der wichtigsten GMP-Kriterien dient in erster Linie der Sicherstellung definierter Produktqualitäten. Durch Validierung werden die Qualität der verwendeten Systeme über den gesamten Entwicklungs- und Herstellungsprozess nachgewiesen und damit behördliche Auflagen erfüllt (Compliance).

Computergestützte Systeme (CSV) in regulierten Unternehmen müssen zur Einhaltung dieser Regularien ebenfalls validiert werden. Dabei sind integrative Ansätze gefragt, die es ermöglichen, die erhöhte Komplexität der IT, die letztendlich einen wesentlichen Baustein des Geschäftsmodells darstellt, dauerhaft zu beherrschen und sicherzustellen. Daher sollte die prospektive Validierung als ein fester Bestandteil des gesamten Lebenszyklusses eines Computer-Systems angesehen werden. Kein ERP-System sollte ohne eine prospektive Validierung eingeführt werden.

Kritische Erfolgsfaktoren bei einer ERP-Validierung sind, abgesehen von Fehlern im Projektmanagement, die Focussierung der Mitarbeiter auf den IST-Zustand und eine integrative, prozess- und abteilungsübergreifende Sichtweise auf den SOLL-Zustand, sowie die Kalibrierung der Anforderungen der Qualitätssicherung nach möglichst vollumfassender schriftlicher Dokumentation.

Erfolgreicher Betrieb und Unterhalt von ERP-Systemen im Mittelstand

Gerhard Kaminski

1 Einleitung

1.1 Die Baustoffgruppe SCHWENK

1847 im schwäbischen Ulm gegründet, ist die Baustoffgruppe SCHWENK heute das älteste Familienunternehmen der Deutschen Baustoffindustrie und mit weit über 100 Standorten in Deutschland und dem europäischen Ausland einer der großen Baustoffhersteller. Seit 2001 wird die Unternehmensgruppe vom Ulmer Stammhaus in der 5. Generation geführt.

Zur Baustoffgruppe gehören das Stammhaus Zement sowie die Unternehmensbereiche Transportbeton, Putz- und Mörtelsysteme, Dämmtechnik, Betonbau und Lithonplus, als Jointventure mit Heidelberger Stein im Bereich Betonwaren.

Die Unternehmen der SCHWENK Gruppe liefern Produkte, Bausysteme und Serviceleistungen für unterschiedlichste Bauaufgaben. In vielen Bereichen nehmen die Unternehmen der Gruppe eine technologische Spitzenstellung ein.

Mit klaren Unternehmensstrukturen, kurzen Entscheidungswegen und dem hohen Know-how der selbständigen Unternehmensbereiche, ist das Familienunternehmen für die Zukunft bestens gerüstet.

1.2 Der Fachbereich IT/ORG

Das IT-Umfeld von Schwenk wird in hohem Maße von den mySAP® Anwendungen zur Abwicklung der betriebswirtschaftlichen und logistischen Prozesse geprägt.

Der Fachbereich IT/ORG der Schwenk Gruppe ist als Stabsfunktion der Muttergesellschaft Schwenk Zement KG zugeordnet, berichtet direkt der Geschäftsführung und ist für sämtliche Unternehmensbereiche zentral in der Hauptverwaltung Ulm zuständig.

Der Umstieg von SAP® R/2 auf SAP® R/3 Release 4.6 C fand im Jahr 2002 statt. Im Rahmen der IT/ORG-Projektplanung stand die Schaffung einer Verbindung der Geschäfts- und IT-Strategie im Vordergrund der Überlegungen. Im Sinne einer Minimierung der Geschäfts- und IT-Risiken und im Hinblick auf eine optimale Wertschöpfung im Zusammenspiel der Abläufe gehen sämtliche IT-Projekte Hand in Hand mit der Unternehmensstrategie.

Moderne, hochintegrierte Softwarelösungen, stabiler Rechenzentrumsbetrieb auf konsolidierten Plattformen sowie die damit verbundenen kompetenten Beratungsleistungen stehen im Mittelpunkt unserer IT-Services.

2 IT-Leitbild und -Strategie

2.1 *Überblick*

Der Fachbereich IT/ORG will mit seinen IT-Dienstleistungen und Produkten zum direkten und nachhaltigen Erfolg der unternehmensinternen Kunden beitragen.

Mit einem umfangreichen Erfahrungsreichtum und praxisnaher Kompetenz entwickelt IT/ORG in einem Team mit Anwendern und Spezialisten maßgeschneiderte Lösungen, die gemeinsam umgesetzt, betrieben und betreut werden. Der ganzheitliche Ansatz zur effizienten Gestaltung von Prozessen beginnt beim Menschen und nicht bei der Technik. Gemeinsam schafft IT/ORG die Bereitschaft, die Ablauforganisation mit Hilfe von Informationstechnologie zu verändern und kontinuierlich zu verbessern.

Durch persönliche Beziehungen, den ganzheitlichen Teamgedanken sowie eine hochwertige Produkt- und Dienstleistungsqualität sollen die Anwender langfristig zufriedengestellt und begeistert werden.

In der Organisation als Costcenter wurden im Laufe der Zeit optimale variable IT-Kostenstrukturen ausgeprägt, wodurch die IT-Leistungen kostengünstig angeboten werden.

2.2 *IT-Produkte und Dienstleistungen*

Als Entwickler, Nutzer und Betreiber der Produkte und Dienstleistungen hat IT/ORG für die Kunden im SAP® Umfeld hochwertige Softwarelösungen geschaffen, die vor allem in der Versandautomation, für die Optimierung von Geschäftsprozessen und im Reporting Umfeld der Zement- und Schüttgutindustrie Einsatz finden. Zudem wurden Konzepte für den sicheren und benutzerfreundlichen Einsatz von PC-Systemen für den Anwenderarbeitsplatz in einer Netzwerkinfrastruktur erarbeitet.

Bei der Entwicklung der myVAIS Versandautomation wurden die gesamte SAP® Produktpalette und die dazugehörigen Entwicklungswerkzeuge verwendet, um ein hochintegriertes Softwarepaket zu realisieren. Sämtliche Funktionalitäten, die der SAP® Standard bietet, kommen zum Einsatz. Zusätzlich geforderte wichtige Funktionen wurden aus „einem Guss" mit dem SAP-System entwickelt. Höchste Verfügbarkeit, Anwenderfreundlichkeit, Nutzung etablierter Industriestandards und Robustheit des Gesamtsystems standen als Vorgaben im Vordergrund.

Bei allen Umstellungen mussten vorhandene Systeme abgelöst werden. Daher wurde ein Schnittstellenkonzept erarbeitet, das den Parallelbetrieb des Altsystems während der Einführungsphase erlaubt. So wird eine Systemeinführung nahezu ohne Stillstandszeiten möglich.

Die Schwenk-Versandlösung ist als Implantat der SAP-Software zu sehen. Der Benutzer arbeitet auf der gleichen Datenbasis und versteht sich als SAP-User, obwohl er viele Funktionen eines individuell entwickelten Systems nutzt. Die Bedieneroberfläche ist für das Versandpersonal, die Spediteure und die LKW-Fahrer einfach und benutzerfreundlich gestaltet. Die teilweise komplexe Menüstruktur der SAP® Module ist für diese Anwender nicht relevant. Viele weitere technische Feinheiten und nicht zuletzt der zeitnahe Entwicklungsstand mit seiner kompletten Internetfunktionalität und die Hochverfügbarkeit unterscheiden das System von den Wettbewerbsprodukten.

Des Weiteren wurde auf Basis der mySAP-Komponente BW eine automatisierte Berichterstattung für Zementwerke zur Verfügung gestellt. Über vielfältige Darstellungsoptionen sind flexible Analysen möglich, die einen schnellen und detaillierten Einblick in die Wirtschaftlichkeit der Werke erlauben. Hoher manueller Erfassungsaufwand und Fehlerquellen durch die Erfassung werden weitgehendst vermieden. Optimale Performance, Vereinheitlichung der Berichte und Inhalte der Kenngrößen ermöglichen eine zeitnahe Berichterstattung.

In sämtlichen wertschöpfenden Geschäftsprozessen besitzt IT/ORG ein umfangreiches und detailliertes Beratungs- und Entwicklungs-Know-how, sowohl in den klassischen SAP® Core Modulen wie SD, MM, CO, FI, HR als auch in den New Dimension Produkten der SAP® BI, SEM und BW.

Sichere und kostenoptimierte PC-Arbeitsplätze zusammen mit dem entsprechenden Serverbetrieb gehören ebenfalls zu den IT-Services. Auf standardisierten Betriebssystemplattformen laufen die Client-Server Architekturen. Dabei steht das bestmögliche Preis-/Leistungsverhältnis gepaart mit Stabilität und Verfügbarkeit im Vordergrund.

Der SAP® Datenbank Server wird auf einer hochverfügbaren IBM z-Series betrieben. PC-Systeme oder technische Software-Systeme arbeiten auf den Windows Betriebssystemen bzw. auf VMware, Citrix oder Linux. Je nach Einsatz wird die passende, wirtschaftlichste Plattform gewählt. Den Gesellschaften wird grundsätzlich eine zentrale Serverinstallation im Stammhaus angeboten. Sie können aber auch im Bedarfsfall Vorort ein komplettes Hard-/Software Paket aufbauen und es von zentraler Stelle aus überwachen und betrieben.

Der Eigenbetrieb sämtlicher IT-Systeme erlaubt den Nachweis von funktionierenden, hoch verfügbaren Lösungen. Zu diesem Alleinstellungsmerkmal kommt, dass es der permanente Druck der Realität einer seit Jahren schwierigen Baukonjunktur erforderte, mit Kosten sehr bedacht umzugehen. Selbstverständlich nimmt dieses bei allen Kollegen vorhandene Kostenbewusstsein Einfluss auf die zu planenden IT-Projekte.

Die komplexen und zukunftsweisenden Softwaretechnologien werden in unser Produkt sukzessive pro Releasewechsel aufgenommen. IT/ORG stellt somit ohne Eigenentwicklung eine zu jeder Zeit moderne und für den Software Markt sehr bedeutungsvolle SAP® Technologie zur Verfügung.

Zudem wird eine permanente Kostenanpassung der IT an das jeweilige Geschäftsvolumen garantiert. Wenn der Kunde also weniger Volumen in seinen wertschöpfenden Geschäftsprozessen erzeugt, werden proportional dazu die entsprechenden IT-Kosten gesenkt. Den umgekehrten Fall der Anpassung, das kontinuierliche Wachsen der Geschäftsaktivität beim Kunden, beherrscht IT/ORG durch klare Standards und die damit verbundene Skalierung der eingesetzten IT-Plattformen. Die konkreten Messkriterien werden gemeinsam festgelegt, beobachtet und bewertet.

Einsparpotentiale, bei der Nutzung der IT-Systeme, die unabhängig vom Geschäftsvolumen sichtbar werden, können dargestellt und von den Anwendern des Kunden selbst beeinflusst werden. Weiter unten wird die Methode der verursachungsgerechten IT-Leistungsverrechnung und des damit verbundenen IT-Pricings genauer erläutert.

2.3 Kompetente Beratung als Beitrag zur Wertschöpfung

Informationstechnologie soll keinen Selbstzweck erfüllen, sondern zielgerichtet in der jeweiligen Wertschöpfungskette genutzt werden und die Leistungsfähigkeit der Geschäftsprozesse erhöhen. Dabei geht es um den konkreten Wertbeitrag der IT zum Unternehmenserfolg. Mit einem entsprechenden Kostenmanagement werden die Mittel dort sinnvoll eingesetzt, die in Projekte mit Aussicht auf hohen Ertrag investiert werden. Die grundsätzliche Vorgehensweise ist dabei wie folgt:

- verstehen lernen der beteiligten Menschen und ihr Handeln in den relevanten Geschäftsprozessen,
- Vorschlag zur organisatorischen und systemseitigen Optimierung,
- Einsatz und Betrieb neuer, effizienterer Lösungen,
- Permanentes Kostenmanagement und -optimierung über eine verursachungsgerechte IT-Kostenverrechnung.

Die angebotenen IT-Produkte und Dienstleistungen werden aus einer Hand angeboten. Standardsoftware und entsprechende Erweiterungen wurden für den unmittelbaren Praxiseinsatz entwickelt und sind mehrfach in der Schwenk Gruppe produktiv im Einsatz. Aus einem umfangreichen Erfahrungshintergrund werden effiziente und stabile IT-Lösungen zur Verfügung gestellt, die in erster Linie das Ziel haben, Geschäftsprozesse zu optimieren und nachhaltig Kosten zu sparen.

In immer schwieriger werdenden Märkten wurde erkannt, die Kernkompetenzen im Bereich IT-Beratung und Betrieb auszuprägen und für die unterschiedlichen

Anforderungen der Unternehmensbereiche IT-Lösungen mit dem klaren Schwerpunkt der mySAP-Standardfunktionalität anzubieten.

Die Besonderheit dabei ist, dass sämtliche IT-Systeme selbst in eigenverantwortlichen Projekten eingeführt wurden. Alle Einführungs- und Optimierungsprojekte werden zu größer 90% mit internen Beratern durchgeführt. Diese Mitarbeiter haben ein hohes Maß an Wissen über die verschiedenen Geschäftsprozesse. Teilweise kommen sie aus den Fachbereichen und haben sich zum SAP® Berater weitergebildet. So werden die Bedürfnisse und Anforderungen der Abteilungen umfassend verstanden und in IT-Lösungen umgesetzt. Es sind dazu keine tagelangen Istanalysen und Untersuchungen erforderlich, weil IT/ORG die Menschen und die Organisationen gut kennt und auf sie praxisnah eingehen kann.

In den IT-Projekten arbeiten wir mit der Fachabteilung in einem gemeinsamen Team. Oft kommt es dabei auch vor, dass wir einem verantwortungsvollen Know-how-Träger aus der Fachabteilung die Projektleitung anbieten, der sie auch gerne annimmt.

Über diese Projekte und die tägliche Zusammenarbeit entsteht ein umfangreiches, gemeinsames Verständnis für die Themen des Fachbereichs. Gleichermaßen erkennen verantwortungsvolle Anwender aber auch die Grenzen und Wirtschaftlichkeit von sinnvollen IT-Lösungen. In den vergangenen Jahren haben sich aus dieser Art der Zusammenarbeit sogenannte „Keyuser" herausgeprägt, die bei sämtlichen organisatorischen und informationstechnischen Themen die ersten Ansprechpartner sind. Mit ihnen diskutiert IT/ORG erste Lösungsalternativen. So können auch immer zuerst organisatorische Varianten angedacht werden, bevor an der Software „customizt" wird oder Erweiterungen vorgenommen werden. Die Effizienz der Abläufe steht immer im Vordergrund und nicht die Bequemlichkeit oder persönliche Vorlieben Einzelner. So bleibt Schwenk bei allen realisierten Lösungen im SAP-Standard, was die Releasefähigkeit und eine hohe Umsetzungsgeschwindigkeit erhält.

Langfristig hat das auch zu einem immer geringerer werdenden Bedarf an externen Beratern geführt. Das wertvolle Wissen über die Effizienz in den Geschäftsprozessen hält Schwenk im eigenen Haus. Wenn nötig, erreicht Schwenk so eine hohe Veränderungsgeschwindigkeit und kann die Geschäftsstrategie schnellen Entscheidungen dynamisch anpassen.

Externe Berater setzt Schwenk dann ein, wenn die Kapazität oder das vorhandene Know-how, gerade bei neuen SAP-Produkten, nicht ausreicht. Projektverantwortung vergibt Schwenk ausschließlich intern. Kompetenz, Aufgabe und Verantwortung können so gemeinsam auf einen Kollegen projiziert werden, der sie auch wirklich tragen kann.

Für jeden Geschäftsprozess bzw. pro SAP-Modul stehen 1–2 Berater zur Verfügung. In einem so stark integrierten und ganzheitlich zu betrachtenden Softwaresystem wie dem SAP-System arbeiten diese Kollegen untereinander sehr eng zusammen und tauschen sich über ihre Projekte permanent aus. So werden übergreifende Aufgabenstellungen schnell erkannt und gemeinsam angegangen.

3 Verursachungsgerechtes IT-Pricing

3.1 IT-Betriebskosten

Aus der obigen Darstellung wird deutlich, dass das SAP-System zu den größten Leistungsblöcken der IT-Dienstleistung zählt. In der Vergangenheit wurden die IT-Betriebskosten insbesondere der SAP-Anwendungen über monatliche oder jährliche Nutzerpauschalen abgerechnet. Aufgrund der verschiedenartigen SAP-Nutzertypen und Lizenzkosten erfolgte die betriebsinterne Abrechnung nach Anwenderprofilen wie Info-, Operational- oder Modul-User. Des Weiteren wurde der unterschiedliche Ressourceneinsatz von Hardware, wie Laptops, Desktops oder Netzcomputer unter Citrix mit entsprechenden Faktoren belegt, die dem Anschaffungswert und Servicegrad nur ungefähr entsprachen.

Dieses Verfahren lässt die tatsächliche Nutzung außer Acht. Viele IT-Abteilungen und IT-Dienstleister gehen daher dazu über und rechnen zusätzlich CPU-Zeit ab, besonders im Umfeld der Batch-Jobs. So musste auch bei Schwenk eine höhere Genauigkeit und Gerechtigkeit für die einzelnen Anwender und damit für die Gesellschaften erreicht werden.

Diese Abrechnung des SAP-Betriebs über Nutzerpauschalen ist zwar einfach, hat aber entscheidende Nachteile:

- Mitarbeiter, die intensiv mit den Anwendungen arbeiten, zahlen genauso viel wie ihre Kollegen, die wesentlich weniger Ressourcen benötigen.
- Es besteht kein Zusammenhang zwischen den abgerechneten Nutzerpauschalen und den Geschäftstätigkeiten, die durch die SAP-Systeme abgebildet und unterstützt werden.
- Der Anwender weiß daher nicht, welche Funktionen er wie oft in Anspruch nimmt, wie er die entstehenden Kosten beurteilen und ob er sparsamer mit den Ressourcen umgehen kann.

Gerade in Unternehmen, die sehr kostenbewusst denken, herrscht eine hohe Hemmschwelle, einen SAP-Account für einen Mitarbeiter zu beantragen, der kein Intensiv-Nutzer ist. Dies widerspricht jedoch dem Wunsch, dass das SAP-System einen hohen Durchdringungsgrad hat und maximal genutzt wird.

Zwar schafft die zusätzliche Abrechnung von Ressourcenverbrauch (CPU-Zeit) Gerechtigkeit im Hinblick auf die Nutzungsintensität. Da aber kein Zusammenhang zu den durchgeführten Geschäftsprozessen hergestellt werden kann, ist der Anwender kaum in der Lage, seine IT-Nutzung angemessen zu beurteilen. Werden die SAP-Betriebskosten durch den Einsatz von IT-Controllinglösungen verursachergerecht kalkuliert und verrechnet, sind qualifizierte Aussagen über Mengenentwicklungen und Einsparpotenziale möglich.

3.2 Transparenz von Nutzung und Kosten

Der Einsatz von IT-Controllinglösungen ermöglicht:

- Kostentransparenz für IT-Abteilung und IT-Dienstleister,
- Kostenzuordnung zum verursachenden Verbraucher,
- Kostentransparenz der Geschäftstätigkeit des Verbrauchers,
- Laufende Überwachung der SAP-Kosten- und -Leistungsentwicklung,
- Identifikation von Einsparpotenzialen.

Gegenstand der IT-Leistungsverrechnung von Schwenk sind die Transaktionen und Programme, die die Anwender zur Unterstützung ihrer Geschäftsprozesse aufrufen. Dazu werden im ersten Schritt aus dem durchschnittlichen Ressourcenbedarf die Stückkosten und -preise der einzelnen Transaktionen und Programme ermittelt. Multipliziert mit der Zahl der Aufrufe, die ein IT-Kunde zum Beispiel während eines Kalendermonats verursacht, ergeben sich daraus die Abrechnungsbeträge.

3.3 Zeitnahes Auslesen aus SAP-System

Das eingesetzte Programm „Anafee" der Firma Catenic verfügt über eine SAP-zertifizierte Schnittstelle, über die ausgelesen werden kann, welche SAP-Anwender in einem bestimmten Zeitraum welche Transaktionen und Programme aufgerufen und wie viele Ressourcen sie dafür benötigt haben.

Die SAP- und BW-Systeme halten diese Log-Informationen lange vor. Leider werden die Daten aber so konzentriert, dass nicht mehr feststellbar ist, wie oft ein Anwender bestimmte Transaktionen oder Programme aufgerufen hat. Daher müssen die Log-Daten relativ zeitnah ausgelesen und von „Anafee" weiterverarbeitet werden.

3.4 Ressourcenverbrauch

Selbstverständlich können nicht alle verfügbaren Transaktionen und Programme des SAP-Systems verfolgt und weiterverrechnet werden. Dies hätte einen Katalog mit tausenden Leistungen zur Folge. Daher werden bei vorhandenen innerbetrieblichen Pricing die Transaktionen und Programme ausgewählt, die den größten Anteil am Ressourcenverbrauch haben – entweder weil sie oft aufgerufen oder pro Aufruf viele Ressourcen benötigt werden oder beides („Top-Transaktionen/Programme").

Die Schnittstelle aus dem SSMS der SAP® zu Anafee liefert neben den CPU-Zeiten der Applikationsserver und Datenbankzeiten auch Daten zum Arbeitsspeicherverbrauch und zu den transferierten Bytes. In der Praxis haben sich die CPU- und die Datenbankzeit für die Analyse der Top-Transaktionen/Programme bewährt. Darüber hinaus hat sich gezeigt, dass die Top-20 Transaktionen/Programme pro Modul zwischen 75 und 99 Prozent des gesamten Ressourcenverbrauchs eines SAP-Systems abdecken.

Aus dieser Menge werden nach folgenden Kriterien die Transaktionen und Programme ausgewählt, die abzurechnen sind:

- Sie sollten „sprechend" sein, das heißt ihre Bezeichnung muss einen Bezug zur Geschäftstätigkeit herstellen.
- Die Mehrzahl der SAP-Zugänge, die die Transaktionen und Programme aufrufen, muss organisatorisch dem IT-Anwender zuordenbar sein.

„Klassische" Kandidaten für die SAP-Leistungsverrechnung sind unter anderem VA01 (Kundenauftrag anlegen), FB01 (Beleg buchen) und MM01 (Material anlegen). An einigen Stellen zeigt der Einsatz der verursachungsgerechten Verrechnung, dass bestimmte Berichte, die signifikant hohe Ressourcen benötigen, unnötig oft aufgerufen werden. Eine IT-Controllinglösung schafft Transparenz und trägt dazu bei, Einsparpotenziale umzusetzen.

3.5 Kalkulation der Stückkosten

Die gesamten Betriebskosten eines oder mehrerer SAP-Systeme – darunter Wartung, Afa, Betrieb von Rechenzentren, Personalkosten für Betreuung und Lizenzen – werden von „Anafee" auf die ausgewählten Transaktionen und Programme verteilt.

Dies geschieht unabhängig davon, welche Anwender sie aufgerufen haben. Je nach Konstellation kann der Ressourcenbedarf eine Kombination aus CPU-Zeit des Applikationsservers und Datenbankzeit sein, wenn die Kosten dafür unterscheidbar und unterschiedlich verteilbar sind. Um die Kosten pro Aufruf – die Stückkosten also – zu ermitteln, werden für die ausgewählten Transaktionen und Programme die jeweiligen Gesamtkosten durch die Zahl der Aufrufe geteilt. Dies führt zu folgenden Ergebnissen:

- Die Gesamtbetriebskosten werden auf die ausgewählten Transaktionen und Programme herunter gebrochen. Die Kosten für die nicht ausgewählten Transaktionen und Programme werden anteilig von den ausgewählten getragen.
- Die Ressourcen, die von SAP-Accounts benötigt wurden, welche nicht eindeutig IT-Kunden zuordenbar sind (z. B. technische Accounts, die zur Aufrechterhaltung des Betriebs benötigt werden), werden anteilig von allen zuordenbaren Nutzern getragen.

- Die Stückkosten für die ausgewählten Transaktionen und Programme entstehen aus deren durchschnittlichem Ressourcenbedarf pro Aufruf. Im Falle einer großen Varianz können Kategorien ausgeprägt und die entsprechenden Transaktionen und Programme zum Beispiel in der Version „teuer", „mittel" und „billig" kalkuliert werden.

Durch diesen Einsatz des innerbetrieblichen IT-Pricings können bis zu 98 Prozent des SAP-Ressourcenbedarfs in die Kalkulation einbezogen warden. Denn fast alle Nutzer sind eindeutig einem IT-Kunden zuordenbar. Aber auch geringere Werte bedeuten nicht, dass die Kalkulation zwangsläufig ungerecht ist, da der Ressourcenbedarf der technischen User von allen getragen werden muss.

3.6 Batchjobs

Wenn Batchjobs unter SAP-Accounts laufen, die kostentechnisch zuordenbar sind, finden auch die von ihnen aufgerufenen Transaktionen und Programme Eingang in die Kalkulation. Häufig jedoch werden für die Batchjobs nur wenige technische SAP-Accounts verwendet, die nicht einem IT-Kunden zuzuordnen sind. Die CCMS-Schnittstelle zu Anafee liefert zu den Transaktions- und Programmcodes die Batchjob-Namen mit.

Können die Batchjobs über ihren Namen eindeutig IT-Kunden zugewiesen werden, wird dies in Anafee hinterlegt. Damit ist es möglich, die Batchjobs analog zu den Transaktionen und Programmen in die Kalkulation und Verrechnung einzubeziehen.

Zur Verfeinerung des Verfahrens kann berücksichtigt werden, zu welcher Tageszeit die Batchjobs laufen. In der gerechten Kostenverrechnung werden dann unterschiedliche Gewichtungen des Ressourcenverbrauchs eingestellt und unterschiedliche Stückkosten ermittelt: zum Beispiel für den „Batchjob A tagsüber" und den „Batchjob A nachts".

3.7 Rückbuchung ins SAP-System

Die Pricing Software stellt den Kostenstellenverantwortlichen webbasierte Übersichten zur Verfügung, in denen sie ihre Abrechnung wiederfinden und sehen, für welche Aktionen sie wie viel bezahlen müssen.

Zur Buchung können diese Daten zurück in die SAP-Systeme exportiert werden. Normalerweise geschieht dies über eine monatliche, automatische Erzeugung von Textdateien, die vom SAP System eingelesen werden.

In „Anafee" können Leistungsarten für beliebige Gruppen von Transaktionen oder Programmen, Modulen oder SAP-Systemen hinterlegt werden, nach denen die Export-Dateien gruppiert werden. Denn es ist sicher nicht nötig, in der Finanzbuchhaltung einzelne Transaktionen, Programme oder Batchjobs als Leistungsart zu führen.

4 Kostenoptimales Entwickeln von IT-Leistungen

Die Transparenz der IT-Kosten hat zu einer noch intensiveren Kommunikation mit den IT-Ansprechpartnern und Geschäftsführern beigetragen. Für die Verantwortlichen und Anwender wird nun sehr deutlich, welche IT-Services entsprechende IT-Kosten verursachen. Sofort entstehen fruchtbare Diskussionen, wie die Kosten reduziert und der IT-Betrieb insgesamt günstiger gestaltet werden kann.

Auch wenn IT/ORG bereits Projekte zur Kostenreduzierung aus technischer Sicht, Standardisierung, Konsolidierung und Virtualisierung umgesetzt hat, so unterstützen auch die Anwender durch Veränderung ihres Verhaltens das Ziel der Kosteneinzusparung.

So konnte IT/ORG in konstruktiven Gesprächen erreichen, dass aufwendige und damit für den Kostenverantwortlichen „teure" Transaktionen im Batch nunmehr zu „günstigen Zeiten" laufen. Die Antwortszeiten zu den normalen Arbeitszeiten wurden dadurch deutlich besser. So konnten Investitionen in Applikationsserver vorerst vermieden werden.

Zu Zeiten mit einer pauschalen Verrechnung wurden diese Unterschiede nur der IT bewusst. Heute steht ein anerkanntes Mittel zur Verfügung, dass IT/ORG als sachliche Gesprächsgrundlage dient. Mit dem Hintergrund eines gemeinsamen Kostenbewusstseins ziehen Anwender und IT an einem Strang und optimieren so den IT-Betrieb.

Ebenfalls konnte IT/ORG durch diese Vorgehensweise günstige Archivspeicher etablieren, weil über das IT-Pricing den Anwendern deutlich wurde, um wie viel teurer aktive Onlinedatenbanken sind, als die vorhandenen Archivlösungen. An dieser Stelle fordern die Anwender auch mehr Wissen über die kostenoptimale Nutzung der Systeme ein. Mit diesem gewünschten Nebeneffekt konnte den Anwendern das Archivieren ihrer Mail- oder SAP® Daten vermittelt werden und als probates Mittel zu nutzen, durch verbessertes System Know-how Kosten zu sparen.

Ein weiterer wichtiger Effekt, den die Transparenz des IT-Pricing brachte, waren die längeren Nutzungszeiten der Client-Hardware sowie der verstärkte Einsatz von Terminalserverlösung, unter Citrix.

Die internen Preise für Citrixarbeitsplätze sind wesentlich günstiger, als die Preise für Desktop- oder gar Laptop-Hardware. Obwohl die Anschaffungskosten keine großen Unterschiede ergeben, wenn man Clienthardware und Lizenzen zusammenzählt, wird die Kosteneinsparung beim Service sehr deutlich.

Auf diesen entsprechenden Servern wird ausschließlich serverbasierte Software von den Administratoren installiert. Diese Software ist getestet und führt zu keinen Konflikten mit anderen Softwaresystemen. Jeglichem Spieltrieb mit Fremdsoftware wird somit Einhalt geboten. Firewall- und Virus-Software laufen ebenfalls auf dem Server. Die Administratoren können in Fehlersituationen meist auf dem Server das Problem beheben und dem Anwender steht das System sehr schnell wieder zur Verfügung, was bei PC-Arbeitsplätzen wesentlich komplizierter sein kann und damit auch länger dauert.

Die Optimierung der Performance erfolgt ebenfalls durch entsprechende Aufrüstung an der Serverhardware und bringt für alle Anwender verbesserte Antwortszeiten, ohne an jedem Arbeitsplatz einzelne Maßnahmen ergreifen zu müssen. Die damit verbundenen längeren Nutzungszeiten der Hardware sind ein weiterer kostenreduzierender Effekt.

Diese Kostenoptimierung des PC-Services wird durch entsprechende Preisstaffeln zwischen Citrix-, Desktop- und Laptoparbeitsplätzen in unserem Pricing berücksichtigt. Das führt dazu, dass viele Anwender mit Standardanwendungen wie SAP®, MS-Office und Mailsystem auf Citrixarbeitsplätze umgestiegen sind und so Kosten gespart wurden.

Die vollständige Transparenz der IT-Kosten hat bei Schwenk zu einem umfassenden Kostenbewusstsein bis hin zum Anwender beigetragen, der mit seinem veränderten Verhalten die Bemühungen um einen effizienten und kostengünstigen IT-Betrieb aktiv unterstützt. So ist IT/ORG nicht mehr auf eigene IT-technische Maßnahmen zur Kostenoptimierung angewiesen, sondern kann sich darauf verlassen, dass die Anwender die Anstrengungen verstehen und „mitziehen". In diesem engen Schulterschluss zwischen IT/ORG und den anderen Fachbereichen hat sich die IT-Strategie, fast alle IT-Services aus eigener Kraft, mit einem hochqualifizierten, eigenen Team anzubieten, als erfolgreich erwiesen.

In den letzten Jahren war es so möglich, die IT-Kosten permanent zu senken, obwohl die Anwenderzahl gestiegen ist und weitere IT-Services und -Projekte hinzu gekommen sind. Das Wissen zur ständigen Optimierung der wertschöpfenden Prozesse im eigenen Haus zu haben, führt nicht nur zu niedrigen Kosten. Nicht zu vergessen ist die Forderung nach teilweiser extremer Flexibilität in einem sich wandelnden Markt, der von den Unternehmen eine Veränderungsgeschwindigkeit verlangt, die nicht selbstverständlich ist, sondern nur durch Kompetenz und Eigenverantwortlichkeit erreicht werden kann.

Dynamic Services for SAP® Applications

Dieter Doeffinger, Frank Lutz, Dirk Hammermann

1 Einführung

Die Veränderung der Märkte stellt neue Anforderungen an die Informationstechnologie (ICT), Telekommunikationstechnologie (TK) und Applikationslandschaft der Unternehmen. Bis zum Jahre 2010 werden IT, TK und Applikationen zu einer Real ICT-Welt verschmelzen und man wird nicht mehr zwischen diesen Komponenten unterscheiden. Um von dieser Entwicklung optimal profitieren zu können, ist ein Paradigmenwechsel hin zu einem ganzheitlichen Ansatz, also der Bereitstellung von IT, TK und Applikationen im Einklang mit den darauf abgebildeten Geschäftsprozessen, nötig.

Die Umsetzung von Real ICT würde neben einer gesteigerten Flexibilität, Kosteneinsparpotenzialen und der Möglichkeit zur Fokussierung auf die eigenen Kernkompetenzen für Unternehmen auch noch weitere Vorteile bieten, so z. B. die optimale Abbildung ihrer Geschäftsprozesse in einer modernen, sicheren und anpassbaren Real ICT-Umgebung.

Geschäftseinheiten jederzeit ausreichend IT und TK-Ressourcen zur Verfügung zu stellen, ohne dabei nicht benötigte, teure Kapazitäten vorzuhalten – vor dieser Herausforderung stehen die ICT-Verantwortlichen in allen Unternehmen.

1.1 Begriffsdefinition

Eines der wichtigsten Themen der ICT-Industrie in den nächsten Jahren sind die sog. „Dynamic Services". Obwohl sich dieser Markt noch in einer frühen Phase befindet, erfreut er sich großer Aufmerksamkeit. Während die Presse fortwährend über neue Angebote und Strategien berichtet, richten immer mehr Anwender ihren Blick auf dieses neue Konzept, das sowohl die IT- als auch die Kommunikationsindustrie revolutionieren könnte.

Der Begriff Dynamic Services ist nicht der einzige, der die neuen Nutzungsformen und -möglichkeiten der Anwender in der IT- und Kommunikationsindustrie beschreibt. Es gibt einige Synonyme, die ein und dasselbe Konzept benennen.
So sprechen die Marktanalysten Gartner und Forrester von Data Center Outsourcing, Business Process Utility und Data Center Automation, während HP den Begriff
Utility Data Center, IBM pay-per-use und on demand, und SAP® Adaptive Computing benutzt. In der Tat hat man sich noch nicht auf eine einheitliche Nomenkla-
tur geeinigt. Die allem zu Grunde liegenden Begriffe sind das Utility Computing
und das so genannte Grid Computing.

Der Begriff Utility Computing leitet sich aus der Public-Utility-Industrie, den
öffentlichen Versorgungsbetrieben, ab. So sollen ICT-Ressourcen ebenfalls wie
Strom, Wasser oder Gas direkt vom Anbieter bezogen werden können. Um ICT-
Ressourcen in dieser Form bereitstellen zu können, benötigt man ein so genanntes
Grid. Ein Grid ist ein Verbund von Rechnern, die netzartig zusammenhängen und
gemeinsam Prozesse abarbeiten. Aus diesem Rechnerverbund ergeben sich Syner-
gieeffekte, die zur Folge haben, dass die zusammen geschaltete Rechenkapazität
um ein Vielfaches höher ist, als wenn jeder Rechner einzeln arbeiten würde.

Obwohl der Grundgedanke des Utility Computings sehr stark an das Modell
der Versorgungsindustrie (Strom, der jederzeit aus der Steckdose verfügbar ist)
erinnert, ist deren Umsetzung viel komplexer als beispielsweise die Bereitstellung
von Elektrizität.

1.2 Arten von Dynamic Services

Für die Bereitstellung von Dynamic Services sind folgende Komponenten erforderlich: Netzwerk, Server und Storage, Betriebssystem und Schnittstellensoftware
(Middleware), sowie Backoffice-Applikationen.

Man unterscheidet im Allgemeinen drei Arten von Bereitstellungsformen:

1. **Insourced/In-house Private Utility**
   Eigenes Personal kauft, errichtet und verwaltet ein eigenes Utility (Infrastruk-
   turnetz) für den internen, konzernübergreifenden Einsatz in allen Niederlassungen oder erwirbt Leistungen von einem Drittanbieter für den Entwurf oder
   die Erstellung der Infrastruktur (schlüsselfertige Lösung), die jedoch intern verwaltet wird. Diese Option ist auf ein einzelnes Unternehmen beschränkt. Die
   Anlagen sind entweder Eigentum des Unternehmens oder des Serviceproviders.
2. **Managed Private Utility**
   Auch diese Option ist auf ein einzelnes Unternehmen beschränkt, die Verwaltung der Infrastruktur erfolgt jedoch von einem externen Anbieter. Die Eigen-
   tumsverhältnisse der Anlagen variieren je nach Vertragsform.
3. **Public Utility**
   In dieser Variante teilen sich mehrere Unternehmen, die nicht miteinander verbunden sind, eine gemeinsame Infrastruktur, die von einem Dienstleister zur
   Verfügung gestellt und verwaltet wird. Die Infrastruktur ist hier im Eigentum
   des Dienstleisters.

Die Schlüsselmerkmale dieses Services kennzeichnen sich wie folgt:

- Die Bereitstellung von Rechenkapazitäten, die aus Prozessorleistung, Speicher- und Netzwerkressourcen bestehen können, erfolgt von einem externen Standort.
- Die ICT-Infrastruktur ist größtenteils oder vollständig Eigentum des Utility-Anbieters.
- Das Preis- und Vergütungsmodell ist vergleichbar mit traditionellen Leasingabkommen, wobei der Kunde die Kosten für die Leistungen auf einer monatlichen Basis bezahlen kann.
- Verlagerung der kritischen und komplexen Anlagen und Applikationen aus den Räumlichkeiten des Kunden in ein Rechenzentrum, das die Utility-Computing-Leistungen erbringt.
- Unternehmen gehen ausschließlich Verträge mit einem Utility-Anbieter ein, anstatt wie bisher mit Hardware und Softwareanbietern.
- Ein wesentlicher Vertragsbestandteil sind Service Level Agreements.

Eine bedarfsgerechte Bereitstellung von ICT-Ressourcen kann in der Regel in zwei Dimensionen unterteilt werden. Als erstes denkt man natürlich an die Bereitstellung von Hardware in jeglicher Form. Neben Rechenleistung, der im Fachjargon genannten CPU-Power, spielt die Bereitstellung von Speicherkapazität eine wichtige Rolle. Diese erste Dimension beschreibt das klassische Grid, welches die Grundlage für die zweite Dimension schafft. Diese zweite Dimension beschreibt das bedarfsgerechte Angebot von Software und Applikationen, die auf der Hardware der Anbieter laufen. Das Angebotspaket kann über das Internet auf Abruf bezogen und ausgeführt werden.

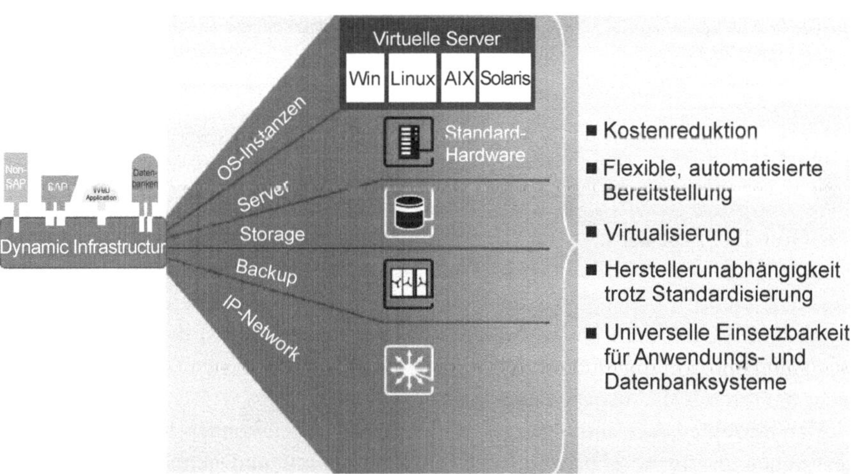

Abb. 1. Was ist Dynamic Computing?
Quelle: T-Systems Enterprise Services GmbH – Business Development

1.3 Abgrenzung zum klassischen Outsourcing

Das Dynamic-Services-Modell hat Ähnlichkeiten mit dem klassischen Outsourcing sowie den Managed Services. Der gemeinsame Nenner dieser Märkte ist die Verwaltung der Kundeninfrastruktur in dessen Auftrag, jedoch mit wichtigen Unterschieden.

Beim Modell der Dynamic Services wird, anders als beim Outsourcing, auf jegliche Übernahme von Personal verzichtet. Die Infrastruktur, welche auch von mehreren Kunden gemeinsam genutzt wird, ist Eigentum des Anbieters. Bei ihm befindet sich auch der Standort der Servicebereitstellung.

	1. Generation Herkömmliches Outsourcing	2. Generation Managed Services	3. Generation Utility Computing/ Dynamic Services
Beschäftigungsverhältnis	Service Anbieter übernimmt üblichwerweise das Personal aus dem IT Bereich	Üblicherweise keine Übernahme von Personal	Keine Übernahme von Personal
IT und Netzwerk Anlagen	In der Regel Eigentum des Kunden	Größtenteils Eigentum des Kunden	Eigentum des Service Anbieters
Gemeinsame Nutzung der Infrastruktur	Nein	Teilweise	Vollständig
Standort für Servicebereitstellung	Beim Kunden	Beim Service Anbieter	Beim Service Anbieter
Service Level Agreements	Kundenspezifisch	Kundenspezifisch oder standardisiert	Standardisiert
Preisstruktur	Kundenspezifisch	Kundenspezifisch oder standardisiert	Standardisiert

Abb. 2. Outsourcing, Managed Services und Dynamic Services im Vergleich
Quelle: In Anlehnung an IDC 2004; „Utility Computing in Deutschland aus Sicht der Anwender: Erwartungen, Trends und Strategien"

2 Anforderung und Nutzen

Das Grundkonzept der Dynamic Services besteht darin, nur das zu nutzen und zu bezahlen, was man wirklich benötigt, und dieses jederzeit sicher, schnell und günstig. Mit diesem Konzept passen Unternehmen ICT-Ressourcen exakt an ihren tagesaktuellen Geschäftsbedarf beziehungsweise an den Bedarf der Anwendungen an. Unternehmen können so durch diese neuen Nutzungsformen bis zu 30% und mehr bei ihren ICT-Ausgaben einsparen.

Von einzelnen Anwendungen bis zu Serverleistungen können Unternehmen Investitionen in eigene Hardware und Software sparen und dennoch deren volle Leistung nutzen. Anwendungen und ICT-Ressourcen beziehen sie stattdessen je nach aktuellem Bedarf aus einem Rechenzentrum des ICT-Dienstleisters.

Mit Dynamic Services bezahlen Unternehmen nur die jeweils bestellte Menge und verwandeln somit fixe Ausgaben in variable Kosten.

Für Unternehmen, die ihre ICT auslagern, rückt damit das Kerngeschäft in den Mittelpunkt. Für ihre ICT sorgt der Dynamic-Services-Dienstleister, vom sicheren Betrieb bis zum Bereitstellen von Ressourcen in der richtigen Menge, rund um die Uhr und weltweit. Die wesentlichen Merkmale von Dynamic Services sind im Überblick:

- ICT-Ressourcen „wie Strom und Wasser" beziehen,
- Pay per use: Nur die bestellten Leistungen bezahlen,
- ICT-Kapazitäten schnell und flexibel an die Geschäftserfordernisse anpassen,
- Transparente Abrechnung und hohe Service-Qualität,
- Keine unnötige Kapitalbindung,
- Kostenersparnisse um bis zu 30 Prozent,
- Nach internationalen Sicherheitsnormen zertifizierte Rechenzentren.

Schwankende ICT Bedarfe und fixe überdimensionierte ICT Ressourcen skizzieren die derzeitige Ausgangslage der Unternehmungen.

In fast allen Unternehmen gleich welcher Größe schwankt der Bedarf an Rechnerkapazität je nach Tageszeit, Saison, Unternehmenswachstum oder individuellen Kundenanforderungen erheblich. Viele Unternehmen benötigen die volle Rechenleistung nur alle vier Wochen bei den Monatsabschlüssen im ERP-System, andere nur ein bis zwei Monate im Jahr zum Beispiel für das Weihnachtsgeschäft. Dennoch müssen Unternehmen bisher ihre ICT-Ressourcen für den maximalen Bedarf auslegen.

Tatsächlich benötigt werden die vorhandenen Kapazitäten nur an wenigen Tagen im Jahr. Die durchschnittliche Auslastung von ICT-Ressourcen bei Eigenbetrieb liegt oft unter 20 Prozent. Somit binden die Unternehmen durch die ungenutzten

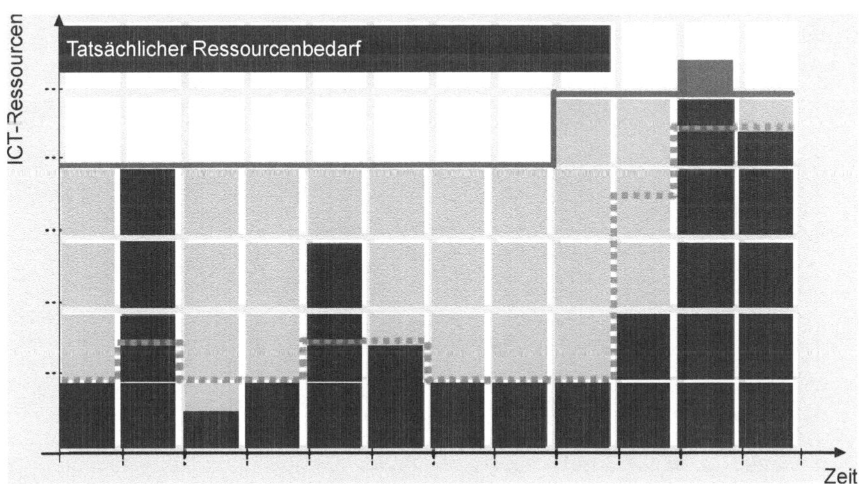

Abb. 3. Geplanter und tatsächlicher Ressourcenbedarf

Kapazitäten Kapital, das ihnen dann für Investitionen in das Kerngeschäft fehlt. Um wenigstens etwas zu sparen, berechnen viele Unternehmen den Höchstbedarf zudem an der untersten Grenze. Langfristige und statische Nutzungsverträge mit Dienstleistern machen es dabei unmöglich, die Leistungen bei Bedarf flexibel und schnell anzupassen. Dadurch kommt es bei Lastspitzen dann trotzdem zu Engpässen, Wartezeiten oder entgangenem Gewinn.

Was Unternehmen benötigen, sind flexible ICT-Infrastrukturen, bei denen sie exakt nur die Leistungen bezahlen, die sie wirklich verbrauchen. Die Antwort hierauf sind Dynamic Services.

Statt die ICT-Ressourcen für gelegentliche Bedarfsschwankungen dauerhaft auf Maximallast auszulegen, beziehen Unternehmen genau die Menge an ICT-Kapazität von ihrem Dynamic-Services-Dienstleister, die sie aktuell benötigen. Im Prinzip genauso wie Strom, Wasser oder Gas.

Dies kann je nach Geschäftsverlauf mal mehr, und auch mal weniger sein. Statt „den Hahn" kontinuierlich laufen zu lassen, drehen Konsumenten ihn nur dann voll auf, wenn sie die Leistungen tatsächlich benötigen.

Genauso können Unternehmen mit den Dynamic Services ICT-Kapazitäten kurzfristig an ihren Bedarf anpassen, das heißt erhöhen oder senken (vgl. Abb. 4).

Analysten der International Data Corporation (IDC) bezeichnen diese Lösung als die ideale Form einer ICT-Architektur. Die Unternehmensberatung befragte potenzielle Kunden zu den neuen dynamischen Modellen. Die Mehrzahl, rund drei Viertel, bevorzugt eine Bezahlung abhängig vom Verbrauch (pay-per-use).

Die Nutzer beziehen die benötigten ICT-Leistungen für eine Anwendung nach dem tagesaktuellen Bedarf über ein virtuelles privates Netzwerk (Virtual Private Network, VPN) aus einem nach internationalen Sicherheitsnormen zertifizierten Rechenzentrum (u. a. ISO 27001). Somit bleibt die Sicherheit der Daten nach den Anforderungen des jeweiligen Landes stets gewährleistet.

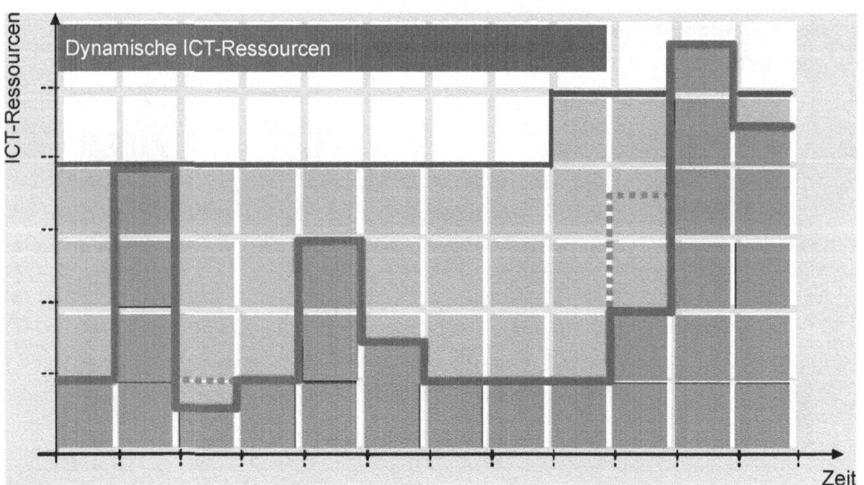

Abb. 4. Dynamische ICT-Ressourcen

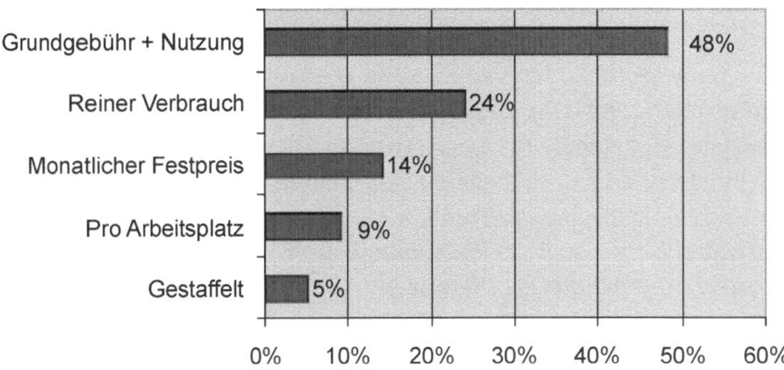

Abb. 5. Preismodelle im Outsourcing

Die technische Basis für diese Dynamic Services ist die Virtualisierung von ICT-Ressourcen: Die einem Kunden individuell zugeordnete Hardware – Server, Netzwerke und Speicherkapazitäten – ist dabei nur noch scheinbar vorhanden. Stattdessen stellt der Dynamic-Services-Dienstleister die ICT-Kapazitäten im Rechenzentrum über das sichere VPN zum Beispiel auf MPLS-Basis (Multi-Protocol Label Switching) zum Online-Abruf bereit.

In einem MPLS-Netz herrscht das Prinzip der Vorfahrtregelung nach Verkehrsklassen. Geschäftskritische Anwendungen behandelt das Netz nach vorgegebenen Regeln bevorzugt. Bei Dynamic Services stellt der ICT-Dienstleister bedarfsgerecht Prozessorleistungen, Speicherressourcen sowie ERP Applikationen bereit und betreibt und wartet die komplette Hard- und Software. Daneben können Unternehmen automatisierte Archivierungs-, Speicher- und Sicherungslösungen für das jahrelange revisionssichere Aufbewahren riesiger Datenmengen beziehen. Die Unternehmen gehen also keine Investitionsrisiken ein und setzen Kapitalreserven frei, die sie für das Kerngeschäft benötigen.

Dynamic Services machen Unternehmen flexibel und reduzieren die Kosten. Laut Analysten können Unternehmen 30% und mehr im ICT-Lebenszyklus einsparen, wenn sie Dynamic Services einsetzen. Schließlich bezahlen Kunden nur noch pro Zeiteinheit und Leistungsmenge. Sie benötigen keine eigene Hard- und Software und nutzen dennoch deren volle Leistung einschließlich umfangreicher Servicevereinbarungen und Lösungen für das Online-Monitoring, mit denen Kunden die bezogenen Leistungen online überwachen und managen. Spezielle technische Voraussetzungen beim Unternehmen sind nicht erforderlich. Der Standort spielt durch die zentrale Bereitstellung der Dienste keine Rolle.

Hard- und Software werden nicht mehr für gelegentliche Spitzenlasten wie beim Weihnachtsgeschäft oder beim Jahresabschluss vorhalten. So werden aus hohen Fixkosten fixe und variable Kosten. Es bedarf keiner unnötigen Kapitalbindung und großem Investitionsrisiko. Am Ende einer festgelegten Periode erfolgt eine transparente, vom Verbrauch abhängige Rechnung.

Durch permanente, kontinuierliche Aktualisierung, Pflege und Wartung der Systeme verfügt das Unternehmen über ICT-Infrastrukturen auf dem neusten Stand der Technik.

Das gesamte Technologierisiko liegt somit beim Dienstleister. Investitionen für Hardware, Systembetreuung sowie Spezialwissen entfallen dadurch für den Nutzer.

Regionale, nationale oder globale Erweiterungen der Dienste sind zudem schnell und sehr flexibel möglich, da sie unabhängig von Standortstrukturen zentral bereitstehen. Selbst beim Zukauf eines ganzen Unternehmens benötigen Kunden im Wesentlichen nur eine Netz- oder Telekommunikationsverbindung, damit der neue Geschäftsbereich die bereits vorhandenen Applikationen schnell nutzen kann. Bei allen Leistungen berücksichtigt der ICT-Service-Provider die jeweiligen gesetzlichen Anforderungen des Zielmarktes, z. B. Desaster Recovery, Archivierung und Datenschutzes.

Das Unternehmen kauft ICT-Ressourcen als Dienstleistung ein, nutzt alle technologischen Vorteile und verfügt über eine sichere Lösung, die der Service Provider verantwortet. Ob in New York, Rio oder Tokio. Aus einem zentralen Rechenzentrum lassen sich weltweit verteilte Einheiten steuern und die individuell benötigten Ressourcen auf Knopfdruck online abrufen.

In einem Unternehmen mit 30 Filialen zum Beispiel greifen alle auf denselben Datenbestand zu. Dies reduziert die Komplexität und vereinfacht die Administration. IT-Verantwortliche müssen sich nicht mit Hunderten von dezentralen Lösungen beschäftigen. Hat ein Unternehmen zeitweilig viele neue Nutzer einer Anwendung, beispielsweise für eine begrenzte Zeit bei der Entwicklung eines Produkts gemeinsam mit externen Dienstleistern, meldet der IT-Verantwortliche einfach den Mehrbedarf an seinen Dienstleister. Damit genügt ein einziger Bestellvorgang.

Bei allen Leistungen kann der Kunde selbst entscheiden, wie viel ICT-Verantwortung er an den Dynamic-Services-Dienstleister abgibt. Im Normalfall befindet sich die komplette Infrastruktur im Eigentum des Dienstleisters, der den Dienst in seinem Rechenzentrum bereitstellt. Der Kunde kann auf Wunsch nur Teile seiner Anwendungslandschaft auslagern, beispielsweise sicherheitsrelevante oder komplexe Anwendungen wie Individualentwicklungen, Mail-Server oder Warenwirtschaftssysteme. Beispielsweise übernimmt der ICT-Dienstleister den vollständigen Betrieb des Microsoft-Exchange-Servers oder des Lotus-Domino-Servers für E-Mails.

Service Level Agreements (SLA's) entlang der gesamten Wertschöpfungskette können vereinbart werden. Mit Dynamic Services stellt der ICT-Dienstleister sicher, dass die Anwendungen jederzeit in der gewünschten Qualität zur Verfügung stehen. Nicht die technische Infrastruktur und ihre Komponenten stehen im Mittelpunkt, sondern die Verfügbarkeit der Anwendung am Arbeitsplatz.

Dementsprechend sind auch die SLA's aufgebaut. Entlang der gesamten technischen Wertschöpfungskette werden die unterschiedlichen SLA's (z. B. Rechnerleistung, Speicherkapazitäten, Archivierung, Netzkapazitäten, etc.) zu einem übergreifenden SLA zusammengefasst. Damit kann der Anwender jederzeit mit einem Blick feststellen, ob die vertraglich zugesicherten Leistungen eingehalten wurden.

Regelmäßige Berichte zeigen dem Unternehmen zusätzlich, inwieweit die Leistungszusagen vom Dienstleister eingehalten wurden. Sie informieren Kunden über den aktuellen Verbrauch, die aktuellsten Versionsstände, die Systemverfügbarkeit, Leistung und die Kapazitätsauslastung.

Indem die Verantwortung für die bereitgestellten ICT-Ressourcen und ihre Wartung auf den Service Provider übergeht, kann sich der Kunde stärker auf sein Kerngeschäft konzentrieren. Mittel- bis langfristig kann die Unternehmensstruktur schlanker und effizienter gestaltet werden. Zudem sparen die Dynamic Services Kunden zudem erhebliche Personalkosten, da Schulungskosten für das operative ICT Business entfallen. Die retained Organisation konzentriert sich auf die wesentlichen strategischen ICT-Aufgaben.

Dynamic Services erlauben es Unternehmen, ERP-Ressourcen entsprechend ihres Geschäftsverlaufs zu beziehen. Automatisierung, Standardisierung und Virtualisierung gewährleisten die Verfügbarkeit der Anwendungen in kürzester Zeit. Durch die Virtualisierung von Rechenleistung, Speicherkapazitäten usw. können verschiedene SAP® Outsourcing-Kunden gemeinsam die Infrastruktur zu günstigen Konditionen nutzen.

Mit Hilfe moderner Leitstände (z. B. „T-Systems Cockpit") ist dem Kunden der tatsächliche Verbrauch jederzeit transparent. Dynamic Services werden zum Beispiel von T-Systems in Verbindung mit dem hauseigenen Netz bereits in über 20 Länder geliefert. Alternativ kann die Leitungsanbindung über verschlüsselte Internetleitungen erfolgen. In den Produktionsstandorten werden die zentralen Leistungen dieser Services auf ICT-Plattformen in Europa, Asien und Amerika technologisch bereitgestellt. Auf Wunsch des Kunden können die zentralen Administrationsleistungen aus einem geografisch nahegelegenen Standort erbracht werden (Nearshore). Unternehmen profitieren jederzeit von den neuesten Applikationen und dies ohne eigene Investitionen. Am Monatsende bezahlen Kunden nur die tatsächlich bestellten SAP-Ressourcen und können somit die Ausgaben jederzeit selbst beeinflussen.

Die SAP® AG realisiert das Dynamic-Services-Modell für SAP® gemeinsam mit T-Systems. „T-Systems war eines der ersten Unternehmen überhaupt, das dieses innovative Konzept vorangetrieben hat", so der SAP-Vorstandssprecher Henning Kagermann. T-Systems betreibt SAP-Lösungen für über 872.000 Anwender. Mehr als 71.000 von ihnen nutzen bereits das Dynamic-Service-Angebot für SAP®. Die Geschäftskundentochter der Deutschen Telekom teilt die benötigten Ressourcen kundenübergreifend und applikationsunabhängig auf mehrere hundert Server auf. Durch dieses sogenannte Ressourcen-Pooling sind die Rechner automatisch kontinuierlich ausgelastet. Auf diese Weise und durch den Einsatz von Standardkomponenten sinken die Kosten für die SAP-Rechenleistung.

3 Einflussfaktoren und Hemmnisse

Es bestehen eine Reihe gesetzlicher Bestimmungen, die dynamische Nutzungsmodelle begünstigen.

Die Verordnung Basel II, welche strengere Kriterien für das Bankenrating von Unternehmen für eine Kreditvergabe vorschreibt, orientiert sich an Kennzahlen wie der TCO (Total Cost of Ownership), sprich den Kapitalkosten und dem ROI (Return on Investment), der Kapitalrendite. Beide Kennzahlen verändern sich durch die neuen dynamischen Nutzungsmodelle positiv, da die ICT-Investitionskosten minimiert werden. Dieser Aspekt ist besonders für mittelständische Unternehmen interessant.

Zwei weitere gesetzliche Bestimmungen kommen dem dynamischen Nutzungsmodell entgegen, die GDPdU und die §§ 257–262 des HGB, welche die Aufbewahrungspflichten und -fristen von Daten und Dokumenten regeln. Um die Geschäftsdaten gemäß diesen Verordnungen sicher aufzubewahren und auf Abruf zugänglich zu machen, bedarf es einer wachsenden ICT-Infrastruktur, vor allem im Speicherbereich, die Dynamic-Services-Anbieter den Kunden ohne aufwändige Implementierung anbieten können.

Hinzu kommt, dass ICT-Projekte, wie die Erweiterung oder Erneuerung der Infrastruktur oder die Implementierung neuer Services, auf Grund ihrer Komplexität steigende Investitionskosten mit sich bringen. Diese entfallen bei einem dynamischen Nutzungsmodell ebenfalls.

Wichtig ist das Vertrauen der Kunden gegenüber den Serviceprovidern und deren Leistungsfähigkeit. Gerade was die Sicherheit von sensiblen Daten anbelangt, sind Kunden sehr skeptisch. Diese Skepsis zu überwinden wird die größte zukünftige Herausforderung der Serviceprovider darstellen.

In den letzten Jahren wurden viele Outsourcing-Verträge mit entsprechenden Investitionen abgeschlossen worden, die zum Teil lange Laufzeiten haben und in die von Kundenseite viel Geld investiert wurde. Einige Kunden könnten Probleme haben, vorzeitig aus bestehenden Outsourcing-Verträgen auszusteigen.

In der Übertragung der gesamten ICT und ihrer Services an die Provider sehen manche Kunden einen Kompetenzverlust im ICT-Sektor, da man sich in ein gewisses Abhängigkeitsverhältnis mit den Serviceprovidern begibt, und auf lange Sicht nur noch wenige eigene Mitarbeiter im ICT-Bereich tätig sind. Aus demselben Grund kann es auch sehr schwierig sein, die internen ICT-Abteilungen der Kunden für dynamische Nutzungskonzepte zu gewinnen.

Das Ziel der Anbieter von Dynamic Services ist, die Dienstleistung ohne Übernahme von Personal zu erbringen. In der Frühphase werden die Anbieter allerdings teilweise gezwungen sein, Personal zu übernehmen, um die internen ICT-Abteilungen zu gewinnen und mittelfristig Dynamic Services platzieren zu können.

4 Branchenfokus/Zielmarkt

Das modulare Dynamic-Services-Angebot eignet sich für mittelständische Einzelunternehmen genauso wie für multinationale Konzerne mit vielen weltweit verteilten Standorten. Die maßgeschneiderten Pakete, die auch das Netzwerk beinhalten, sind jeweils an die Größe, das Budget und die ICT-Anforderungen der Kunden angepasst.

Fraunhofer Enterprise Grids hat Schlüsselbranchen identifiziert, die besonders für den Einsatz dynamischer Nutzungsmodelle geeignet sind, da sie einerseits einen hohen Bedarf an den oben genannten Leistungen haben und andererseits bereits die besten technischen und organisatorischen Voraussetzungen mitbringen, um Dynamic Services schnell und kosteneffizient einzusetzen.

4.1 Automobil- und Maschinenbau

Insbesondere im Bereich der Automobilindustrie und im Maschinenbau besteht die Notwendigkeit der Verbesserung des Datenflusses und der Kooperation entlang des Supply Cain zwischen Herstellern und Zulieferern. Aus diesem Grund ist es hier wichtig, den dynamischen Aufbau virtueller Organisationen, die sich auf einen bestimmten Zeitraum, bestimmte Personen und beschränkte Ressourcen beziehen, teilen und austauschen zu können.

Dadurch lassen sich gemeinsam Modellierungen, Simulationen und Optimierungen der Produktionsprozesse durchführen und Entwicklungsdaten in einer sicheren Umgebung nachvollziehbar gestalten.

4.2 Finanzen

Im Finanzsektor wird eine hohe Rechnerkapazität aufgrund von unterschiedlichen Anforderungen der Anwendungen an die ICT, wie Backoffice-Prozesse oder Marktdatenanalysen, bis hin zur Monte-Carlo-Simulation, benötigt.

Der Markt für Dynamic Services im Finanzsektor soll sich laut Report der Finanzanalysten TABB Group von 88 Mio. $ auf 1,2 Mrd. $ bis 2010 ausweiten. Dabei wird erwartet, dass 660 Mio. $ für Software ausgegeben werden. Derzeit sind es vor allem kleine, innovative Firmen, die Lösungen für diesen Bereich entwickeln.

4.3 Pharma

Die Entwicklung von neuen Arzneimitteln ist ein zeitaufwändiger Prozess und erfordert eine Vielzahl von Schritten und Rechenprozessen. Ganze Arbeitsprozesse in der Pharma-Forschung können durch Dynamic Services unterstützt werden.

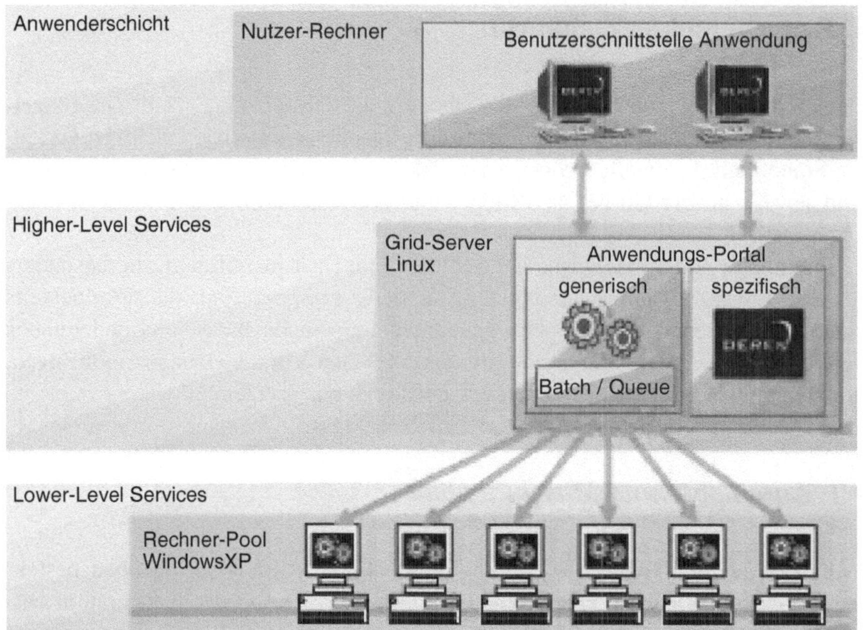

Abb. 6. Architektur PharmaGrid
Quelle: www.enterprisegrids.fraunhofer.de

Ein Beispiel einer Anwendung der PharmaGrid-Lösung stellt sich wie folgt dar: Über das auf die Anwendung zugeschnittene PharmaGrid-Portal kann der Nutzer rechenintensive Aufgaben definieren und mit den notwendigen Eingabedaten versehen. Der PharmaGrid-Server zerlegt die Eingabedaten automatisch in geeignete Teilaufgaben, die auf freie PCs im Rechner-Pool verteilt und dort parallel berechnet werden. Im Anschluss werden die Ergebnisse der Teilberechnungen wieder zusammengeführt und über das Portal dem Nutzer verfügbar gemacht.

4.4 Medien

Der Mediensektor ist durch eine breite Vielfalt und Fragmentierung gekennzeichnet: Einer geringen Anzahl größerer Player (Zeitungsverlage, Fernsehsender, Filmstudios) steht eine Vielzahl kleiner und mittlerer Unternehmen, wie z. B. Produktionsfirmen und spezialisierte Dienstleister gegenüber.

Die Zusammenarbeit dieser Akteure erfolgt jedoch derzeit nur in Ansätzen digital-vernetzt; hier stellt der Einsatz von Dynamic Services einen aussichtsreichen Lösungsansatz dar, wobei insbesondere der Film- und Fernsehbereich durch seine hohen Anforderungen bezüglich Datenvolumina und Interaktivität des notwendigen Zugriffs interessante Herausforderungen birgt und bereits intensives Interesse an Dynamic Services erkennen lässt.

5 Fazit und Ausblick

Mit der Nutzung von Dynamic Services können Anwender erhöhte Flexibilität in der Auslastung und somit eine leistungsfähige ICT erwarten. Die Kosten werden geringer ausfallen und klarer kalkulierbar sein. Sämtliche Leistungen werden ortsunabhängig von einem Anbieter bezogen und erbracht und ermöglichen eine schlanke und effiziente Unternehmensstruktur.

Projektspitzen werden für die ICT künftig kein Problem darstellen, da Ressourcen bedarfsgerecht und just-in-time bezogen werden können.

Dynamic Services stellt sowohl für Anwender als auch für Anbieter ein attraktives Nutzungskonzept dar, von dem beide Seiten profitieren können. Serviceprovider erzielen durch das One-to-many-Konzept eine bessere Auslastung ihrer eigenen Ressourcen, wodurch sich Skaleneffekte ergeben, die sie nutzen und an ihre Kunden weitergeben können.

Analysten messen dem Markt für dynamische Nutzungskonzepte eine immer größere Rolle bei. Das Marktvolumen soll bis 2012 gewaltig steigen. Laut der US-amerikanischen Unternehmensberatung Current Analysis Inc. ist T-Systems in Europa der Pionier in Bezug auf Dynamic Services. Denn die Telekom-Tochter gehört auf dem Kontinent zu den ersten Unternehmen, die alle Leistungen aus einer Hand und vollständig standardisiert anbieten.

Rechtliches Risikoprofil
von ERP-System-Verträgen

Viktor Foerster, Lisa Rattmann, Oliver Toufar

1 ERP-System-Verträge

Der Begriff Enterprise Resource Planning (ERP)[1] bezeichnet die unternehmerische Aufgabe, die in einem Unternehmen vorhandenen Ressourcen (Kapital, Personal, Betriebsmittel) möglichst effizient und wirtschaftlich unter Berücksichtigung der jeweiligen Branchenanforderungen einzusetzen. Unter einem ERP-System[2] versteht man die Konfiguration von SW-Managementmodulen eines bestimmten ERP-SW-Anbieters, insbesondere solcher zur Planung der unternehmerischen Ressourcen, zur Durchführung komplexer betriebswirtschaftlicher Funktionen und zur Unterstützung des Unternehmensmanagements. Unter ERP-System-Verträgen ist die vertragliche Rechtsgrundlage von ERP-Projekten zwischen Unternehmen und ERP-SW-Anbietern zu verstehen.

2 Intransparenz der Verträge der ERP-SW-Anbieter

In der nachfolgenden Tabelle sind die weltweit führenden ERP-SW-Anbieter aufgeführt. Diese bieten die Realisation von ERP-Systemen an. Aus den Internet-Auftritten[3] der jeweiligen ERP-SW-Anbieter ist aber weder ein einfach nachvollziehbares Vertragskonzept für die Realisation des jeweiligen ERP-Systems in einem Unternehmen erkennbar, noch präzisieren sie einheitlich die Bedingungen

---

[1] Ritter, S. 15; Schneider 1, S. 579.

[2] Kurbel, S. 241, definiert ERP-System als „Informationssystem, das Geschäftsprozesse und Geschäftsregeln sowohl innerhalb der Hauptfunktionsbereiche eines Unternehmens als auch über die Bereiche hinweg abbildet und teilweise oder ganz automatisiert." Mauth, S. 7–13, definiert ERP-Systeme „are embracing component technology, so you can maintain applications quicker and easier." Wallace, S. 6 ff. mit Hinweisen auf die historische Entwicklung von ERP seit 1960.

[3] Vgl. Abb. 1.

(z. B. in Form von Allgemeinen Geschäftsbedingungen) unter denen ihre SW-Produkte durch ein Unternehmen erworben werden können. Deshalb ist ein Vergleich der rechtlichen Rahmenbedingungen der ERP-SW-Anbieter – wenn überhaupt – nur im Einzelfall mit unverhältnismäßig hohem Aufwand möglich.[4]

Nr.	10/2007[5]	Internetadresse	Marktanteil 2005[6]	
			in %	Zuwachs[7]
1.	SAP ERP von SAP Deutschland	http://www.sap.com/germany/solutions/business-suite/erp/index.epx	28,7	+12,1
2.	E-Business Suite Release 12 von Oracle (USA)	http://www.oracle.com/lang/de/applications/e-business-suite.html	10,2	-28,0
3.	M3 7.1 von Lawson Software (USA)	http://www.lawson.com/wcw.nsf/pub/m3_763450	1,3	+1,7
4.	Infor CRM Epiphany von Infor Global Solutions (USA)	http://www.infor.de/loesungen/crm/	-	-
5.	Sage Office Line 3.4 (Großbritannien)	http://www.sage.de/smb/prodloes/bi/default.asp	7,4	+12,6
6.	Infor ERP LN von Infor Global Solutions (USA)	http://www.infor.de/unternehmen/news0707/webinare/	2,2	+3,2
7.	Microsoft Dynamics NAV 4.0 (USA)	http://www.microsoft.com/germany/dynamics/nav/default.mspx	3,7	+10,2

Abb. 1. Führende ERP-SW-Anbieter und ihre Marktanteile[8]

---

[4] Schmidt 1, S. 6 ff., spricht von einem undurchsichtigen, heterogenen und kaum überschaubaren ERP-Markt.

[5] Vgl. auch Kurbel, S. 33: Stand 2005.

[6] Quelle: Gartner Dataquest, ERP Software, Worldwide, 2005.

[7] Referenzjahr 2004, Zuwachs ausgedrückt in Prozent.

[8] Ein Funktionsvergleich der drei Anbieter (Nr. 1, 5, 7): Deininger, S. 1 ff.

3 Typische ERP-Funktionsbereiche/Module[9]

Die typischen Funktionsbereiche eines ERP-Systems[10] lassen sich generalisierend und unabhängig von dem jeweiligen ERP-SW-Anbieter wie folgt veranschaulichen:

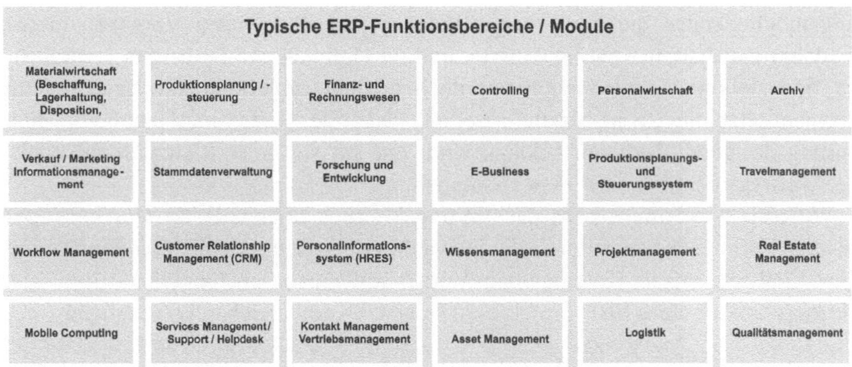

Abb. 2. Typische ERP-Funktionsbereiche/Module

Die Namen der Module sind für den jeweiligen ERP-SW-Anbieter Marketingtools und deshalb stark individualisiert und anglisiert.[11] Die Mehrzahl der ERP-SW-Anbieter haben ihre ERP-System-Module so ausgelegt, dass diese zunächst zwar vollständig installiert werden; nicht erworbene Module werden (zunächst) jedoch nicht aktiviert und auch nicht in die Vergütung für das ERP-System einbezogen.

4 Fehlende Erfahrung im Unternehmen mit ERP-Projekten

Die Durchführung eines ERP-Projektes in einem Unternehmen ist für alle Betroffenen regelmäßig ein Novum, welches zudem außerhalb der jeweiligen Kern-Kompetenz der Abteilungen und der Erfahrungen des Topmanagements liegt.[12]

---

[9] Schneider 1, S. 579, Fn. 2, nennt als typische Funktionsbereiche einer ERP-Software: Materialwirtschaft, Fertigung, Finanz- und Rechnungswesen, Controlling, Personalwirtschaft, Forschung und Entwicklung, Verkauf und Marketing. sage, spricht in Werbeunterlagen von Funktionalitäten Rechnungswesen, Warenwirtschaft, Produktion, Personalwirtschaft, Customer Relationship Management.

[10] Norris, S. 21 f., mit Hinweisen zu ERP Architekturen, insbesondere im Bereich von E-Business-Modulen; Dorrhauer, S. 55 ff., zur mehrstufigen Architektur von ERP-Systemen.

[11] Kurbel, S. 249, zitiert die Module des mySAP ERP (2004) aus einer Mischung deutscher und englischer Funktionsbegriffe.

[12] Schmidt 2, S. 7 ff., spricht von „unklar oder gar gänzlich fehlende Vorstellung von den eigenen Anforderungen an ein zukunftsorientiertes ERP-System". Dem Unternehmen fehle ein „ganzheitliches Bild der Auftragsabwicklungsprozesse".

Dies gilt i. d. R. auch für die Rechtsabteilungen dieser Unternehmen, die oftmals
zu allererst mit der rechtlichen Gestaltung eines ERP-System-Vertrages im eigenen
Unternehmen konfrontiert werden. Erschwerend kommt hinzu, dass die Rechtsberatung häufig erst zu einem sehr späten Zeitpunkt als Beitrag zur Risikoreduzie-
rung im Unternehmen erkannt und genutzt wird.

Zu diesem späten Zeitpunkt der ERP-Projektimplementierung sind die Gestal-
tungsmöglichkeiten durch die vorgefundenen präjudizierenden Vorgaben in der
bis dahin abgelaufenen Projektlaufzeit und im Hinblick auf die bereits verbrauch-
ten finanziellen Aufwendungen nur noch bedingt steuer- und korrigierbar. Im
Übrigen setzt die Rechtsberatung voraus, dass die Gestaltungsspielräume dem
Vertragsdesigner überhaupt bekannt sind, um auf sie unter Risikogesichtspunk-
ten[13] vertragsrechtlich einwirken zu können.

Wesentlich bestimmt wird das Vertragskonzept eines ERP-System-Vertrages
für den Vertragsdesigner durch das gewählte Vorgehensmodell[14] bei Einführung
eines ERP-Systems im Unternehmen. Vorher sollte man sich über die idealtypische
Vertragsstruktur eines ERP-Projektes in seinen 3 Kernbereichen verständigen.

5 Kernbereiche eines ERP-Projektes

Die Kernbereiche eines ERP-Projektes[15] lassen sich wie folgt darstellen:

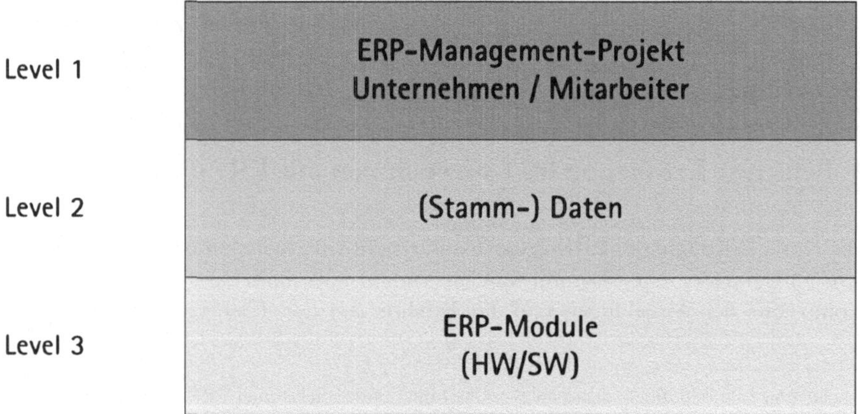

Abb. 3. Kernbereiche eines ERP-Projektes

---

[13] Zur bilanzsteuerrechtlichen Bewertung von Aufwendungen für ERP-Software vgl. BMF-Schrei-
ben vom 18.11.2005 – IV B 2 – S. 2172 – 37/05, abrufbar unter
http://www.bundesfinanzministerium.de oder BB 2005, 2743 f.

[14] Dorrhauer, S. 51 ff., Vorgehensmodelle/-konzepte im Bereich ERP.

[15] Wallace, S. 12 f., bezeichnet die Kernbereiche in ähnlicher Weise und beschreibt sein Vorgehensmodell (s. 30) als „The Proven Path: … There is a well-defined set of steps, which guaran-
tees a highly successful implementation in a short time frame, if followed faithfully and with
dedication".

In erster Linie (Level 1) ist ein ERP-Projekt eine an das Topmanagement adressierte Aufgabenstellung zur Erreichung der Unternehmensziele im globalen Wettbewerb.

In zweiter Linie (Level 2)[16] bezweckt das ERP-Projekt, den Mitarbeitern des Unternehmens die unternehmerischen (Stamm-) Daten sowie deren Struktur- und Erfassungsmethoden nach dem Anforderungsprofil des jeweiligen Unternehmens und seiner Branche in optimaler Weise zur Verfügung zu stellen.

Erst in dritter Linie (Level 3) spielen SW-Module eine Rolle, da diese nur der Erfüllung der Aufgabenstellung des Unternehmens und seiner Mitarbeiter dienen, indem die unternehmerischen (Stamm-) Daten intelligent, effizient und in Echtzeit zur Verfügung stehen.

6 Vertragsstruktur für ein ERP-Projekt

Die Vertragsstruktur für ein ERP-Projekt hängt im Wesentlichen von dem Vorgehensmodell ab, das das Unternehmen für die Realisationsphasen seines ERP-Projektes wählt. In der Praxis lassen sich typischerweise zwei extrem unterschiedliche Vorgehensmodelle der Realisierung von ERP-Projekten unterscheiden, nämlich:

- ERP-Projekt softwareorientiert (6.1), oder
- ERP-Projekt managementorientiert[17] (6.2).

Die beiden Vorgehensmodelle sind im Vergleich durch folgende Pyramidendarstellungen charakterisiert:

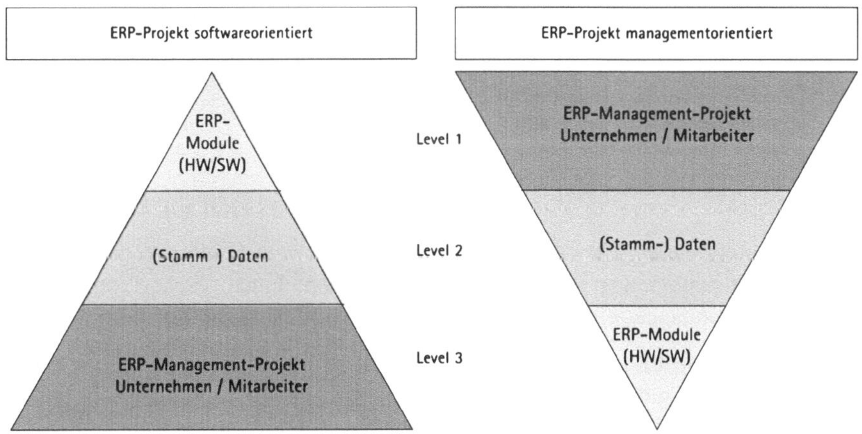

Abb. 4. Kernbereiche eines ERP-Projektes nach Vorgehensmodellen

---

[16] Wallace, S. 36, spricht plastisch von „Data Integrity".
[17] Wallace, S. 82 ff., beschreibt die Zielvorgaben des Top-Managements mit 4 Fragen: 1. What is ERP? 2. Is it for us? 3. Costs? 4. What will it save and benefit?; Schneider 1, S. 580, spricht lediglich von „Ermittlung der fachlichen Anforderungen".

6.1 ERP-Projekt softwareorientiert

6.1.1 Interessenlage des ERP-SW-Anbieters

Viele kleine und mittlere Unternehmer begreifen die Einführung eines ERP-Systems primär als ein SW-Implementierungsprojekt. Dementsprechend wird der ERP-Projektleiter aus der IT-Abteilung ausgewählt. Diese IT-Strategie wird von ERP-SW-Anbietern aus nachvollziehbaren Gründen – zum Nachteil des ERP-Management-Modells (6.2.) – unterstützt. Die ERP-SW-Anbieter haben nämlich primär kein Interesse an einer Soll-Analyse des Unternehmens, da sich aus dieser Analyse fast zwangsläufig eine Anforderungsliste (Compliance List) mit verbindlichen vertraglichen Regelungen zu deren Erfüllung durch den ausgewählten ERP-SW-Anbieter anschließen würde. Dieser erfolgsbezogene Charakter wird verständlicherweise von den ERP-SW-Anbietern gemieden; stattdessen versuchen sie, ihr Haftungspotenzial durch eine Vielzahl von verschiedenen Vertragsmodulen zu minimieren.

Ziel der ERP-SW-Anbieter ist es, Werkvertragselemente – verbunden mit dem diesem Vertragstyp innewohnenden erfolgsbezogenen Erfüllungs- und Haftungsmodell – zu ihren Gunsten zu vermeiden. Die ERP-SW in der Gestaltung einer Branchen-Standardlösung (z. B. Lebensmittelindustrie; Handel) ist der Maßstab, dem sich die Managementziele des Unternehmens ein- bzw. unterzuordnen haben. Das primär softwareorientierte Vorgehensmodell wird von ERP-SW-Anbietern in der Regel wie folgt begründet:

- Es handelt sich um eine eingeführte Branchenlösung mit Standardcharakter unter Hinweis auf Referenzen vergleichbarer Unternehmensgrößen.
- Durch das Zurverfügungstellen von SW-Modulen, die genau auf dieses ERP-SW orientierte Vorgehensmodell abgestimmt sind, wird die Implementierung vereinfacht und verkürzt.

6.1.2 Typische Interessenlage des Unternehmens

Das softwareorientierte Vorgehensmodell muss vor dem Hintergrund folgender typischer Fallgestaltungen in mittelständischen Unternehmen gesehen werden, die sich mit der Implementierung eines ERP-Systems auseinandersetzen:

- Die mangelnde Erfahrung der Unternehmer, die ein solch umfassendes ERP-Projekt nur in sehr großen Abständen durchführen und deshalb selbst keine eigene Sachkunde im Unternehmen vorhalten, führt dazu, dass diese für ein derartiges singuläres, aber gleichzeitig für das Unternehmen existenzielles ERP-Projekt nicht organisiert sind.
- Die ERP-SW-Anbieter suggerieren mit dem softwareorientierten Vorgehensmodell dem Unternehmen eine niedrige Projektkostenstruktur, bedingt durch den systematischen Einsatz von Standards und versprechen zusätzlich kurze

Projektlaufzeiten, wenn das Unternehmen auf eigene Zielvorstellung weitgehend verzichtet. Die Managementfunktionen und die Unternehmensorganisation werden nicht primär nach Vorgaben des Topmanagements in der ERP-SW angelegt, sondern vielmehr den vom ERP-SW-Anbieter mitgelieferten SW-Modulen der ERP-Struktur untergeordnet und soweit reduziert, dass das Unternehmen mit dem Standardinstrumentarium ohne Anpassungsprogrammierungen auszukommen glaubt.

- Zusätzlich gefördert wird dieses softwareorientierte Vorgehensmodell durch weitere vorkonfigurierte Lösungen in den beabsichtigten Einsatzbereichen und unter Berücksichtigung der relevanten Branchen. Dieses Vorgehensmodell verhindert, dass das Unternehmen originär eigene Managementziele für die mittlere Zukunft für sich verbindlich definiert und diese Ziele, im Rahmen der ERP-Einführung, verbunden mit systematischer Geschäftsprozessanpassung (top down) optimiert realisiert.[18]

- Unternehmen, die ein softwareorientiertes Vorgehensmodell wählen, sind meist kleine und mittlere Unternehmen (bis ca. 200 Mitarbeiter), die zur ERP-Einführung durch äußere Faktoren (partieller Zusammenbruch der IT-Infrastruktur; negative Analysen durch Unternehmensberater und dementsprechende negative Rankings bei ihren Banken) mehr oder weniger gezwungen werden.[19] In der Regel zeichnen sich solche Unternehmen dadurch aus, dass ihnen nur limitierte finanzielle Ressourcen zur Verfügung stehen, verbunden mit dem erheblichen Zeitdruck, das ERP-System so schnell wie möglich einzuführen. Das softwareorientierte Verfahrensmodell suggeriert die Abschätzbarkeit des Risikos, führt aber im Gegenzug zur Unterordnung eigener Unternehmensziele unter SW-Standardlösungen. Diese Einschätzung bei Projektbeginn erweist sich bei der Durchführung dieses Vorgehensmodells i.d.R. als substanziell mangelhaft. Verlockend ist das softwareorientierte Einführungsmodell hauptsächlich für Unternehmen, die bislang eine heterogene SW-System-Landschaft mit einer Vielzahl von individuellen Schnittstellen verwalten. Wegen der unzumutbaren manuellen Interaktion (sog. Excel-Reporting), um die Daten unterschiedlicher Systeme überhaupt zu einer unternehmerischen Bewertung heranziehen zu können, ist den bestehenden SW-Lösungen ein zeitgerechtes Management-Informationssystem nicht zu entnehmen: Das Management kann mangels Information über Prozesse und Ressourcen rational nicht gestaltet werden. Dieser

---

[18] Monk, S. 35, beschreibt den Zustand von Top-Management plastisch: „Some executives blindly hope that new software will cure fundamental business problems that are not curable by any software. Some executives … don't take enough time for a proper analysis during the planning and implementation phase."

[19] Spätestens mit dem Gesetz zur Kontrolle und Transparenz im Unternehmen (KonTraG; Bergr. D. BReg.im REG E vom 28.01.1998, BT-Dr. 13/9712) sind die davon betroffenen Vorstände und Geschäftsführer aufgerufen, die Zielvorgaben des Gesetzes in ihrem Verantwortungsbereich nachhaltig umzusetzen, damit existenzgefährdende Risiken für das Unternehmen rechtzeitig identifiziert und abgewehrt werden können; vgl. Hüffer, § 91, Rdnr. 6 + 8; Baumbach, vor § 35, Rn. 11 ff.; Lange 2, § 6, Rdnr. 1 ff.]. Damit besteht für das Topmanagement die gesetzliche Verpflichtung zur Risikoerkennung und -bewältigung.

Mangel wird durch einzelne, durchaus funktionierende Insellösungen[20] überbrückt, die aber nicht zu einer Echtzeittransparenz der unternehmerischen Daten und somit auch nicht zu einem Gesamtanalysebild führen.

- Das softwareorientierte Vorgehensmodell wird auf Anraten der ERP-SW-Anbieter von dem Unternehmen insbesondere dann gerne gewählt, wenn das Management es scheut, vorhandene Strukturen und damit verbundene Besitzstände von Abteilungen und einzelnen Key-Mitarbeitern nachhaltig zu Gunsten von zukunftsweisenden Managementtools zu verändern.
- Die Managemententscheidung zu Branchenstandardlösungen eines softwareorientierten Vorgehensmodells wird auch durch die Aussicht motiviert, im Unternehmen bestehende proprietäre SW-Schnittstellen zu bestehenden Systemen in Zukunft nicht mehr pflegen zu müssen, insbesondere weil weder die HW, noch die SW von den ursprünglichen Anbietern unterstützt werden und es zunehmend an Fachleuten fehlt, die diese Leistungen zu angemessenen Kosten erbringen können.

6.1.3 Enterprise Application Integration (EAI)

Versuche, die heterogenen IT-Strukturen in einem Unternehmen auf eine gemeinsame Plattform zu transferieren, sind im Rahmen einer Enterprise Application Integration (EAI) vielfach unternommen worden. Diese Lösungen basieren auf einer EAI-SW, die die vorhandenen unterschiedlichen Systeme über eine zentrale Kommunikation zu verwalten und zu steuern versucht. Diese Methode kann aber nur als Übergangslösung begriffen werden, da mittelfristig das Unternehmen das Ziel der Vereinheitlichung der SW-Applikationen nachhaltig einfordern wird. Solange keine Vereinheitlichung erfolgt ist, erfordert dies eine mehrfache Vorhaltung von HW und SW an den verschiedenen Standorten sowohl personell als auch organisatorisch.

6.2 ERP-Projekt managementorientiert

Wesentlich anspruchsvoller und zukunftsweisender ist das Vorgehensmodell, bei dem das Topmanagement die bestehenden Geschäftsprozesse auf ihre qualitative und quantitative Optimierung bewertet, analysiert und in die absehbare Zukunft projiziert. Zentrale Leitgedanken sind die vom Management des Unternehmens formulierten Unternehmensziele, die dann heruntergebrochen werden auf die einzelnen Funktionen des Unternehmens (Vertrieb, Fertigung, Logistik, Controlling etc.) und die diesen zugeordneten Funktionsbereiche. Aus dieser Analyse ist eine

---

[20] Kunkel, S. 242, beschreibt die drei Problemcharakteristika von Insellösungen plastisch wie folgt: 1. Redundanz (mehrfach gleiche Datenerfassung) 2. Inkonsistenz (der erfassten Daten) 3. mangelnde Integrität (unkorrekte Ergebnisse).

Soll-Organisation zu entwickeln, die dann das Auswahlverfahren für ein geeignetes ERP-System bestimmt. Diese Maßnahmen setzen eine Grobplanung und eine Abbildung der Funktionen im Rahmen der Compliance List Analyse voraus, in der durch den ERP-SW-Anbieter dem Unternehmen bestätigt wird, dass die geforderten Funktionen durch die ERP-SW optimal erfüllt werden. Hier führen in der Bewertung eindeutig die Managementziele[21], an zweiter Stelle folgen dann die Notwendigkeit der Analyse der Unternehmensdaten und die vom Unternehmen in diesem Zusammenhang vorzunehmenden Investitionen (z.B. Einführung von RFID in der Lagerhaltung; Vereinheitlichung von (Stamm-) Daten im Unternehmen; Hochlagerinvestition etc.). Erst danach erfolgt die Umsetzung des ERP-Projektes mit einer geeigneten ERP-SW, die zur Verwirklichung der Unternehmensziele und unter Berücksichtigung der bereinigten und vereinheitlichten (Stamm-) Daten eingesetzt wird.[22]

6.3 Planung des ERP-Projektes in Phasen[23]

Je nachdem, welchem Vorgehensmodell das Unternehmen sich tendenziell mehr verbunden fühlt, wird auch die Vertragsstruktur unterschiedlich zu gestalten sein, allerdings mit einem deutlich zu unterscheidenden Risikoprofil. Dies setzt für den Designer von Verträgen im Zusammenhang mit einem ERP-Projekt voraus, dass dieser sich einen detaillierten Überblick über die Vorgehensweise des Topmanagements im ERP-Projekt verschafft. Voraussetzung dafür ist ein detaillierter Phasenprojektplan[24] mit entsprechenden Milestones nach Abschluss jeder Phase (vgl. Abb. 5), unter Berücksichtigung des gleichzeitig definierten Master Time Schedules, das die übergeordneten Terminziele beinhaltet. Das Phasenmodell hat den Vorteil, dass der Unternehmer nach jeder Phase überprüfen kann, ob er die beim jeweiligen Phasenbeginn aufgestellten Ziele erreicht und ob er mit dem Ergebnis der jeweils abgearbeiteten Phase davon überzeugt ist, dass er die nächsten Phasenziele erreichen kann. Falls nicht, muss der ERP-System-Vertrag Mechanismen vorsehen, um diese Fehlentwicklung effizient und nachhaltig auch gegenüber dem ERP-SW-Anbieter zu beseitigen.

Das Phasenmodell[25] für ein ERP-Projekt kann idealtypisch wie folgt dargestellt werden:

---

[21] Wallace, S. 84 f., fordert neben der Festlegung der Managementziele die Formulierung eines „Vision Statement" und bewertet dies: „it's worth its weight in gold".

[22] Wallace, S. 195 f., rügt zu Recht, dass Unternehmen sich zu sehr auf die SW fixieren und nicht ihre eigentlichen Hausaufgaben machen, nämlich die Datenintegrität herzustellen.

[23] Ritter, S. 89 f., geht von einem 6-Phasen-Modell aus; Schneider 1, S. 610, spricht von Phasenkonzept als methodische Analyse der Aufgabenstellung, woraus ein sinnvolles Raster für die Bewältigung eines bestimmten Aufgabentyps hervorgeht.

[24] Schneider 1, S. 610 ff.

[25] Schmidt 1, S. 6 ff., stellt ein „3PhasenKonzept" zur Bewertung und Auswahl von Standard-ERP-/PPS-Systemen vor: 1. Organisationsauswahl; 2. Vorauswahl; 3. Endauswahl.

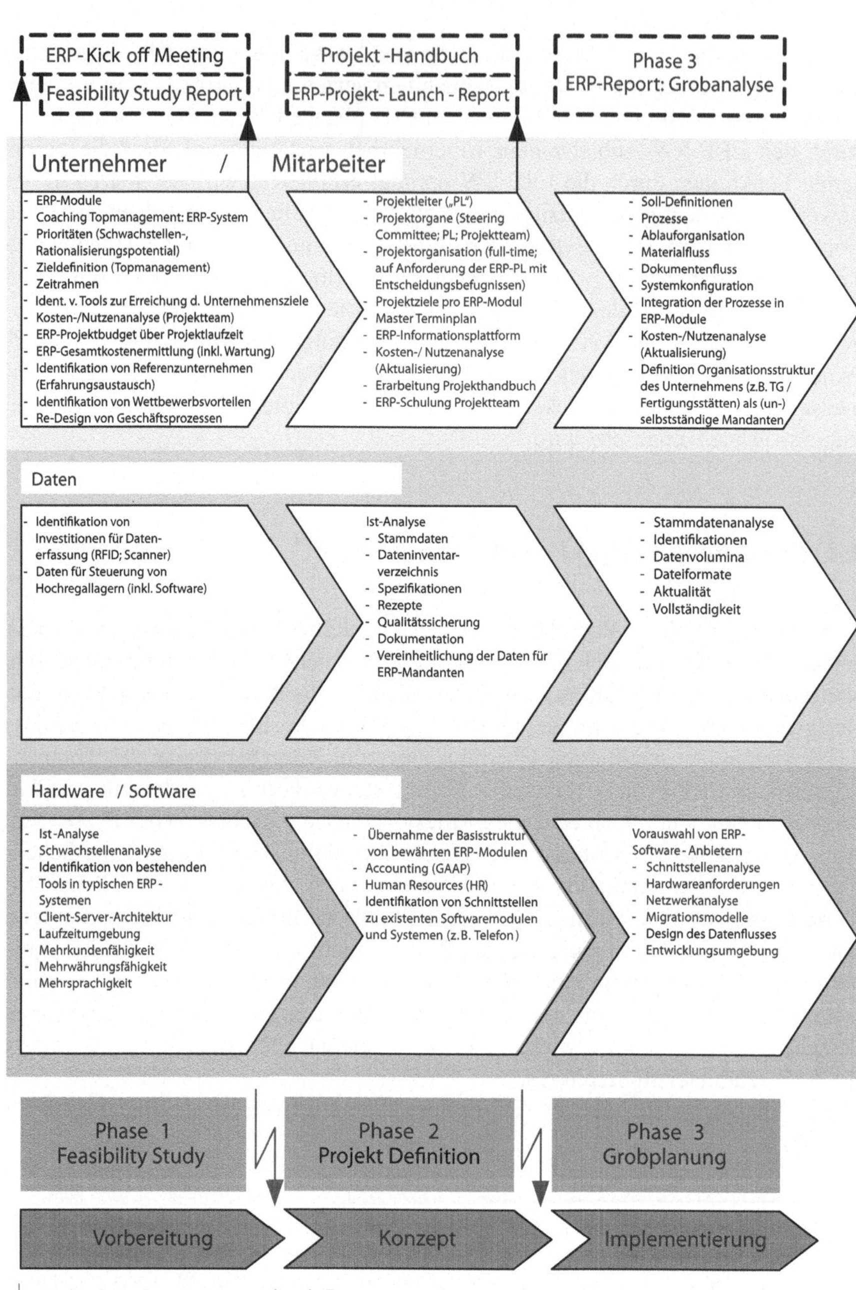

Abb. 5. Typisiertes Phasenmodell für ein ERP-Projekt[26]

---

[26] Das Phasenmodell (s. 10–12) kann als Grafik im DIN-A3-Format unter www.fr-lawfirm.de/ERP/Grafiken.html heruntergeladen werden.

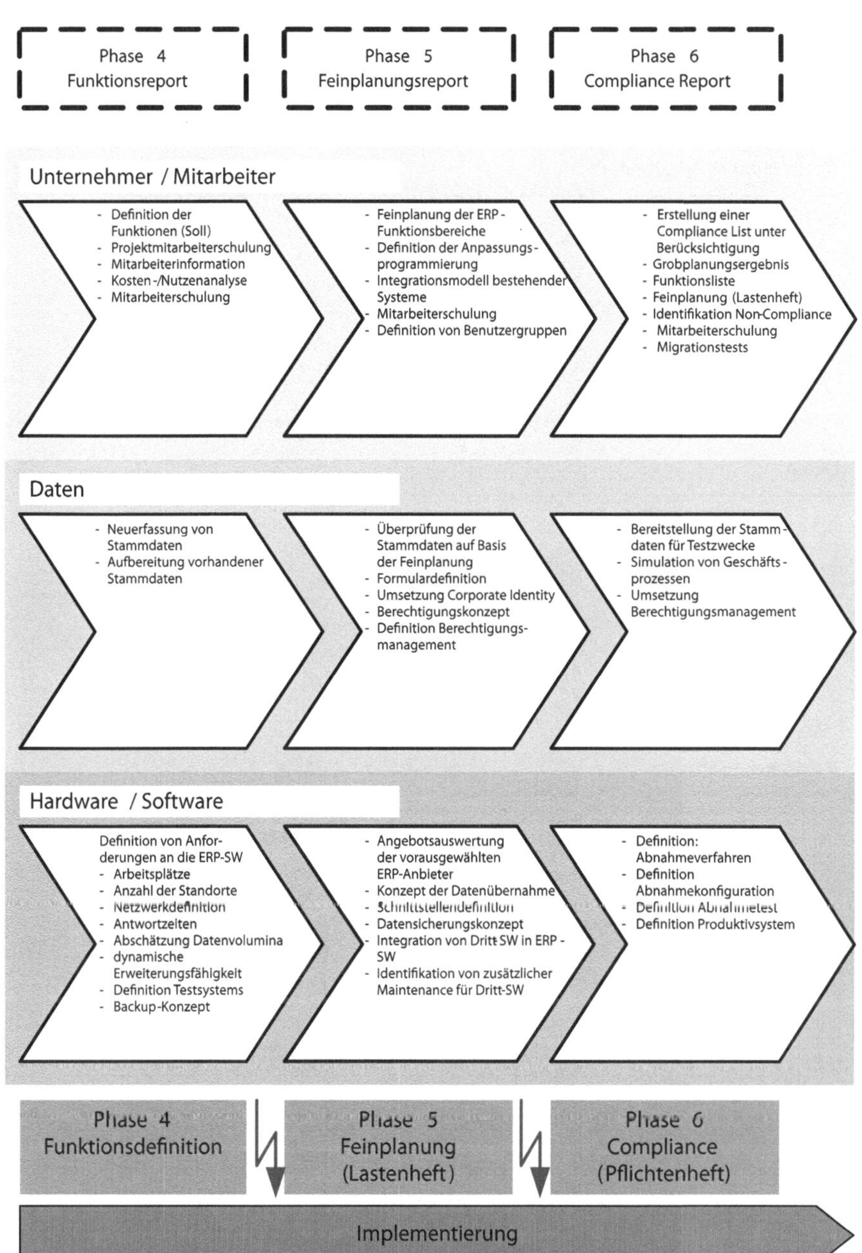

Abb. 5. Fortsetzung

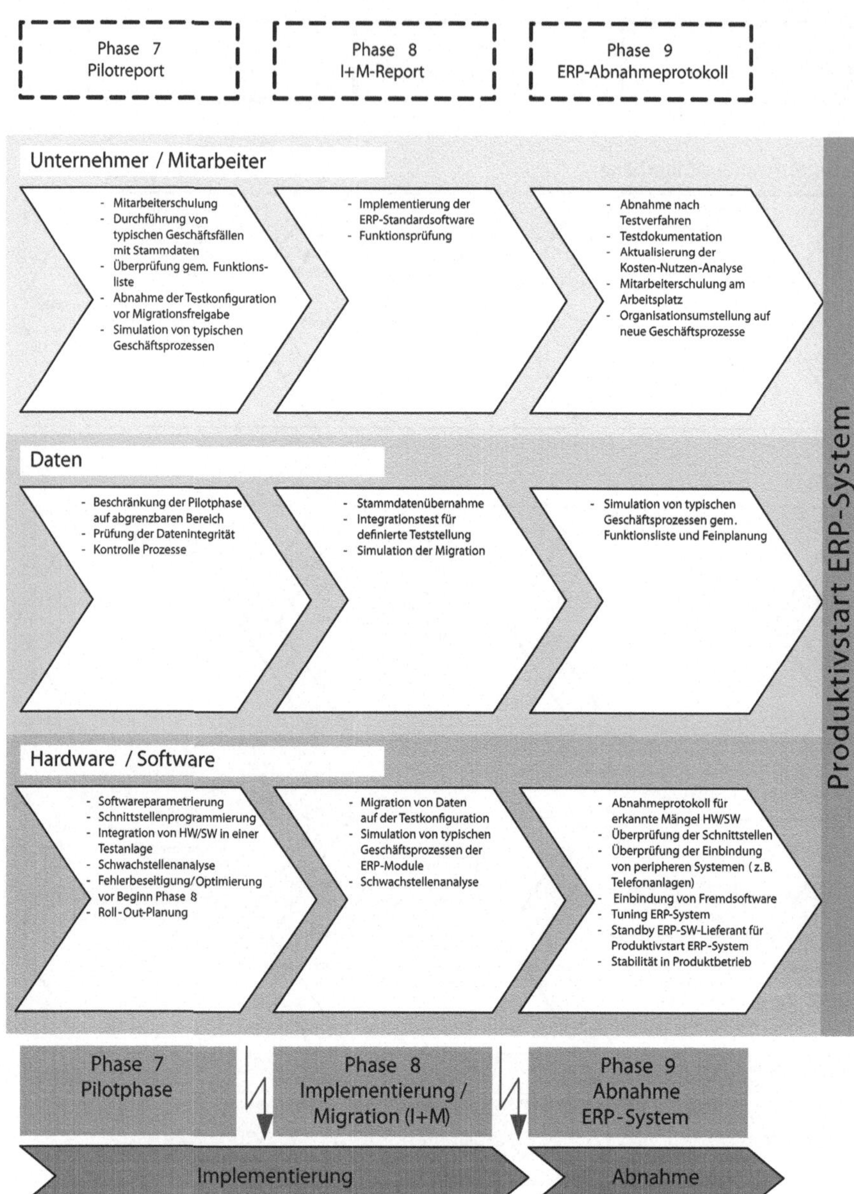

Abb. 5. Fortsetzung

7 Das Vertragsdesign bestimmende typische Sachverhalte

Erst wenn feststeht, in welchen Unternehmenseinheiten (Tochtergesellschaft; Fertigungsstätte, Zweigniederlassung etc.) das ERP-System eingeführt werden soll, der ERP-SW-Anbieter sowie die benötigten ERP-Module ausgewählt wurden und die Reihenfolge ihrer Einführung feststeht, ist der Vertragsgegenstand für einen ERP-System-Vertrag bestimmbar und kann vom Vertragsdesigner umgesetzt werden. Zusätzlich muss der Vertragsdesigner sich das potentielle Risikoprofil des ERP-Projektes dadurch erschließen, dass er sich vorher mit Sachverhalten auseinandersetzt, wie:

- Allgemeine Grundsätze der Vertragsgestaltung[27] und der Typisierung von Verträgen[28];
- Analyse der Vertragsvorschläge der ERP-SW-Anbieter und deren konzeptioneller Hintergrund (Vorgehensmodell);
- Identifikation des vom Unternehmen gewollten Vorgehensmodells;
- Kenntnis über Planung des ERP-Projektes in Phasen und Milestones (s. Abb. 5);
- Festlegung des Managements für das ERP-Projekt (s. 7.1);
- Planung der ERP-Systemarchitektur HW/SW (z. B. ASP; s. 7.2);
- Identifikation der Implementierungsmethode des ERP-Systems (s. 7.4);
- Kosten-/Nutzen-Analyse (s. 7.5).

Darüber hinaus muss dem Vertragsdesign eine eingehende Sachverhalts- und Gestaltungsanalyse vorausgehen. Diese umfasst Themen wie z. B. SLA[29]; ASP[30] (s. 10.3.3), Schnittstellenanpassungen, Test- und Abnahmeverfahren, Behandlung des Source Code und dessen insolvenzsichere Absicherung (s. 10.1.4) sowie Haftungs- und Verzugskonsequenzen bei der Projektdurchführung. Einige dieser Sachverhalte werden im Folgenden vertiefend dargestellt, um die Relevanz für das Vertragsdesign und die daraus zu entwickelnden Vertragsmodule zu veranschaulichen.

7.1 Projektmanagement des ERP-Projektes

Das Projektmanagement des ERP-Projektes ist für die Gestaltung von ERP-System-Verträgen von nicht nur untergeordneter Bedeutung, da diese Funktion auch in dem

---

[27] Verweyen, S. 185 ff. Dieses Anforderungsprofil zur Erstellung von Verträgen sollte Maßstab und Basiswissen für jeden Praktiker sein.

[28] Ritter, S. 340 f., der aber die Terminologie der Schuldrechtsreform (01.01.2002) außer Acht lässt; Schneider 1, S. 593, für Praktiker einprägsame Übersichtsgrafik zur Vertragstypisierung.

[29] SLA = Service Level Agreement; vgl. hierzu v. Westerhold, CR 2002, 81 ff (87).

[30] ASP = Application Service Providing.

projektbezogenen Workflow entsprechend gestaltet und abgebildet werden muss. Dies gilt insbesondere für die Regelungsnotwendigkeit des so genannten Change Request Verfahrens (Anlage 12 zum ERP-Umbrella Agreement, s. Abb. 17).

Die typische Projektorganisation in mittelständischen Unternehmen mit mehr als 200 Mitarbeitern ist in der nachfolgenden Abbildung dargestellt. In Unternehmen mit weniger Mitarbeitern wird das ERP Steering Committee[31] in der Regel durch den Geschäftsführer des Unternehmens ersetzt.

ERP Steering Committee						
Topmanagement						
Federführer		N.N.		N.N.		
Projektleiter						
Abteilung	Abteilung	Abteilung	Abteilung	Abteilung	Abteilung	Abteilung
Einkauf	Verkauf	Produktion	QS	HR	...	IT
N.N.	N.N.	N.N.	N.N.	N.N.	N.N.	N.N.
Stell-vertreter	Stell-vertreter	Stell-vertreter	Stell-vertreter	Stell-vertreter	Stell-vertreter	Stell-vertreter
ERP-Projekt-Team						

Abb. 6. Managementorganisation eines ERP-Projektes

Die Vertretung von Mitgliedern des Top-Managements im Steering Committee muss durch Personen erfolgen, die materielle Entscheidungsbefugnis haben.

---

[31] Projektsteuerungsgremium.

7.2 Application Service Providing (ASP)[32]

Kleinere und mittlere Unternehmen tendieren dazu, die immer komplexer werdenden Anforderungen an HW und SW von ERP-Systemen nicht mehr im eigenen
Haus unter eigener Verantwortung der IT-Abteilung zu führen, sondern die Ebenen
der Application- und der Datenbank-Server (mit den damit verbundenen Betriebssystemen) zum ERP-SW-Anbieter oder zu einem darauf spezialisierten ASP-Be-
treiber outzusourcen[33].

Ziel solcher Unternehmen ist es, die notwendige Business-ERP-SW durch Dritte betreiben zu lassen. Der Betrieb wird in der Regel über eine zeit- und nutzungsabhängige Vergütung abgegolten. Die Verbindung zwischen dem externen Dienst-
leistungszentrum und dem outsourcenden Unternehmen erfolgt in der Regel über
Mietleitungen oder über das Internet. Komprimiert lassen sich die Vor- und Nachteile einer solchen Unternehmensstrategie wie folgt gegeneinander abwägen:

Vorteile	Hohe Absicherung der Verfügbarkeit des ERP-Systems in professioneller IT-Umgebung (Key-Kompetenz des ASP-Betreibers). Diese Key-Kompetenz (personell, technisch und organisatorisch) kann wegen der einmaligen Investition für die Nutzung durch mehrere outsourcende ERP-System-Nutzer optimal vom ASP-Betreiber ausgestattet und unterhalten werden.
	Reduktion des Beschaffungsrisikos von HW- und SW-Systemen durch das outsourcende Unternehmen.
	Verantwortung des Anbieters für einen kontinuierlichen Betrieb von HW- und SW-Systemen.
	Keine Investition zum eigenen Know-How-Aufbau für derartige IT-Dienstleistungen im outsourcenden Unternehmen; vielmehr Konzentration auf eigene Kompetenzen des Unternehmens in seiner Branche.
	Kostenstruktur der Outsourcing-Leistungen transparent und langfristig planbar für das Budget des outsourcenden Unternehmens.

Abb. 7. Vor- und Nachteile von ASP

---

[32] Schneider 1, S. 53 (54), spricht von ASP-Modulen und ordnet sie einer Kombination aus
Miet- und Werkvertragsrecht zu; Peter, CR 2005, 405, mit Schwerpunkt Verfügbarkeit von
Dienstleistungen im Rahmen von ASP Verträgen; Bettinger, CR 2001, 730, mit Darstellung
der unterschiedlichen Geschäftsmodelle und dem Versuch einer rechtlichen Qualifizierung;
v. Westerhold, CR 2002, 81, mit dem Versuch der Abgrenzung ASP-Verträge zu Outsourcing-
Verträgen; Röhrborn, CR 2001, 69 ff., mit der Zuordnung von Vertragstypen und dem deutlichen
und berechtigten Hinweis, dass der Kernbereich der Vertragsgestaltung in der Definition des
Leistungsgegenstandes liegt.

[33] Staub, S. 63 ff. zur Rechtslage in der Schweiz.

Nachteile	Die Geschäftsprozesse des ERP-Systems werden extern verwaltet. Dadurch besteht eine faktische Abhängigkeit vom ASP-Betreiber. Der Ausfall des ASP-Betreibers (z. B. Insolvenz) würde zu einer existenzbedrohenden Situation für das outsourcende Unternehmen werden.
	Eingeschränkte Flexibilität für unternehmerische Anpassungswünsche, da diese bestimmt werden durch die Interessen des ASP-Betreibers und deren Verwertbarkeit für andere Kunden des ASP-Betreibers.
	Datenschutz und -sicherheit werden alleine vom ASP verantwortet. Die Missbrauchsgefahr ist durch das outsourcende Unternehmen weniger beherrschbar.
	ERP-System-Know-How des outsourcenden Unternehmens wird zunehmend auf das Frontend der grafischen Benutzeroberfläche des ERP-Systems konzentriert. Die Systemarchitektur der zweiten (Application-Server) und dritten Ebene (Datenbank-Server) entzieht sich zunehmend dem Know-How-Zugriff des outsourcenden Unternehmens. Dies erschwert ein etwaiges späteres „insourcing".
	Kosten-Nutzenanalyse ist in der Regel kein motivierendes Kriterium, den Outsourcing-Vorgang voranzutreiben, da die lifecycle-Kosten der Inhouse-Lösung den Kosten der Outsourcing-Lösung in etwa entsprechen.

Abb. 7. Fortsetzung

7.3 *Anpassung der ERP-Standard-SW*

Für die notwendige Anpassung von ERP-Standard-SW[34] an die Anforderungen des jeweiligen Unternehmens lassen sich grundsätzlich drei Methoden unterscheiden, die im ERP-Projekt kumulativ zur Anwendung kommen können.[35]

7.3.1 Parametrisierung

Die Parametrisierung bedarf neben der Schulung des Key-Personals (PL, Projektteam) lediglich einer on demand Unterstützung durch den ERP-SW-Anbieter (evtl. über das Telefon), wobei die Leistung im Rahmen eines Dienstleistungsvertrages erbracht wird. Wesentlich ist dabei, im Vertrag die Methode der Zeiterfassung, die Ergebnisdokumentation der Beratung sowie effektive Response-Zeiten und die Konsequenzen ihrer Nichterfüllung (z. B. Vertragsstrafe) zu regeln.

---

[34] Schmidt 2, S. 10, nennt folgende zusätzliche typische Anpassungshilfsmittel: Modularisierung; Listen-, Masken- und Programmgenerator; Regelwerk.
[35] Kurbel, S. 414 ff.

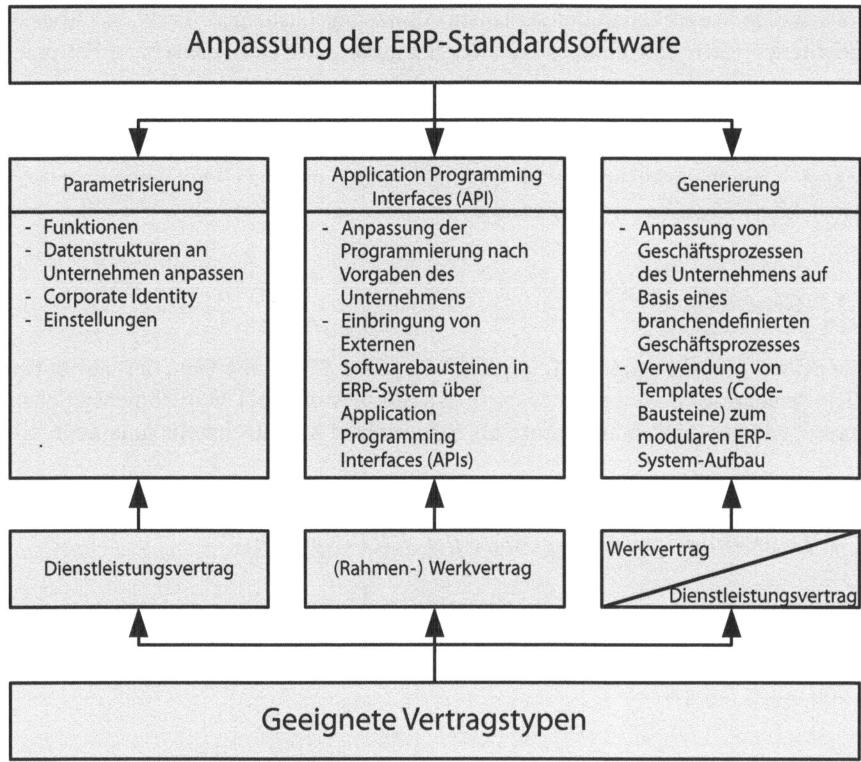

Abb. 8. Anpassung der ERP-Standardsoftware

7.3.2 Application Programming Interface (API)[36]

API ist eine „Schnittstelle mit Befehlen, ggf. Routinen und/oder Makros, die von einem Betriebssystem oder einer Betriebssystemerweiterung (z. B. für die Benutzung eines Netzwerkes) bereitgestellt wird. Anwendungsprogramme können dann diese Schnittstelle benutzen, um das Betriebssystem zur Ausführung der dieser Schnittstelle verborgenen und durch sie bereitgestellten Aktionen zu veranlassen."[37] Anpassungsprogrammierungen, die eine Veränderung oder Erweiterung des Quellcodes des entsprechenden ERP-Standard-Moduls erfordern, sind in der Regel vom Systementwickler durchzuführen.[38] Der API-Vertrag ist am sachgerechtesten in der Form eines Werkvertrages[39] zu gestalten. Entscheidend ist eine

---

[36] Kurbel, S. 415.

[37] http://www.zdnet.de/glossar/; Internetabruf am 17.10.2007.

[38] Schmidt 2, S. 10, weist für Anpassungsprogrammierungen zu Recht darauf hin, dass damit die Release-Fähigkeit nur noch mit Einschränkungen gewährleistet ist.

[39] Vgl. §§ 631 ff. BGB; Kernelement des Werkvertrages ist seine Erfolgsbezogenheit (im Gegensatz zum Dienstvertrag, bei dem die Tatsache der Leistungserbringung des Dienstleisters ohne Erfolgsverantwortung für einen gewissen Zeitraum im Vordergrund steht).

vollständige Spezifikation der geplanten Anpassungsleistungen, Tests und Abnahmekriterien sowie eine überprüfbare Vergütungsstruktur (z. B. pauschaler Festpreis für einzelne Teilleistungen, z. B. für Anpassungsmaßnahmen). Falls sich mehrere Anpassungsprogrammierungen im Rahmen der Phasen bis zur Feinplanung bereits abzeichnen, sollte ein API-Rahmenvertrag abgeschlossen werden, bei dem die einzelnen Anpassungsleistungen im Rahmen einer einfachen Dokumentation und Abwicklung zugeführt werden können.

7.3.3 Generierung

Die dritte Form der Anpassung der ERP-Standard-SW ist die Generierung: In der ERP-Standard-SW ist branchenspezifisch für bestimmte Unternehmensgruppen deren typisches Anwendungsprofil als „Customized Modell" bereits hinterlegt.

7.4 Implementierungsmethode des ERP-Systems[40]

Es lassen sich grundsätzlich drei Implementierungsmethoden[41] unterscheiden:

- Parallelbetrieb (7.4.1)
- Pilotphase (7.4.2)
- „Big Bang" (7.4.3)[42]

7.4.1 Parallelbetrieb

Der Parallelbetrieb des bisherigen Systems im Unternehmen und dem neuen ERP-System setzt voraus, dass die Systeme, insbesondere die HW, uneingeschränkt voneinander parallel operieren können. Selbst wenn ein derartiger Parallelbetrieb möglich ist, wird man am Ende auch hier trotz sorgfältiger Analyse das kleine „Big Bang"-Erlebnis nicht vermeiden können, wobei dieses Risiko am ehesten beherrschbar sein dürfte.

7.4.2 Pilotphase

In der Pilotphase wird von einer simulierten HW/SW-Konfiguration, die die wesentlichen Geschäftsprozesse umfassen sollte, in einem parallelen System die

---

[40] Ritter, S. 453 ff., mit anschaulicher grafischer Aufbereitung; Schneider 1, S. 244 f., 585, 618 (Definitionen und Vertragsklauseln).
[41] Monk, S. 35, beschreibt plastische Beispiele aus der US-Praxis, welche Risiken sich in ERP-Projekten in der Implementierungsphase realisiert haben.
[42] Wallace, S. 222, mit dem eineindeutigen Hinweis „Don't do it."; Dorrhauer, S. 48 f. äußert sich ebenfalls kritisch zu dieser Implementierungsmethode.

Implementierung des ERP-Systems von der Projektleitung vorbereitet. Erst wenn die Pilotphase zu verwertbaren Ergebnissen führt, wird als nächster Vorgehensschritt in einem Phasenmodell der Produktivstart des ERP-Systems von der Projektleitung geplant und angestoßen.

7.4.3 „Big Bang"

Hier wird angenommen, dass das alte System von einer Minute auf die andere durch das neue ERP-System ersetzt wird. Dies wird z. B. dadurch erreicht, dass das neue ERP-System an arbeitsfreien Tagen aufgespielt wird, in der Hoffnung, dass dann das System beim nächsten Arbeitstag bereits so funktional ist, dass das Unternehmen seiner gewohnten Tätigkeit nachgehen kann. Diese Vorgehensweise stellt das höchste Risiko der Implementierungsmethoden eines ERP-Systems dar.

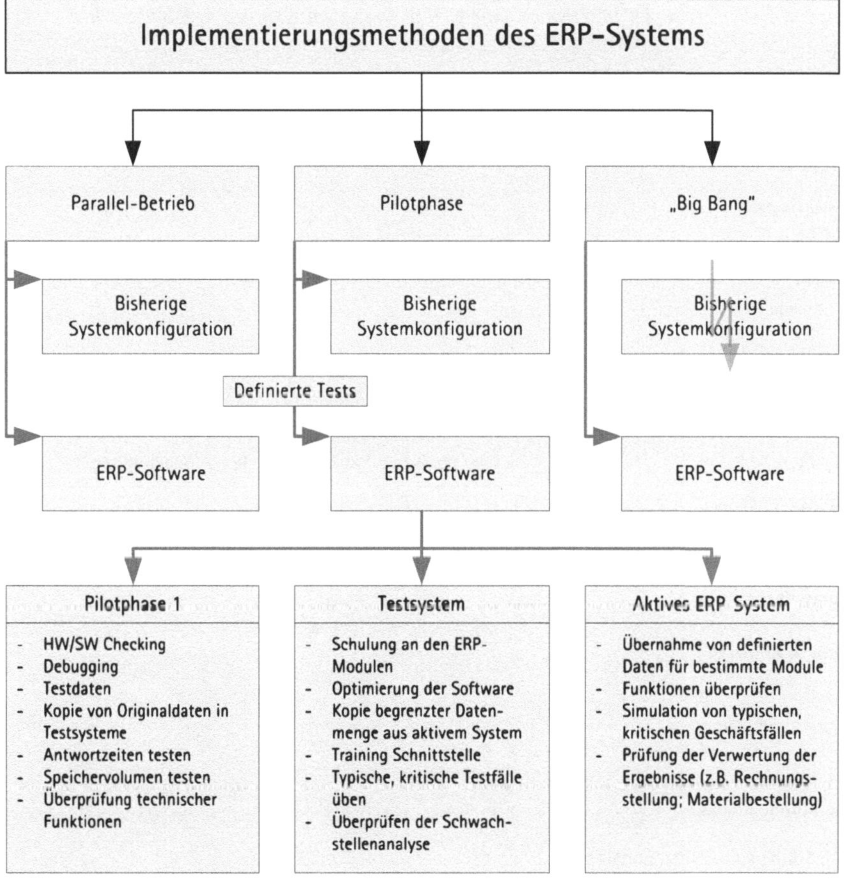

Fig. 9. Implementierungsmethoden des ERP-Systems

7.5 Kosten-/Nutzen-Analyse

Eine Kosten-/Nutzen-Analyse[43] sollte das ERP-Projekt von Anfang an begleiten. Nach jedem Phasenabschluss (s. Abb. 5) sind die Ist- und Soll-Werte in Bezug auf Kosten und Nutzen transparent darzustellen. Ergibt sich während des Projektablaufes eine wesentliche Schere zwischen Kosten und Nutzen, so hat die Projektleitung die Unternehmensleitung zu informieren und die notwendigen Maßnahmen zu treffen, um die ursprünglichen Ziele, die sich das Unternehmen mit der Einführung des ERP-Systems versprochen hat, zu überprüfen und die Gründe zu identifizieren, die zu dieser Abweichung geführt haben. Dazu müssen im Vertrag Reaktionsmechanismen vorgesehen werden (z. B. Suspendierung; Teilkündigung; Bonusregelung). Eine typische Methode, eine solche transparente Kosten-/Nutzen[44]-Analyse strukturiert durchzuführen, ergibt sich aus nachfolgender Abbildung:

Kosten	Kosten für	Einmalig	Jährlich	Begründung

Level 1
ERP-Management
Projekt
Unternehmen /
Mitarbeiter
	- Steering Committee
	- PL
	- ERP-Projektteam
	- Coaching Top-
	  Management
	- Workshops: ERP-
	  Projektteam			

Level 2 (Stamm-) Daten				
Level 3 ERP-Tools (HW/SW)				
Anpassungs- programmierung/ Customizing				
Schnittstellenbe- arbeitung / Integrat. SW Dritter				

Nutzen	%	Umsatz p.a.	Sonst. Vorteile	Begründung
Erhöhung der Produktivität				
Reduktion der Lagerhaltung				
Work in Progress				
Personalreduktion				
Ungeplanter Überstundenabbau				

Abb. 10. Kosten-/Nutzenanalyse

---

[43] Wallace, S. 94 f., betont die Bedeutung eines solchen projektbegleitenden Analyseinstruments.
[44] Kurbel, S. 15 f., unterscheidet zwischen direkten und indirekten Nutzeffekten.

8 Vertragsmodule für Vorgehensmodelle

Unter Berücksichtigung der beiden gegensätzlichen Vorgehensmodelle lässt sich das dadurch bedingte unterschiedliche Vertragsdesign mit den entsprechenden Vertragsmodulen wie folgt beschreiben:

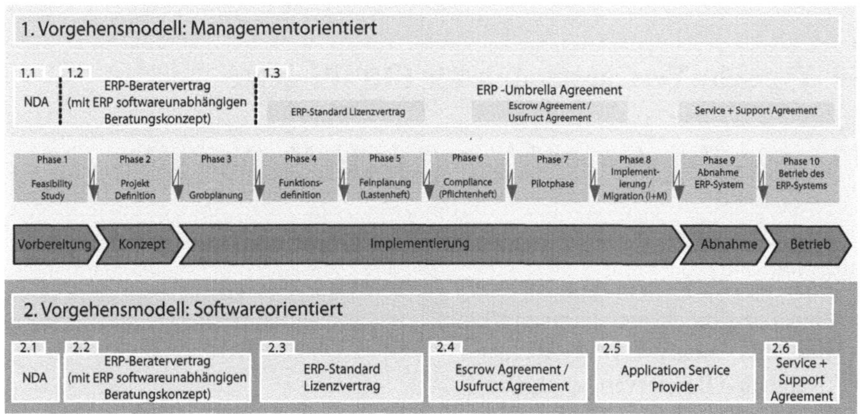

Abb. 11. Vertragsaufbau nach management- und softwareorientiertem Vorgehensmodell[45]

Bei der Analyse eines ERP-System-Vertrages lassen sich in typisierender Weise folgende Unterscheidungen treffen (vgl. jeweils Abb. 11):

- Vorgehensmodell managementorientiert: ERP-Umbrella Agreement (1.3),
- Vorgehensmodell softwareorientiert: typische Vertragsmodule (2.1–2.6),
- vom Vorgehensmodell unabhängige Vertragsmodule (z. B. 1.1).

9 ERP-System-Vertrag: Vertragsunabhängiger Inhalt

Die in der Abb. 11 (dort 1.1 bis 2.6) aufgezeigten Vertragsmodule für ERP-Systeme beinhalten einen großen Umfang von notwendigen Regelungen, die unabhängig vom IT-relevanten Vertragsinhalt eines ERP-System-Vertrages festgelegt werden können. Dabei handelt es sich um Elemente wie z. B. Präambel, Anwendbares Recht, Streiterledigung (ordentliches Gericht bzw. Schiedsgericht)[46]

---

[45] Der Vertragsaufbau nach Vorgehensmodellen kann als Grafik unter www.fr-lawfirm.de/ERP/Grafiken.html heruntergeladen werden.
[46] Lionnet, CD-ROM mit Schiedsklauseln in Deutsch und Englisch von den weltweit wichtigsten Schiedsgerichtsorganisationen und deren jeweiligen Regelwerken.

und Abtretung von Ansprüchen. Letztere Klauseln werden heute allgemein von Vertragsdesignern im internationalen Geschäftsverkehr als „Boilerplates"[47] bezeichnet. Für diese vom Vertragsgegenstand unabhängigen Vertragsinhalte verweisen wir auf die entsprechende Fachliteratur zur Vertragsgestaltung[48]. Gut organisierte Unternehmen bieten ihren Mitarbeitern firmeninterne Standards für diese Boilerplates im Intranet an.

10 Typische Vertragsmodule für ERP-Projekte

10.1 Vom Vorgehensmodell unabhängige Vertragsmodule

Als vom Vorgehensmodell unabhängige Vertragsmodule lassen sich folgende identifizieren:

- Geheimhaltungsvereinbarung (10.1.1)[49]
- Feasibility Study Vertrag (10.1.2)[50]
- (Rahmen-) Beratervertrag (10.1.3)[51]
- Escrow Agreement[52]/Usufruct[53] Agreement (10.1.4)

10.1.1 Geheimhaltungsvereinbarung (NDA)

Der Abschluss eines NDAs mit dem jeweiligen ERP-SW-Spezialisten stellt sicher, dass dieser keine Betriebs- und Geschäftsgeheimnisse, die ihm im Rahmen des ERP-Projektes offengelegt oder zugänglich gemacht werden müssen, verrät und eventuelle Verstöße gegen diese Verpflichtung nachhaltig sanktioniert werden können. Dies ist deshalb besonders wichtig, da die ERP-SW-Spezialisten branchenspezifische Kenntnisse vorweisen sollten. Diese können sie jedoch nur bei Konkurrenzunternehmen erworben haben, zu denen als so genannte Referenzkunden in der Regel reger Kontakt aufrecht erhalten wird. Hier muss sichergestellt

---

[47] Verweyen, CD-ROM, fr_sample_boilerplates_cisg; dieses Tool listet eine große Auswahl deutscher und englischer Boilerplate-Klauseln auf.

[48] Verweyen, S. 185 ff., mit Designanweisungen zur Vertragsgestaltung.

[49] Verweyen, S. 185 ff., mit einem Inhaltsverzeichnis für dieses Vertragsmodul in Deutsch und Englisch; Schneider 1, S. 28 f., der ebenfalls den Abschluss eines NDAs für dringend notwendig hält; Schneider 2, S. 554.

[50] Machbarkeitsstudie, vgl. hierzu Schneider 1, S. 277 ff.

[51] Vgl. hierzu Schneider 1, S. 264 ff., der sich auch mit dem konkludenten Abschluss solcher Verträge unter Hinweis auf die BGH-Rechtsprechung auseinandersetzt; Ritter, S. 42, mit wenig überprüfbaren Angaben und Aussagen.

[52] Schneider 1, S. 917 f; Schneider 2, S. 2050 ff., 2463 (Vertragsmuster).

[53] Usufruct = Nießbrauch; vgl. hierzu Mennenöh, S. 1 ff.

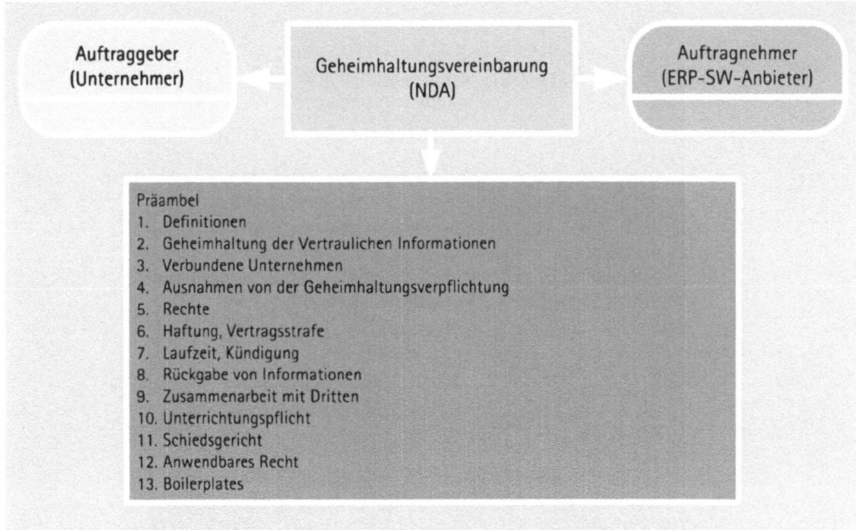

Abb. 12. Geheimhaltungsvereinbarung

werden, dass Fertigungsmethoden, Rezepte, Konstruktionsverfahren, Preise, Spezifikationen, Maschinenkonzepte und Kalkulationsschemata professionell im Rahmen einer solchen Geheimhaltungsvereinbarung gesichert werden und im Falle einer Verletzung entsprechende spürbare Sanktionen auch im Vertrag selbst (Vertragsstrafe) vereinbart werden[54].

10.1.2 Feasibility Study Vertrag

Die Feasibility Study wird am effektivsten im Rahmen eines Dienstleistungsvertrages mit einer Zeitvorgabe und durch einen Pauschalpreis realisiert. Es lassen sich aus sachlichen Gründen aber auch andere Vergütungsmodelle entwickeln. Ziel sollte sein, dass die Ergebnisse und die Vergütung im nachfolgenden ERP-Umbrella Agreement bei der Gesamtbewertung berücksichtigt werden, und zwar als vorgezogene Leistungen und Vergütungen für das ERP-Umbrella Agreement (s. Abb. 11, dort 1.3). Bei geschickter Verhaltensweise kann man die Ergebnisse der Feasibility Study auch über exzessive Akquisitionsinitiativen der ERP-SW-Anbieter weitgehend kostenneutral entwickeln. Wir sind allerdings der Auffassung, dass eine offene und entgeltliche Vertragsgestaltung für beide Vertragsparteien fairer und zielführender sein dürfte.

---

[54] Zu strafrechtlichen und wettbewerbsrechtlichen Folgen des Verstoßes gegen eine Geheimhaltungsvereinbarung vgl. Verweyen, S. 188 f.

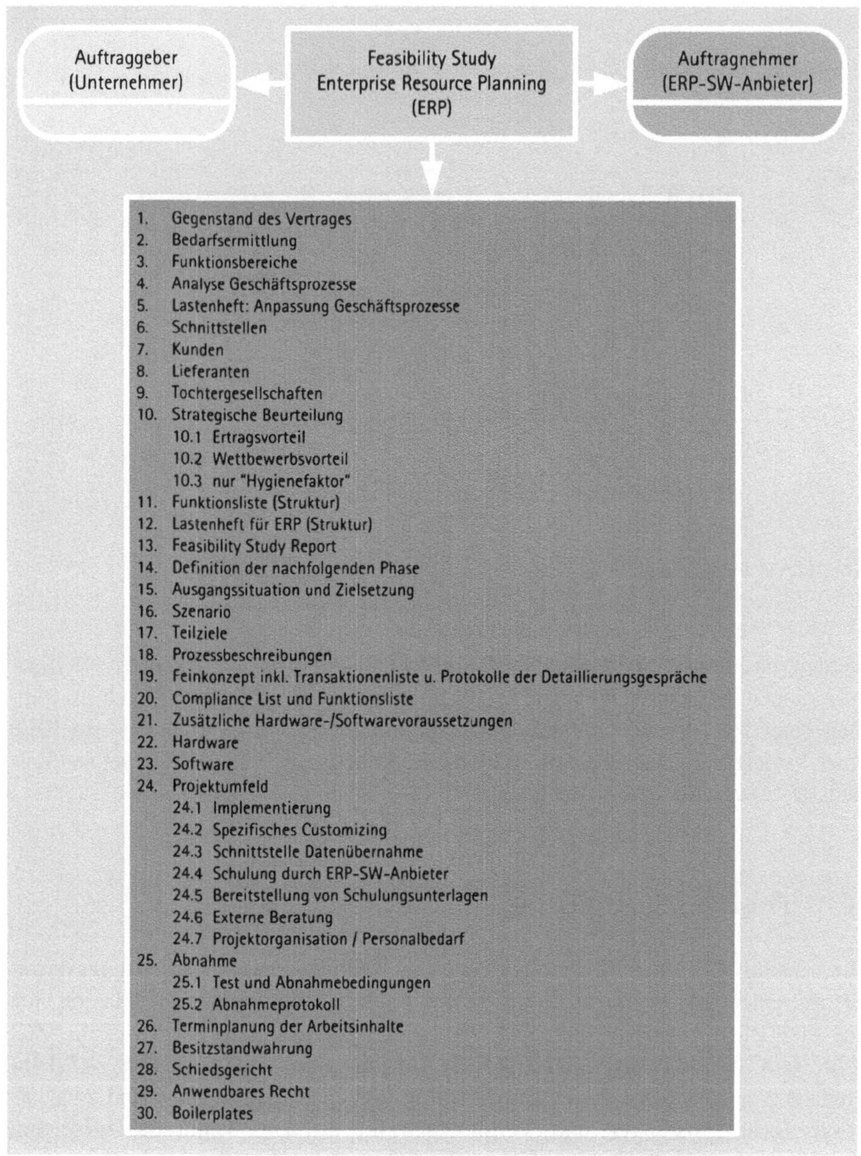

Abb. 13. Feasibility Study Vertrag

10.1.3 (Rahmen-) Beratervertrag

Der Beratervertrag kann sowohl als Werkvertrag (erfolgsorientiert) oder als
Dienstvertrag (geschuldet ist in diesem Fall die Beratungstätigkeit und nicht der
Erfolg) ausgestaltet werden. Dem Werkvertrag ist aus Sicht und aus der Inter-
essenlage des Unternehmens (in der Funktion als Auftraggeber) wegen seiner

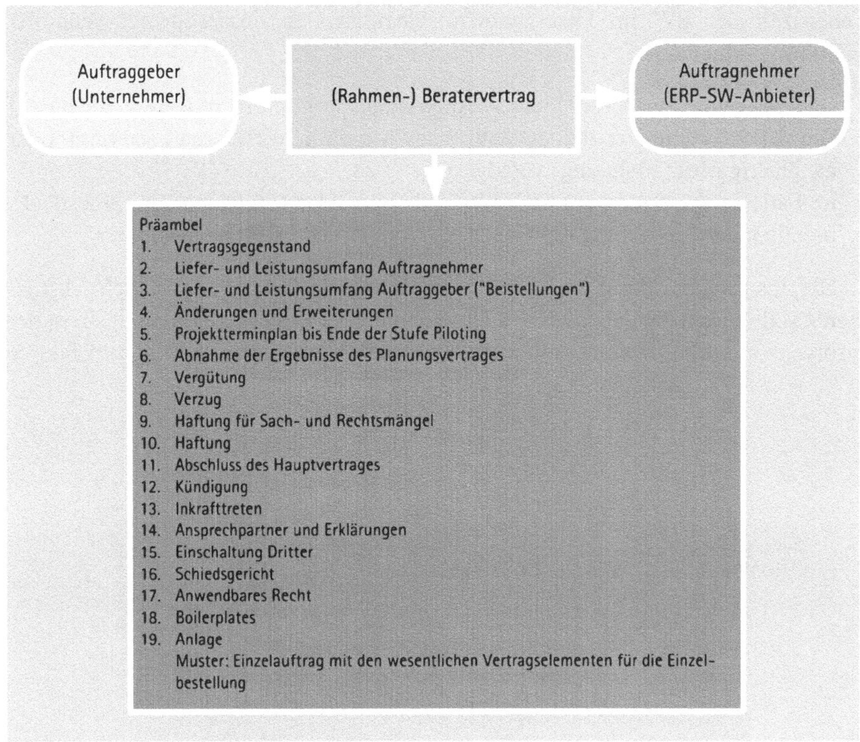

Abb. 14. (Rahmen-) Beratervertrag

Erfolgsbezogenheit der Vorzug einzuräumen. Der Beratervertrag kann auch als Rahmenvertrag[55] ausgestaltet werden, auf dessen Basis der Unternehmer Einzelaufträge vergibt, die für beide Seiten eindeutig kalkulierbare Inhalte und Risiken beinhalten (z. B. Reaktionszeit des Beraters, Vergütung usw.). Hier bedarf es aber eines systematischen Vertragsmanagements auf Seiten der Projektleitung, um die Kontrolle über die Einzelverträge und deren individuelle Abwicklung nach den Regeln des (Rahmen-) Beratervertrages zu behalten und nicht durch unkoordinierte und nicht notwendige zusätzliche Beratungsleistungen das Budget des Unternehmens ungerechtfertigt zu strapazieren. Jeder Einzelauftrag ist durchzunummerieren, das Ergebnis selbstständig zu testen und abzunehmen (Abnahmeprotokoll).

10.1.4 Escrow Agreement/Usufruct Agreement

Escrow Agreement (Treuhandvertrag) und Usufruct Agreement (Nießbrauchvertrag) dienen dazu, die kontinuierliche Nutzung des ERP-SW-Systems über die

---

[55] Lange 1, S. 40 ff., mit rechtlicher Struktur, Checkliste und Erläuterung für das Design von Rahmenverträgen.

Lebenszeit der SW im Unternehmen sicherzustellen, insbesondere wenn der ERP-SW-Anbieter

- seine Wartung/Services, Updates, Anpassungsprogrammierungen in Bezug auf den ERP-System-Vertrag einstellt oder wesentlich fehlerhaft erbringt oder nachhaltig (trotz Mahnung) verzögert
- im Falle der Insolvenz des ERP-SW-Anbieters oder vergleichbarer Tatbestände
- in Fällen der Einstellung des Geschäftszweiges des ERP-SW-Anbieters

Die Instrumente des Escrow Agreements und Usufruct (Nießbrauch) Agreements sollen sicherstellen, dass das Unternehmen in kritischen Fällen, insb. in der Insolvenz des ERP-System-Anbieters, über den Treuhänder Zugang zum Source

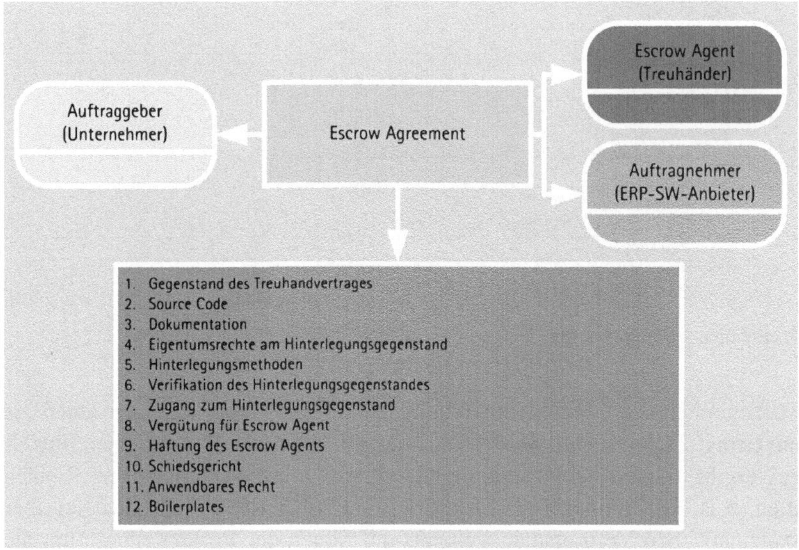

Abb. 15. Escrow Agreement

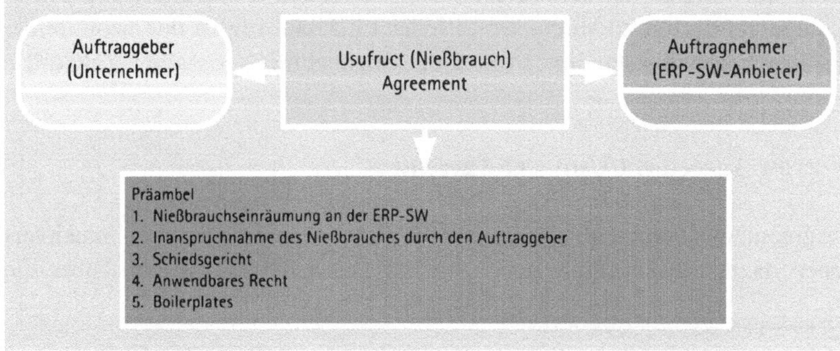

Abb. 16. Usufruct (Nießbrauch) Agreement

Code[56] bekommt, um dann mit einem Dritten die notwendigen Maßnahmen zur Aufrechterhaltung des ERP-SW-Betriebes sicherzustellen. Für die Inanspruchnahme solcher Agreements ist es notwendig, vor Eintritt des Escrow-Falls zu testen, ob der Hinterlegungsgegenstand tatsächlich auch geeignet ist, das vorgegebene Ziel zu erreichen und ob bei Änderungen der System-SW systematisch auch die hinterlegte SW und der damit verbundene Source Code ausgetauscht und erneut einer Überprüfung zugeführt werden. Diese Verfahren sind zeitaufwändig und kostspielig.

Aufgrund der derzeitigen Rechtslage[57] sollte eine Nießbrauchsnutzung[58] der SW vertraglich sichergestellt werden, um im Falle einer Insolvenz des ERP-SW-Anbieters, auch gegenüber dem Insolvenzverwalter, die ERP-SW weiterhin ungehindert nutzen zu können. Die Auswahl des ERP-SW-Anbieters ist deshalb auch unter den Gesichtspunkt zu analysieren, inwieweit dieser das insolvenzrechtliche Risiko von sich aus anspricht und entsprechende Vorschläge zu seiner Abdeckung anbietet. Dabei ist die aktuelle unproblematische Stellung eines Unternehmens, das evtl. sogar börsennotiert ist, kein Garant dafür, dass in der Laufzeit des ERP-System-Vertrages nicht eine entsprechende Schieflage entstehen kann, die im Nachhinein die Einschaltung eines Escrow Agents oder eine Nießbrauchseinräumung erforderlich gemacht hätte. Das Unterlassen dieser Sicherungsmethoden lässt sich in diesem Fall kaum mehr korrigieren.

10.2 Vorgehensmodell managementorientiert

Der ERP-System-Vertrag sollte erfahrungsgemäß spätestens vor dem Beginn der Phase 6 „Feinplanung" (s. Abb. 5) abgeschlossen werden. Verträge, die mit dem ERP-SW-Anbieter vorher für die Durchführung des ERP-Projektes geschlossen und vergütet worden sind, sollten wegen der Einheitlichkeit der Haftung, Sachmängelansprüche, Kündigung und sonstiger Rechte und Pflichten so gestaltet werden, dass sie zum Zeitpunkt des Abschlusses des ERP-Umbrella Agreements ausdrücklich in diesem aufgehen und deren integraler Bestandteil werden. Diese Verpflichtung ist in die vorlaufenden Verträge (z. B. Beratervertrag, s. Abb. 11, dort 2.2) ausdrücklich aufzunehmen. Aus der folgenden typisierten Abbildung eines solchen „Gesamtvertrages"[59] lassen sich die wesentlichen Vertragsmodule ablesen:

---

[56] Programmcode/Quellcode: Der in einer Programmiersprache geschriebenen Text eines IT-Programms.

[57] Auf dem 4. Deutschen Insolvenzrechtstag am 22.03.2007 hat die Bundesjustizministerin Brigitte Zypries eine Überprüfung der Rechtslage zugesagt. Es müsse insbesondere überprüft werden, ob SW-Lizenzen in der Insolvenz wie in anderen Staaten gesetzlich geschützt werden müssen, vgl. www.bundesjustizministerium.de.

[58] Mennenöh, S. 1 ff.

[59] Klotz, S. 139 ff. (140): Dieser spricht in diesem Zusammenhang bei der Darstellung der Anwendung von Vertragstypen für ERP-System-Verträge von einem „Gesamtvertrag".

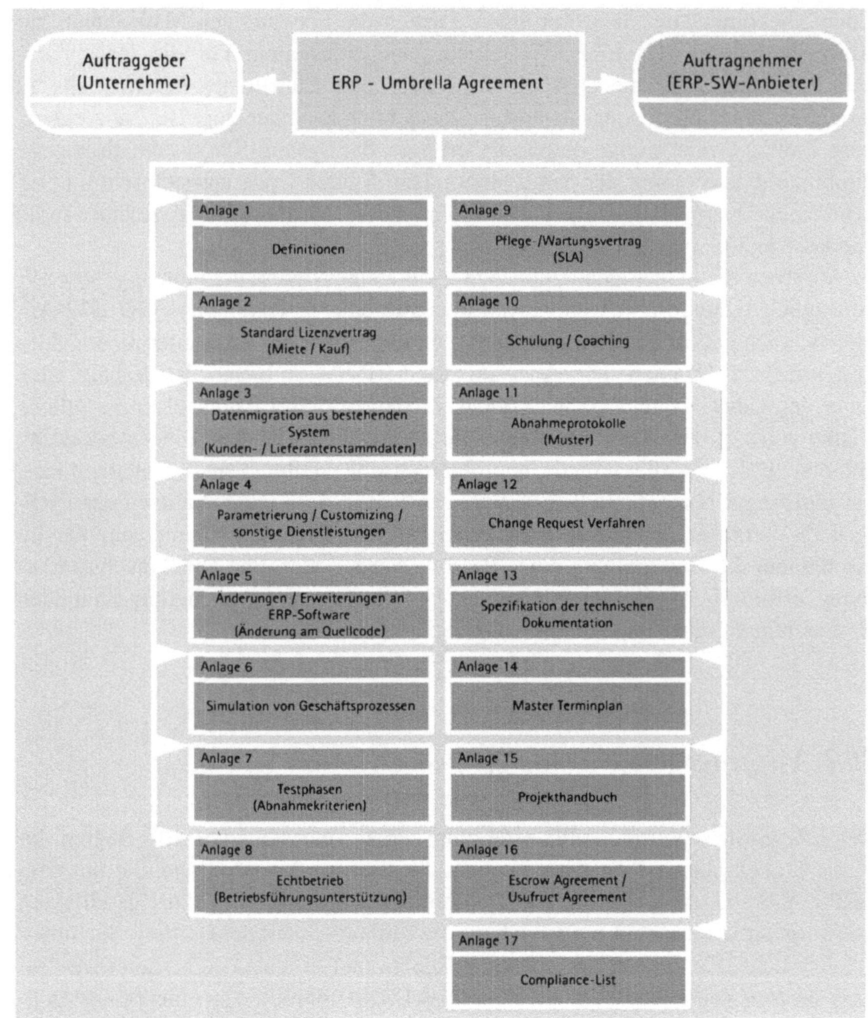

Abb. 17. ERP-Umbrella Agreement

Auch selbstständige Verträge unterschiedlicher Rechtsnatur (Dienstvertrag; Werkvertrag; gemischte Verträge; Nutzungsverträge) können Anlagen dieses ERP-Umbrella Agreements sein, wodurch der jeweilige Regelungsgegenstand optimiert und konzentriert dargestellt werden kann. Wesentlich ist, dass die Gesamtverantwortung für das ERP-Projekt dem ERP-SW-Anbieter im ERP-Umbrella Agreement auferlegt wird, insbesondere in Bezug auf die von ihm gegengezeichnete Compliance-List (s. Abb. 17, Anlage 17), was durch eine entsprechende Abnahmeprüfung kontrolliert wird.

10.3 Vorgehensmodell softwareorientiert

10.3.1 (Standard)-Lizenzvertrag[60]

Die Struktur von (Standard-) Lizenzverträgen gibt für den Lizenznehmer i.d.R. keine großen Gestaltungsspielräume. Für den Lizenznehmer ist entscheidend, das Vergütungsmodell genau zu begreifen und sich nicht mit einem i. d. R. standardmäßigen 20%igen Preisnachlass als großem Verhandlungserfolg abzufinden, sondern dann die eigentlichen Preisverhandlungen erst beginnen zu lassen. Im Wesentlichen ist dabei auch die Laufzeit des Lizenzvertrages zu beachten. Nach Ende der Laufzeit des Lizenzvertrages wird die Abhängigkeit vom Lizenzgeber durch die Integration des ERP-Systems im Unternehmen so groß sein, dass eine Nicht-Einigungs-Alternative für das Unternehmen nicht gegeben sein wird und das Unternehmen neuen – möglicherweise unangemessenen – Lizenzgebühren zustimmen muss. Hier sollte man daher alle Möglichkeiten ausschöpfen, um eine langfristige berechenbare Lizenzgebührenstruktur und damit Kostenbudgetierung für die Benutzung des ERP-Systems abzusichern.

Die typische Struktur eines (Standard-) Lizenzvertrages lässt sich wie folgt charakterisieren:

---

[60] Vgl. Schneider 2, S. 1634 f.: Lizenzvertragstypen; Heusler, S. 37, mit praxisorientiertem Basiswissen; Zahrnt, S. 194 ff.

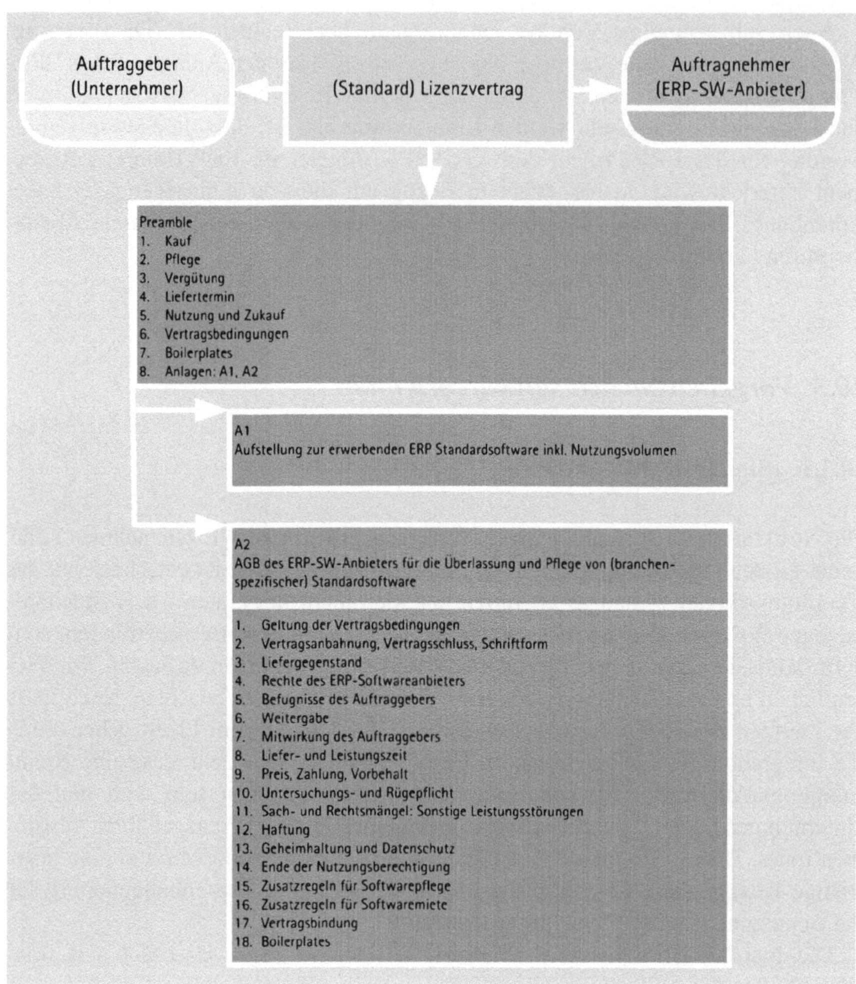

Abb. 18. (Standard) Lizenzvertrag

10.3.2 Service + Support Vertrag mit Service Level Agreement (SLA)[61]

Der Service + Support Vertrag ist maßgeblich davon bestimmt, dass der Auftragnehmer die HW/SW oder Teile davon so „wartet", dass der ununterbrochene Betrieb des ERP-Systems (HW/SW) für den Unternehmer sichergestellt ist. Soweit ERP-SW-Anbieter und Auftragnehmer des Service + Support Vertrages identisch sind, dürften die Fragen des Vertragsgegenstandes wesentlich einfacher zu klären sein als bei Vertragsverhandlungen mit einem Dritten.

Zunächst zeichnet sich der Service + Support Vertrag dadurch aus, dass er erst mit der Abnahme des ERP-Systems zu laufen beginnt, selbst wenn er (z. B. im Zuge des Abschlusses des ERP-Umbrella Agreements[62]) zu einem wesentlich früheren Zeitpunkt bereits abgeschlossen oder zumindest in seinen wesentlichen Teilen von den Vertragsparteien verbindlich festgelegt worden ist.

Zweiter wesentlicher Bestandteil des Service + Support Vertrages ist das Vergütungssystem über das SLA: Wesentliches Kriterium für die Vergütung ist die Qualität sowie die Verfügbarkeit des Vertragsgegenstandes. Dies bestimmt sich insbesondere über die Reaktionszeiten und Messmethoden, die in einem intelligent designten SLA von den Vertragsparteien für diesen spezifischen Fall maßgeschneidert festgelegt werden. Die Qualität eines solchen Vertrages bemisst sich nach den gewählten Sanktions- und Bonusmechanismen, die von den Vertragsparteien implementiert werden. Die Sanktionen für die Nichteinhaltung der versprochenen Dienstleistungen und Reaktionszeiten sollten verschuldensunabhängig gestaltet werden, um jede Diskussion bei der Vertragsdurchführung über die Verantwortung für den Ausfall abzuschneiden. So kann selbst bei Ausgestaltung des Service + Support Vertrages als Dienstvertrag eine Haftung vergleichbar einer werkvertragrechtlichen Regelung erreicht werden.

Hier entsteht ein Konflikt mit den Sachmängelrechten aus dem ERP-System-Vertrag (z. B. ERP-Umbrella Agreement). Diese stehen dem Unternehmen unentgeltlich zu. Damit dieser Konflikt ausgeräumt wird, kann man entweder auf die Sachmängelrechte gegen einen entsprechenden prozentualen Preisabschlag verzichten und sich dafür die Service + Support-Dienstleistungen einkaufen. Die Alternative hierzu ist, die i. d. R. zweijährige Sachmängelhaftungsfrist und die damit verbundenen Ansprüche für Sachmängel aus dem ERP-Umbrella Agreement bestehen zu lassen und für die ersten beide Jahre der Sachmängelhaftungsfrist ein reduziertes Entgelt für den Service + Support Vertrag auszuhandeln.

---

[61] Zahrnt, S. 321 ff., der diese Bezeichnung zu Recht als „Modeausdruck" qualifiziert; Heusler, S. 78 ff., begreifen SLA als ein wesentliches Modul eines übergeordneten Vertrages, das sich im Wesentlichen mit dem Standard der zu erbringenden Dienstleistung beschäftigt. Imhof, S. 65 ff., enthält eine mit Anmerkungen versehene Vorlage für ein SLA.
[62] Klotz, S. 139 f.

Ein typisches Beispiel für eine Variante eines Service + Support Vertrag mit Service Level Agreement (SLA) sieht wie folgt aus:

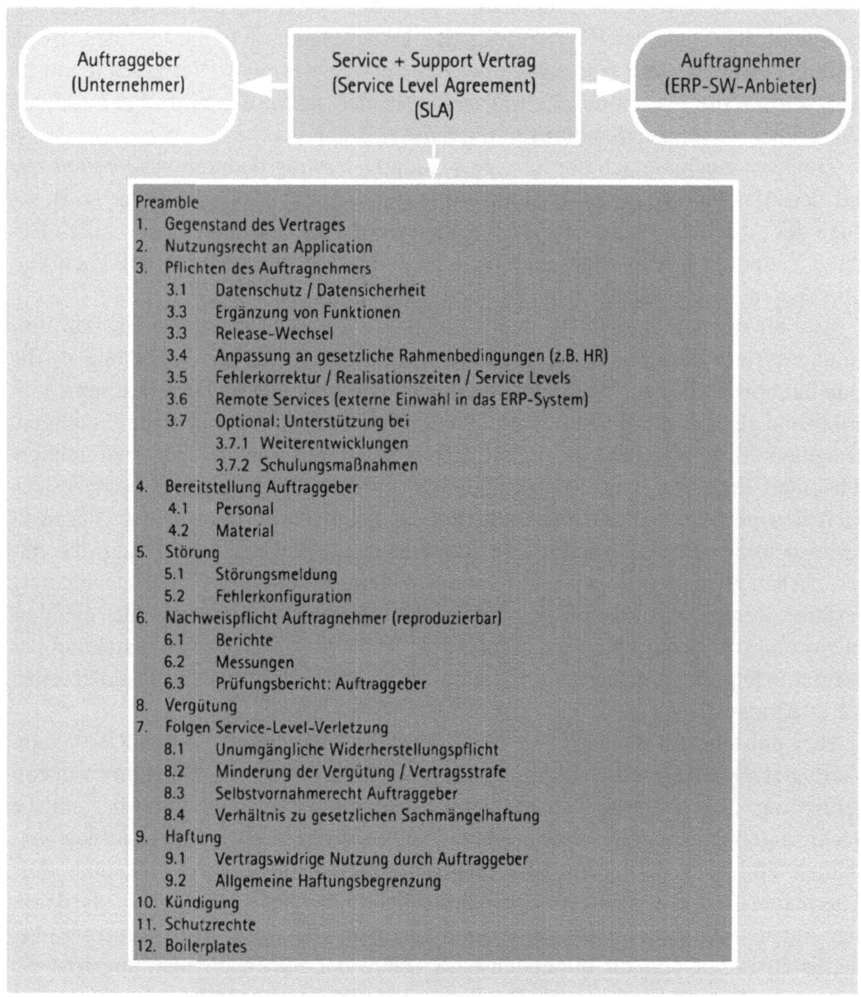

Abb. 19. Service + Support Vertrag (Service Level Agreement)

10.3.3 Application Service Providing-Vertrag

Der Zweck eines ASP-Vertrages ist es, eigene Leistungen (inhouse) für das ERP-System durch Leistungen[63] eines qualifizierten HW/SW-Anbieters im Bereich von ERP-Systemen zu ersetzen. Dies verschafft dem Unternehmen einen Zugang zu neuester Technologie ohne hohe Eigeninvestitionen. Die Realisierungsmodelle von ERP-Systemen sind individuell und mit unterschiedlichen Risikobewertungen für unterschiedliche Unternehmen, Unternehmensgrößen und Branchen nach deren Interessen zu beurteilen. Es gibt deshalb nicht „den" ASP-Vertrag. Sein Inhalt ist dynamisch und innovativ. Er ist zum einen abhängig von der Entwicklung der Anforderungen durch die Aufgabenstellungen des Unternehmens in einer globalisierten Welt. Zum anderen ist er den technischen Anforderungsprofilen immer neuer Geschäftsmodelle durch die Marketingabteilungen der ASP-Anbieter unterworfen. Der ASP-Vertrag ist ein typisch gemischter Vertrag mit Lizenz-, Dienst- und Werkvertragselementen. Ein Schwerpunkt liegt regelmäßig im Bereich des Mietvertrages. Der jeweilige Regelungszweck eines ERP-System-Vertrages bestimmt den Gebrauch der geeigneten Vertragstypisierung nach dem BGB.

Ein typisches Beispiel für eine Variante eines ASP-Vertrages sieht wie folgt aus:

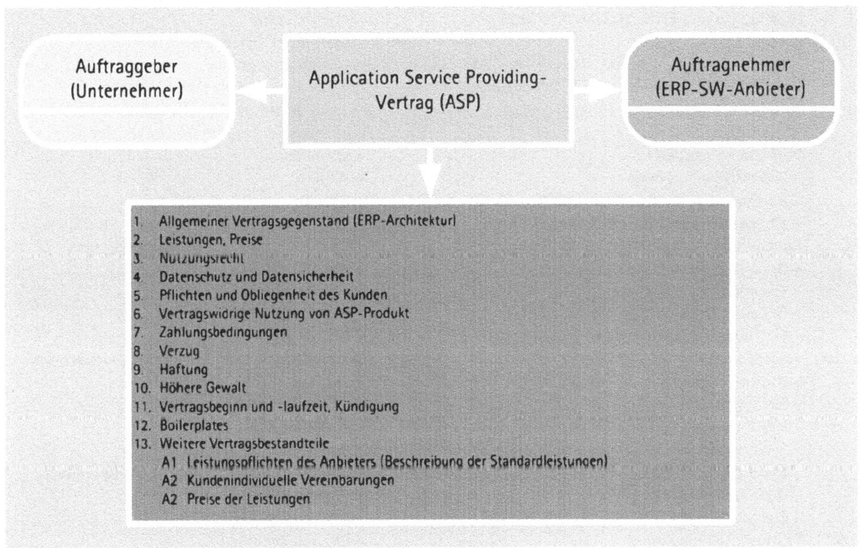

Abb. 20. Application Service Providing-Vertrag (ASP)

---

[63] Peter, S. 404 ff., befasst sich mit dem Kernbereich eines ASP-Vertrages: Verfügbarkeitsvereinbarungen mittels einer Verfügbarkeitsquote (z. B. 99,5% p. a.) und analysiert, ob diese Vereinbarung leistungs- oder sachmangelhaftungslimitierenden Charakter hat.

10.4 Vertragsdokumentation und -administration

Auf Seiten jeder Partei eines ERP-System-Vertrages gehören eine professionelle Vertragsdokumentation und -administration zu einer erfolgreichen Erfüllung bzw. Erfüllungsüberwachung.

Bei langfristigen Verträgen mit eingesetzten Projektleitungen empfiehlt es sich, ein gemeinsames Projekthandbuch[64] kurz vor oder nach Vertragsabschluss zu vereinbaren, das die Detailregelungen der Projektabwicklung beinhaltet. Ein typisches Inhaltsverzeichnis für ein Projekthandbuch[65] ist Folgendes:

Projekthandbuch (PHB)

0.	Projektglossar (einheitliche Begriffe und Abkürzungen in Vertrag, Dokumentation und Schriftverkehr)
1.	Zielsetzung und Geltungsbereich des PHB
2.	Projektdefinition (Überblick)
	- Eckdaten des Projekts (z.B. Nutzerstruktur)
	- mehrere Vertragspartner (Konsortium)
3.	Projektziele und Erfolgsfaktoren (critical success factors)
4.	Projektabgrenzung / Schnittstellen
5.	Projektumfeld (vorhandene HW/SW-Struktur)
6.	Terminliche Ziele
7.	Kostenrahmen
8.	Projektorganisation
	- Projektorganigramme
	- Adress- und Kommunikationslisten
	- Verteilerschlüssel (intern / extern)
9.	Rollen- und Aufgabenbeschreibungen
	- Gesamtprojektleitung (GPL)
	- Technischer Projektleiter (TPL)
	- Rollout / Implementierung
	- Fertigung / Schnittstellenanpassung
	- Systemtest
	- Dokumentation
	- SW Entwicklung
	- HW Entwicklung
	- System Design
	- System Engineering
	- Qualitätsmanagement (QM)
	- Freigabeverfahren (Zuständigkeit, Status)
10.	Prozessbeschreibungen
	- Entwicklungsprozess / Neuentwicklungen
	- Testprozess
	- Fehleranalyse und -einstufung
	- Matrix zur Fehlerzuordnung

11.	Change Request Management
12.	Kommunikations- / Informationsmanagement
	- Definition der Informationswege (z.B. E-Mail, Fax; zentral, dezentral)
	- Dokumentenmanagement
	- Regeln für Video- / Telefonkonferenzen
	- Sicherheitskonzept (Netz, Virenschutz)
	- Berichtswesen
	- Meetings & Teilnehmerkreise
	- Informationssysteme
	- Projektlaufwerke
	- Abwesenheiten/Projektkalender
13.	Richtlinien der technischen Dokumentation
	- Vorlagen
	- Ablage
	- Review
	- Medien (z.B. DVD)
	- Dokumentenänderung (Revisionsindex)
14.	Systemstruktur
	- Software
	- Hardware
	- Dokumente
15.	Terminplanung und Fortschrittsüberwachung
16.	Kalkulation und Kostencontrolling
17.	Configuration Management (CM)
	- Überblick
	- Prozesse
18.	Formulare, Muster (zwingend zu verwenden)
	- Projektstatusbericht
	- Meilensteinplan
	- Change Request
	- Projektleitungsprotokolle
	- Projektkennzeichnungssystem
	- Sachmangelmanagementsystem

Abb. 21. Projekthandbuch (PHB)

---

[64] Zum Begriff, vgl. DIN 69905 „Projektabwicklung Begriffe".
[65] typische englische Begriffe: Project Manual; Project Handbook.

Voraussetzung für eine erfolgreiche Vertragsadministration ist eine professionelle Vertragsgestaltung. Dazu müssen von dem Vertragsdesigner Regeln eingehalten werden, die sich in der nationalen und internationalen Vertragspraxis über Jahrzehnte entwickelt haben.[66]

Ein zentrales Element in einem ERP-System-Vertrag sollte der Regelungsbereich eines Change-Request-Managements einnehmen, das den Vertragsparteien effektive Regeln vorgibt, wie mit Vertragsänderungen, Minderungen, Mehrungen, Vertragsergänzungen, Erweiterungen, Optionen und Sachmangelerscheinungsbilder vor und nach Abnahme zu verfahren ist. Die dazu notwendigen Formulare und Muster (ggf. softwaregestützt) sollten ihre detaillierte Ausprägung im ERP-System-Vertrag und im Projekthandbuch erfahren.

11 Ergebnis

Die Unternehmen, die sich für die Einführung eines ERP-Systems entschlossen haben, sollten sich zu einem frühest möglichen Zeitpunkt für ein bestimmtes Vorgehensmodell entscheiden und festlegen, welche ERP-System-Architektur Inhouse bzw. bei einem Application Service Provider realisiert werden soll.

Die notwendigen Vertragsstrukturen und -inhalte sollten ebenfalls zu einem frühen Zeitpunkt durch fachkundige Rechtsberater entwickelt werden.

Das gesamte ERP-Projekt sollte einer erfahrenen Inhouse-Projektleitung unterstellt werden, die den Kernbereich der unternehmerischen Leistung (z.B. Fertigung, Handel) aus eigener Erfahrung in diesem Unternehmen detailliert kennt und in verantwortlicher Position erfolgreich im Unternehmen gewirkt hat. Diese Projektleitung sollte dann ein Phasenmodell entwickeln auf der Basis der drei Kernbereiche

- Unternehmen/Menschen (Unternehmensziele),
- (Stamm-) Daten und
- ERP-SW.

Auf dieser Basis kann der Unternehmer eine für die jeweilige Branche geeignete ERP-SW auswählen, die es ihm ermöglicht, in kurzer Zeit wesentliche Teilfunktionen des ERP-Systems im eigenen Unternehmen zu nutzen.

Literatur

Baumbach A, Hueck A (2006) GmbH-Gesetz, 18. Auflage, Verlag C.H. Beck, München
Bettinger T, Scheffelt M, Application Service Providing: Vertragsgestaltung und Konflikt-Management, CR 2001, 730 ff.

---

[66] Eine systematische Zusammenfassung der Regeln der Vertragsgestaltung mit Beispielsfällen („best practices") findet sich in Verweyen, Kap. 6 „Vertragsgestaltung", Seiten 185 bis 248.

Deininger Olaf, Drei ERP-Systeme auf dem Prüfstand Computerwoche, Sonderdruck Nr. 34 vom 25.08.2006, S. 1 ff.

Dorrhauer C, Zlender A (2004) Business Software ERP, CRM, EAI, E-Business – eine Einführung. TECTUM, Marburg

Heusler B, Mathys R (2004) IT-Vertragsrecht – Praxisorientierte Vertragsgestaltung in der Informationstechnologie, orell füssli Verlag AG, Zürich

Hüffer U (1999) Aktiengesetz, 4. Auflage, Verlag C.H. Beck, München

Imhof, in: Weitnauer W (Hrsg., 2003) Beck'sches Formularbuch E-Commerce, Verlag C.H: Beck, München

Klotz M, Dorn D-W (2006) Vertragsmanagement in der Informationsverarbeitung, Handbuch für Planung, Durchführung Controlling von IT-Verträgen, Erich Schmidt Verlag, Berlin

Kurbel K (2005) Produktionsplanung und -steuerung im Enterprise Resource Planning und Supply Chain Management 6. Auflage. Oldenburg, München Wien

Lange D, Lionnet A, Rutow K, Wagner M (2007) Handbuch Recht des Einkaufs (B2B), Richard Boorberg Verlag, Stuttgart

Lange K, Wall F (2001) Risikomanagement nach dem KonTraG, Verlag Franz Vahlen, München

Lionnet K, Lionnet A (2004) Handbuch der Internationalen und Nationalen Schiedsgerichtsbarkeit, 3. Auflage, Richard Boorberg Verlag, Stuttgart

Mauth R, Mission-Critical Components, Byte (1998) May, pp. 7 ff.

Mennenöh H, Plesser M, update Pharma und Biotechnologie (November 2005) – Patentlizenzen in der Insolvenz des Lizenzgebers, Internetabruf am 16.10.2007: http://www.hoganhartson.com

Monk E, Wagner B (2006) Concepts in Enterprise Resource Planning second edition. Thomson, Boston, Massachusetts

Norris G, Hurley J, Hartley K, Dunleavy J, Balls J (2000) E-Business and ERP Transforming the Enterprise. John Wiley & Sons, Inc., New York

Peter S, Verfügbarkeitsvereinbarungen beim ASP-Vertrag, CR 2005, 404 ff.

Ritter B (2005) Enterprise Resource Planning (ERP) Pflichtenhefterstellung und Evaluation 3. überarbeitete Auflage. mitp, REDLINE GmbH, Heidelberg

Röhrborn J, Sinhart M, Application Service Providing – juristische Einordnung und Vertragsgestaltung, CR 2001, 69 ff.

sage, Office Line Produktion (Stand: April 2005)

Schmidt C, Roesgen R, Meyer M (2006) Drum prüfe, wer sich „ewig" bindet … Das 3PhasenKonzept zur Bewertung und Auswahl von Standard-ERP-/PPS-Systemen. UdZ Unternehmen der Zukunft, Aachen, S. 6 ff., im Internet: http://www.fir.rwth-aachen.de/service/index.html

Schmidt C, Schweicher B, Walber B (2007) Das 3Phasenkonzept Bewährte Werkzeuge zur Bewertung und Auswahl von ERP-/PPS-Systemen. UdZ Unternehmen der Zukunft, Aachen, S. 7 ff., im Internet: http://www.fir.rwth-aachen.de/service/index.html

Schneider J, von Westphalen F (2006) Software-Erstellungsverträge, Verlag Dr. Otto Schmidt, Köln

Schneider J (2003), Handbuch des EDV-Rechts, 3. Auflage, Verlag Dr. Otto Schmidt, Köln

Staub R, Benz N (2005) IT-Outsourcing in der Schweiz, Froriep Renggli, Zürich

Verweyen U, Foerster V, Toufar O (2006) Handbuch des Internationalen Warenkaufs – UN-Kaufrecht (CISG), Richard Boorberg Verlag, Stuttgart

Wallace T, Kremzar M (2001) ERP: Making It Happen – The Implementers' Guide to Success with Enterprise Resource Planning, John Wiley & Sons, Inc., New York

Von Westerholt M, Berger K, Der Application Service Provider und das neue Schuldrecht, CR 2002, 81 ff.

Zahrnt C (2002) Vertragsrecht für IT-Fachleute, 5. Auflage, Hüthig Verlag, Heidelberg

KPIs zum Management eines ERP-Systems

Martin Miller

1 Einleitung

KPIs zur Steuerung und zum Management sind fundamental. Selbst allgemeine Fragen wie „Wie gut managen Sie Ihr ERP System?" oder „Werden die Ziele erfüllt?" oder auch „Ist der Betrieb und sind die Prozesse wirtschaftlich?" können nur seriös und stichhaltig beantwortet werden, wenn es Key Performance Indicators (KPIs) gibt.

KPIs sind Kennzahlen, die als Leistungsindikatoren dienen und obige Fragen und noch mehr beantworten können. KPIs allein stellen noch keinen kompletten Managementprozess dar. Erst die Bezugnahme zur Strategie, das Setzen und Abgleichen von daraus abgeleiteten Zielen sowie überbetriebliche oder historisierte Vergleiche (Benchmarking) und das Definieren und Überprüfen von Maßnahmen ergibt einen vollständigen Regelkreis.

Dieser Beitrag soll beispielhaft zeigen, wie KPIs im Umfeld des ERP-Betriebs identifizierbar sind und wo bzw. wie diese in die IT-Landschaft und in die Prozesslandschaft einzugliedern sind. Dabei werden finanzielle Kennzahlen, Prozesskennzahlen aus ITIL, Systemkennzahlen und Kundenkennzahlen beispielhaft vorgestellt. Die Betrachtung erfolgt mit dem Ziel, dass die Kennzahlen fähig sind die Unternehmensstrategie und -ziele unterstützen. Er soll Anregungen zur Definition von Kennzahlen, zur technischen Erhebung, zur fachlichen Deutung bis hin zur kunden- und managementgerechten Präsentation geben.

2 Definition und Ermittlung von KPIs

2.1 „You can't manage what you can't measure" vs. „Wer misst misst Mist"

In einem Managementmeeting, in dem der Vortragende gelassen referiert und schon eine schläfrige Stimmung herrscht, bricht trotz harmonischer Stimmung plötzlich eine Diskussion los. Was ist passiert? Es wurde eine evtl. neue Kennzahl angesprochen. Selbst wenn diese Kennzahl die Anwesenden nur am Rande betrifft, wird fast reflexartig verteidigt, angezweifelt gelobt oder scharf diskutiert.

Diese Reaktion zeigt die Bedeutung und die Aufmerksamkeit, die KPIs im Management haben. Bleibt die Frage, welche Diskussionen sinnvoll sind. Debatten um den Indikator selbst, um seine Definition, die Art der Erhebung oder der Bedeutung sind meist wenig befriedigend. Die Diskussionen, die sich jedoch um die Aussage der Zahl drehen und die dazu beitragen, Änderungen und Maßnahmen im Unternehmen zu generieren oder auch zu bestätigen, sind sehr sinnvoll.

Welche Vorraussetzung muss ein KPI also erfüllen um als managementrelevant zu gelten und um nicht angezweifelt zu werden („Wer misst misst Mist")?

- Die KPIs müssen adressatengerecht aufgearbeitet und verständlich sein. Besonders im IT-Umfeld ist dies durchaus eine Herausforderung.
- Der Wert eines KPIs sollte eindeutig als gut oder schlecht interpretierbar sein, es sei denn, es ist eine fundamentale Kennzahl die Größenordnungen wiedergibt (z. B. Anzahl Mitarbeiter). Solche fundamentalen Kennzahlen sind in einem Kennzahlensystem wichtig. Sie messen aber nicht die Performance, sondern helfen bei der Einordnung der anderen Leistungsindikatoren.
- Der Indikator sollte einfach zu erheben sein, möglichst automatisiert und immer zu denselben Randbedingung auf gleicher Basis, damit die Vergleichbarkeit gegeben ist.
- Allgemeine Akzeptanz der Kennzahl, damit ein Benchmarking mit anderen Unternehmen möglich wird.
- Es sollten Detaildaten vorhanden sein, um bei Bedarf eine Analyse und Kommentierung durchführen zu können.
- Die Kennzahl muss eine Relevanz besitzen und damit die Realität geeignet widerspiegeln.
- Sie sollte einbettbar in ein Kennzahlensystem sein, um Ausgewogenheit zu gewährleisten, so dass eine einzelne Kennzahl kein einseitiges und damit falsches Steuern verursacht.

Sind diese Bedingungen erfüllt spricht man von einer „guten" oder „schönen" Kennzahl, die vergröbert und vereinfacht und trotzdem einen charakteristischen Eindruck der Realität wiedergibt. Oftmals ist es nicht möglich alle Vorraussetzung zu erfüllen, beispielsweise kann es sein, dass man zugunsten der Relevanz die Kennzahl stark individuell ausprägt und diese dann nicht mehr extern benchmarkfähig ist.

2.2 Schema zur Definition der KPIs

Um zu gewährleisten, dass man die Vorraussetzung für eine gute und managementgerechte Kennzahl erfüllt hat, kann folgendes Schema zur Dokumentation und Definition helfen (vgl. Kütz, S. 49):

Tabelle 1. Definitionsblatt für KPIs

Inhaltliche Beschreibung
Name
Definition
Beschreibung
Ziel-/Soll-/Schwellenwert
Verantwortlich/Eskalation
Technische Herkunft
Datenquelle
Wertermittlung
Formeln und Berechnung
Verantwortlich für Bereitstellung
Veröffentlichung
Adressaten
Aggregationsmöglichkeiten
Visualisierungsart

- Ein eindeutiger **Name,** der denn Sinn der Kennzahl klar wiedergibt ist Selbstverständlich. (Pflicht)
- Eine fachliche kurze prägnante **Definition** schärft denn Sinn der Kennzahl. (Pflicht)
- Eine ausführliche **Beschreibung** als Dokumentation gibt den Adressaten die Möglichkeit gegebenenfalls die Bedeutung nachzulesen. (Bei komplexen Kennzahlen notwendig.)
- Der **Zielwert** stellt die letztendlich zu erreichende Kenngröße dar. (Pflicht)
- Der **Sollwert** ist die für die jeweilige Periode gültige, zu erreichende Kenngröße. Wenn der Sollwert dem Zielwert entspricht, kann dies zusammengefasst werden.
- **Schwellenwerte** geben vor, wie stark der Istwert vom Ziel-/Sollwert abweichen kann. Zum Beispiel Verfügbarkeit, Zielwert: 99%, Schwellenwerte 98,5% –99%. Gegebenfalls kann es sinnvoll sein, mehrere Bereiche anzugeben z.B. um den Punkt für eine Eskalation zu definieren oder ein Ampelsysteme zu ermöglichen (Beispiel Grün: 98,5%–99%, Gelb: 98%–99,5, Rot: <98%).

- Für den **fachlichen** Inhalt muss ein **Verantwortlicher** definiert sein, der für das Erreichen der Ziele federführend zuständig ist. Er ist der Kümmerer für die Kennzahl und dem dahinter stehenden Ziel. Ggf. sollte ein Eskalationsweg definiert werden, der ab einer bestimmten Grenze (Schwellwert) gegangen wird.
- Die **Datenquelle** beschreibt die technische Herkunft der Kennzahl bzw. der Rohdaten. Diese Quelle ist u. a. wichtig für die Beurteilung der Datenqualität.
- Mit der **Wertermittlung** wird dokumentiert wie die Kennzahl aus den Rohdaten ermittelt wird, dazu zählt auch wie die Rohdaten erhoben und abgegrenzt werden. Da die Art der Wertermittlung oft starke Auswirkung auf die Steuerungsrelevanz und deren Ansätze hat, ist die Dokumentation hier entsprechend wichtig. Beispielsweise ist die Verfügbarkeit des ERP-Systems ein anderer Wert wenn die Rohdaten an den Arbeitsplätzen gemessen und erhoben werden wie wenn die Rohdaten direkt auf dem ERP-System abgenommen werden.
- Die **Formel und Berechnung** enthält neben den Formeln die Maßeinheiten und Zeitpunkte.
- Der **Verantwortliche für die Bereitstellung** führt die Berechnungen aus und stellt sicher, dass die Datenquellen in Ordnung sind. In der Regel sollte diese Rolle getrennt von der Rolle des Verantwortlichen für das Ziel sein, eine enge Zusammenarbeit ist aber nützlich.
- Unter dem Punkt **Adressaten** wird definiert welcher Kreis Zugang zur der Kennzahl haben soll und wem gegenüber der Zeilerreichungsgrad reportet wird.
- Die **Aggregationsmöglichkeit** gibt an, welche Zusammenfassungen möglich sind, beispielsweise organisatorisch (Abteilung, Standort, Gesellschaft, etc).
- Die **Visualisierungsart** (Grafiken, Zahlenwerte) zu definieren ist hilfreich, da die Art der Darstellung starken Einfluss auf die Aussage und Wirkung der Kennzahl hat.

3 Finanzielles Management des ERP

Zur Ermittlung von finanziellen KPIs dienen die klassischen Methoden der Kostenrechnung, die in den Unternehmen meist seit langem etabliert sind. In der Regel gilt es hier, die bestehende Kostenrechnungslogik so auszuwerten, dass die gewünschten KPIs ermittelt werden können.

Grundlage hierzu ist das Gemeinkostencontrolling des Unternehmens das sich meist aus Kostenstellenrechnung, Kosten- und Erlösartenrechnung, Prozesskostenrechnung, Gemeinkostenaufträge und -Projekte mit den entsprechenden Informationssystemen zusammensetzt (Friedl et al., S. 19). Mit diesen Mitteln sind diverse Sichten auf die Kosten (und Erlöse) des ERPs möglich.

3.1 Finanzielle Standardsicht

Vor allem aus dem Benchmarkingbereich hat sich eine gängige Betrachtungsweise für IT-Kosten entwickelt, die weit verbreitet ist. Diese lässt sich auch auf den ERP-Betrieb anwenden (vgl. Tabelle 2):

Tabelle 2. Zusammensetzung und Überleitung der Betriebskosten eines ERPs

Weiterentwicklung und Projekte	Personal-kosten (Stunden)	Innovation
Fachliche Betreuung		Konsolidierung
Technischer Betrieb		Betriebsleistung
Lizenzen/Software (Abschreibung)	Sach-kosten	
Hardware (Abschreibung), Peripherie, Infrastruktur		

Die Betrachtung ist unabhängig von der Art der Organisation und ist eine übergeordnete Zusammenfassung von Kostenarten. Dies führt dazu, dass die Ermittlung der Kosten nach diesem Schema nicht in jeder Organisation gleich leicht zu ermitteln ist. Jedoch macht gerade diese Unabhängigkeit von der individuellen Organisation und Kostenbetrachtung die Darstellung benchmarkfähig. Auch die Tatsache, dass diese Struktur auch in Unternehmen ohne verbrauchsabhängige Verrechnung ermittelt werden kann, trägt dazu bei.

Weiterhin ist das Schema dazu geeignet, die Innovationsleistung mit der Betriebsleistung ins Verhältnis zu setzen. Da in allen Unternehmen die Steigerung der Innovation ein Ziel ist, können hieraus direkt Aussagen und Zielwerte abgeleitet werden.

Setzt man die Absolutwerte miteinander in Relation erhält man aussagekräftige KPIs. Diese sind sehr gängig und werden in vielen Benchmarks verwendet:

- Hardware bzw. Infrastrukturanteil,
- Softwareanteil,
- Anteil technischer Betrieb,
- Betreuungs- oder Konsolidierungsanteil,
- Projekt- oder Innovationsanteil.

Während die **Ermittlung und Abgrenzung** der Lizenz- bzw. Softwarekosten meist noch recht einfach ist, ist die Definition, was zur Hardware/Infrastruktur zählt, komplexer. Server für den Produktionsbetrieb, Test-, Konsolidierungs- und Schulungsserver, Anteile des Plattenspeichers des Speichersystems, Systeme zur Sicherung und Archivierung des ERP-Betriebs zählen eindeutig dazu.

Anteilige Raumkosten des Rechenzentrums werden ebenfalls fast immer angesetzt. In wie weit Netzwerkinfrastrukturkosten oder Clientkosten angesetzt werden ist umstritten und wird oft abhängig von den Abgrenzungsmöglichkeiten des Controllings des Unternehmens gemacht. Gerade die Netzinfrastruktur ist ein Grenzfall: Der meiste Traffic im LAN wird von Emailverkehr, Sharezugriff oder Internetnutzung verursacht.

3.2 *Finanziellen Steuerung: Ermittlung und Zielsetzung*

Für die Ermittlung der Kosten werden die üblichen Instrumente des internen Rechnungswesens benutzt. Bei der Abschreibung von Lizenz-, Hardware- und Sachkosten ist dies die Kostenstellenrechnung. Als Quelle für die Anschaffungswerte dient die Anlagenbuchhaltung. Die für den (Basis-) Betrieb des ERP-Systems notwendige Personalkosten werden ebenfalls aus der Kostenstellenrechnung entnommen, wenn hierfür eigene Kostensammler (Kostenstellen) zur Verfügung stehen.

Ist die Organisation eines Unternehmens nicht so aufgestellt, dass eine entsprechend detaillierte Kostenstellenstruktur für die Erfassung dieser Kosten zur Verfügung steht, ist eine Stundenerfassung der IT-Mitarbeiter die Quelle für die Informationen. Ist die Stundenerfassung und ggf. die Verrechnung der Leistungen der IT-Mitarbeiter im Unternehmen etabliert, können auch die in Tabelle 2 gezeigten Positionen „Weiterentwicklung und Projekte" sowie „Fachliche Betreuung" ermittelt werden.

Die geleisteten Stunden müssen über entsprechende Sammler abgegrenzt werden können. So wird zum Beispiel gewährleistet, dass die Projektarbeit eines Mitarbeiters für ein Infrastrukturprojekt von denen eines ERP-Projektes unterschieden werden kann. Für die Bewertung der Stundenleistung ist ein passender Stundensatz notwendig, der aus den zugehörigen Kosten seiner Organisationseinheit (Kostenstelle) ermittelt wird.

Problematisch in der Ermittlung sind Leistungen von Mitarbeitern, die nicht innerhalb einer IT Organisation angesiedelt sind. Im SAP® Umfeld sind dies beispielsweise die Key-User. Für den Betrieb von ERP-Systemen sind diese Kapazitäten meist von untergeordneter Bedeutung und werden deshalb in der Regel nicht betrachtet.

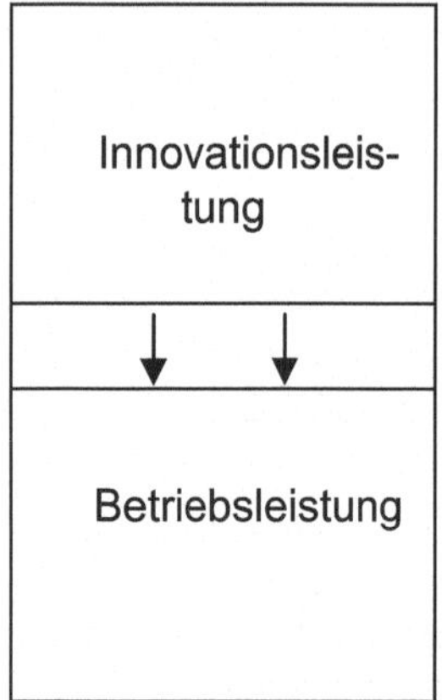

Abb. 1. Zielsetzung: Aufwand des ERP-Systems verschieben

Zielsetzung beim Betrieb des ERPs ist die effiziente Bereitstellung dieses Services für den IT-Kunden und dessen Prozesse. Die **Effizienz** setzt sich hierbei zusammen aus dem Aufwand im Verhältnis zur definierten Qualität. Um die Effizienz zu steigern ist also die Reduzierung des Aufwands (Kostensenkung) der erste Part.

Da in den meisten Unternehmen die Budgets und Personalkapazitäten hierfür relativ starr sind, ist das Bestreben, das Verhältnis von reinen Betriebskosten zu den Innovationsanteilen zu verbessern, das erste Ziel auf operativer Ebene. Kapazität für Innovationen (beispielsweise die Einführung neuer ERP-Funktionen) bringen dem Unternehmen einen zusätzlichen Nutzen, dem gerne Raum und damit Budget überlassen wird.

Der reine Betrieb wird oft als die Pflicht, die Innovation als die „Kür" wahrgenommen. Kennzahlenregelsysteme auf der Basis der oben genanten Bestandteile, machen diese Ziele verfolgbar und die Leistung transparent. Hierfür werden auch anderer Anteile an den Gesamtkosten (zum Beispiel Hardwareanteil, Softwareanteil, Peripherie, Mitarbeiter für den technischen Betreib, Mitarbeiter für laufende fachliche Betreuung, Mitarbeiter für Weiterentwicklung und Projekte) gezeigt und ausgewertet.

3.3 Pricing der ERP-Leistung

In den Unternehmen haben sich zwei Modelle für die interne Finanzierung der IT etabliert: Umlageverfahren und Leistungsverrechnung. Während das Umlageverfahren über Schlüsselung einfach zu realisieren ist und wenig administrativen Aufwand bedeutet, bietet die Leistungsverrechnung eine verursachungsgerechte Basis, um die IT als Profitcenter zu führen. Ist die IT ausgelagert und wird als eigenes Unternehmen geführt, ist das „Pricing" von Leistungen unerlässlich, wobei mit Pricing das Bilden von Kostensätzen zu verstehen ist.

Typische **Preismodelle** für den ERP-Betrieb sind (vgl. Kütz, S. 98 ff.):

- Preis für CPU-Rechenzeit,
- Userpreismodelle,
- modulbezogene Modelle,
- arbeitsplatzbezogene Modelle,
- systembezogene Modelle.

Oft werden diese Modelle kombiniert und sind in den Details verfeinert. Damit lässt sich ein hoher Grad an Verursachungsgerechtigkeit erreichen, allerdings steigt auch der administrative Aufwand für Abrechnung und Datenermittlung. Auch die Benchmarkfähigkeit wird mit stärkerer Differenzierung nicht immer besser. Zur Ermittlung der Preise werden die Mengen ermittelt und ins Verhältnis zu den Kosten gesetzt.

Bei der Wahl des Preismodells sind folgende Randbedingungen zu beachten.

- Abbildung der Kostentreiber im Preis,
- Gerechtigkeitsaspekte,
- Akzeptanz beim Kunde,
- Benchmarkfähigkeit,
- administrativer Aufwand.

Insbesondere die **Abbildung des Kostentreibers** im Preis und damit die Verursachungsgerechtigkeit sind wichtige Ziele. Beispielsweise galt in der Vergangenheit die Bepreisung der Rechenzeit als die zu bevorzugende Art, ERP-Systeme zu berechnen. Inzwischen ist dieses Modell den Userpreismodellen und den funktionsbezogenen Modellen gewichen. Grund hierfür ist, dass nicht mehr die Kosten der Hardware der größte Block darstellt, sondern die Lizenzmodelle der ERP Anbieter und die Personalkosten.

Auch sind große Teile des ERP-Betriebs sprungfix, während die Rechenzeitverrechnung einen linearen Verlauf der Kosten unterstellt. Auch bei den Lizenzmodellen der ERP Anbieter vollzieht sich ein Wandel weg von den userbezogenen Lizenzen hin zur modul-, funktions- und prozessbezogenen Lizenzierung.

Neben diesen Preismodellen ist oftmals eine Differenzierung im Sinne der **Service Levels** notwendig. Werden beispielsweise verschiedene Ausfallzeiten, Reaktionszeiten, Supportzeiten, Reaktionszeiten und Verfügbarkeitsmerkmale vereinbart, sind verschiedene Preise nahezu unumgänglich.

Wie stark eine Differenzierung der Preise notwendig ist oder sogar ein simples Umlagesystem ausreichend ist, ist von der Größe des Unternehmens, der Organisationsform und des Geschäftsmodells der IT sowie der Anzahl von ERP-Systemen und der Anzahl von SLAs abhängig.

4 Management des ERP-Betriebs

4.1 Systemverfügbarkeit und Monitoring

Für das Systemmanagement und Monitoring werden Kennzahlen wie die Performance, Verfügbarkeit, Antwortzeitverhalten und Durchsatz als Topkennzahlen verwendet (vgl. Möhrlen, S. 600 ff).

Die **Verfügbarkeit** wird als wichtigster Teilaspekt der Performance mit einem Prozentwert der Gesamtzeit minus Ausfallzeit zur Gesamtzeit angegeben. Formulierungen wie „das System ist während der definierten Betriebszeiten zu 99,95% verfügbar" spezifizieren hierbei das Ziel und die zu verwendenden Parameter. 99% entsprechen dabei bei einem 24-Stunden-7-Tage-Betrieb einer Ausfallzeit von immerhin 88 Stunden im Jahr.

Dies verdeutlich, dass selbst ein sehr hoher Prozentwert immer noch Ausfallzeit einkalkuliert, die für viele Unternehmen bei einem operativen ERP nicht hinzunehmen sind. So wird in der ZF Verfügbarkeit während der Betriebszeiten von > 99,5% angestrebt. Hierbei ist entscheidend, wie diese Kennzahl ermittelt wird.

Sinnvoll ist es, die Messung der Verfügbarkeit möglichst anwendernah durchzuführen. Ein System sollte nur dann als verfügbar gelten, wenn der Anwender es nutzen kann. Eine Messung an einem kundennahen Ort, welche auch Einflüsse wie die Netzverfügbarkeit, Leitungsstörungen, und die Endgeräteverfügbarkeit mit einschließt, gilt als Ideal.

Ebenso muss man sich bewusst sein, dass die Verfügbarkeit eines ERP-Systems nicht gleichzusetzen ist mit der Verfügbarkeit einer bestimmten Anwendung, da es auch hier zu Störungen innerhalb einer Anwendung des ERP-Systems kommen kann. Dabei ist das System selbst in Ordnung, aber die für den Anwender entscheidende Funktionalität ist evtl. nicht nutzbar, zum Beispiel bei Programmfehlern. Die KPI dazu ist die **Anwendungsverfügbarkeit**. Da diese ungleich schwerer zu messen ist, beschränken sich Kennzahlensysteme meist auf die bei bestimmten Netzwerknoten verfügbaren Basisanwendungen. Auch kann der Anspruch einer Anwendung an die Verfügbarkeit des Systems recht unterschiedlich sein. Die Verfügbarkeit einer Applikation zur Reisekostenabrechnung ist wesentlich weniger entscheidend, wie die Verfügbarkeit eines produktionskritischen Programms.

Als recht aussagekräftige Kennzahl werden deshalb auch oft die **IT bedingten Produktionsausfälle** aufgeführt. Ist hier eine Aussage machbar, welche Kosten eine Stunde Produktionsausfall das Unternehmen kostet, kann daraus recht gut ermittelt werden, welche Maßnahmen zur Steigerung der Verfügbarkeit von bestimmten Anwendungen sich lohnen.

Als Indikator für die Benutzbarkeit von Anwendungen wird das **Antwortzeitverhalten** aufgeführt. Eine Antwortzeit kleiner eine Sekunde gilt allgemein als in Ordnung. In Zeiten, in denen die Unternehmen ERP-Systeme prozessorientiert und nicht transaktional einsetzen und ihre Anwendungen entsprechend gestalten, ist dieses Ziel nur noch bedingt geeignet. Meist muss eine Anwendung in weit weniger als innerhalb einer Sekunde reagieren um für den Anwender als benutzbar zu gelten. Wenn hingegen eine seltene, komplexe Auswertung im Minutenbereich Ergebnisse liefern, wird dies meist nicht als störend empfunden. Es empfiehlt sich für diese Kennzahl repräsentative Anwendungen zu definieren und aus deren Ergebnissen eine summarische Performance Kennzahl zu bilden.

Performanceindikatoren, die die **Rechenstärke eines Systems** (Hardware) repräsentieren wie zum Beispiel MIPS (Millionen Instruktionen pro Sekunde) oder SAPS (SAP® Application Performance Standard), sind für die Auswahl von Hardware geeignet. Für die Steuerung des Systemsbetriebs sind diese nicht üblich.

Für die Ermittlung einer **Durchsatzkennzahl** eines Systems ist wiederum das Netzwerk zu berücksichtigen. Unter Durchsatz versteht man hierbei, welches Datenvolumen in einem bestimmten Zeitraum zum Anwender gelangt. Als Teilaspekt der Performance, ergänzt diese Kennzahl die Komponenten Antwortzeit und Verfügbarkeit.

Für das Monitoring und des Management des ERPs müssen auch die (ungeplante) **Downtime** und die **Wiederherstellungszeit** als Kennzahl verfügbar sein. Unter Downtime versteht man die Zeitdauer, die ein System nicht verfügbar ist.

Während die geplante Downtime meist keine Rolle spielt, ist die ungeplante Downtime zu vermeiden. Können wichtige Prozesse des Unternehmens einen gewissen Zeitraum ohne die Unterstützung des ERPs aufrechterhalten werden, ist dieser Zeitraum als Ziel der maximalen ungeplanten Downtime zu setzen.

Die Wiederherstellzeit gibt die Zeitspanne an, in der ein System repariert oder ersetzt werden kann. Hiermit wird gezeigt, in welchem Zeitraum bespielsweise ein Backupsystem als Ersatz eingesetzt werden kann oder auch wie schnell verloren gegangene Daten wiederhergestellt werden können, damit der Betrieb fortgesetzt werden kann. Die Kennzahl ist vor allem für den Katastrophenfall und für die Schadensabwehr wichtig. Mit einer Zielkennzahl kann abgeschätzt werden, welche Maßnahmen im Vorfeld wirtschaftlich sinnvoll sind und welcher Grad an Vorsichtsmaßnahmen getroffen werden müssen.

Bei allen diesen Kennzahlen muss beachtet werden, dass Durchschnittswerte täuschen können. Eine Betrachtung der Ausreißer kann hier sinnvoll sein. Eine Kennzahlenbildung anhand des **Streuungsmaßes**, das den Durchschnittswert eines oberen Quantils ausgibt, ist hier zu bevorzugen. Beispiel: Der Durchschnitt der Antwortzeiten eines Systems, die über dem Zielwert 1 Sekunde liegt. Eine solche Kennzahl entspricht der Anforderung, sinngemäß zu verkürzen und zu vereinfachen ohne die Aussagekraft dabei in Frage zu stellen.

4.2 Betriebsprozesse steuern mit ITIL

Beim Management des ERP-Betriebs kommt bei der Prozessbetrachtung der IT immer öfter der De-Facto-Standard „ITIL" zum Einsatz. Da ITIL auch eine gute Grundlage für prozessorientierte Kennzahlen bietet und diese auch in der ZF im Einsatz sind, soll dies hier aufgegriffen werden.

Die **Information Technologie Infrastruktur Library (ITIL)** ist ein Prozessframework, das ursprünglich von der britischen Regierung für ihre IT Diensleister entworfen wurde. Inzwischen hat ITIL sich zum Industriestandard für die Gestaltung der IT Prozesse entwickelt (vgl. Victor F., Günter H, S. 19 ff.). ITIL gibt dabei keine Organisationsformen oder Tools vor, sondern stellt vor allem eine einheitliche Begriffswelt für die Prozessorganisation der IT bereit. Es ist ein generisches Modell, das erst durch die Ausprägung des Unternehmens gefüllt wird. Es beschreibt „was" getan wird, nicht „wie". Aktuell liegt die Version 3 der ITIL-Bücher vor.

Die Zertifizierung der ITIL-Prozesse in der IT gilt als Aushängeschild und ist für IT-Dienstleister, die ihre Services am Markt anbieten, inzwischen von hoher Bedeutung. Grund hierfür ist, dass damit eine objektive Möglichkeit besteht, die potentielle Qualität der Dienstleistung zu zeigen. Entsprechend sind die auf ITIL basierenden Kennzahlen allgemein anerkannt und liefern Anhaltspunkte, in wie weit die potentielle Qualität auch erreicht wird.

Der Vollständigkeit halber sei erwähnt, dass es aktuell fünf ITIL-Bücher gibt:

- Service Strategy,
- Service Design,
- Service Transition,
- Service Operation,
- Continual Service Improvement.

Diese Bücher beschreiben insgesamt (je nach Zählweise und Version) 30 Prozesse bzw. Funktionen (vgl. ITIL.org). Die wichtigsten und am weitesten verbreitet Prozesse sind:

- Incident Management,
- Problem Management,
- Configuration Management,
- Change Management,
- Release Management,
- Service Level Management,
- Capacity Management,
- Availibility Management,
- Continuity Management.

Im Folgenden soll auf die Prozesse Incident, Problem und Change Management eingegangen werden, da diese auch in der ZF eingesetzt werden und wichtige Prozesse für den ERP Betrieb darstellen. Die Kennzahlen der Prozesse Availibility Management und Financial Management wurden bereits in den vorangegangen Abschnitten allgemein und ohne direkten ITIL Bezug behandelt.

Das **Incident Management** regelt die Prozesse rund um die Beseitigung von Störungen des Betriebs. Die Funktion „Service Desk" ist verantwortlich für die Steuerung dieses Prozesses. Unter einem Incident versteht man ein Ereignis, das die Störung eines vereinbarten Services zur Folge hat. Auch zählen im ersten Schritt Anwenderanfragen und Änderungswünsche dazu. Der Service Desk übernimmt die Annahme, Klassifizierung, Diagnose und Lösung bzw. Weiterleitung eines Incidents. Der Incident wird dabei vom Service Desk verantwortlich verfolgt und ggf. abgeschlossen.

Zur Klassifizierung gehört auch die Zuordnung zum System („Configuration Item", zum Beispiel ERP), so dass sich die folgenden Kennzahlen sowohl gesamthaft für die IT als auch auf den ERP-Betrieb anwenden lassen. Wird ein Incident nicht dauerhaft gelöst, wird er zum „Problem" hoch gestuft. Ebenso wenn zum selben Thema immer wieder Incidents auftreten oder temporäre Lösungen über einen Workaround geschaffen wurden, wird der Incident vom Service Desk als Problem klassifiziert.

Zur Perfomancemessung dieses Prozesses werden folgende Kenzahlen herangezogen:

- durchschnittliche Annahmezeit,
- Anzahl doppelter Incidents,
- Erstlösungsquote,
- durchschnittliche Durchlaufzeit,
- Anzahl der Lösungen innerhalb der Zielzeit,
- Eskalationsquote,
- Weiterleitungszeit,
- mittlere Anzahl Weiterleitungen,
- Prioritätsquoten,
- Problemquote.

Die **durchschnittliche Annahmezeit** bezieht sich auf die Zeit von der Aufgabe der Störung bis zur ersten Bearbeitung beim Service Desk.

Die Anzahl **doppelter Incidents** gibt an, wie viele der Incidents sich auf die gleiche Störung beziehen. Als Quote zur Gesamtzahl der Incidents vermittelt die Kennzahl ein Gefühl für die echte Anzahl der Störungen.

Die **Erstlösungsquote** beschreibt die Anzahl der Störungen, die beim Service Desk ohne Weiterleitung gelöst werden konnten im Verhältnis zur Gesamtzahl der Incidents. Eine gute Erstlösungsquote kann auf eine gute Knowledge Datenbank und hohe Qualifikation der Service Desk Mitabeiter hinweisen. Es kann aber auch auf eine hohe Anzahl von Trivialproblemen, wie vergessene Passwörter oder viele doppelte Incidents, hindeuten.

Bei der **durchschnittlichen Durchlaufzeit** gibt es zwei Varianten. Um zu messen, wie lange ein Incident zur Lösung im Durchschnitt benötigt, wird die Zeit von der Abgabe bis zur Lösung gemessen. Um die Performance des Service Desks und der IT zu messen, wird die Zeit zwischen Annahme und Lösung verwendet.

Die **Anzahl der Lösungen innerhalb einer Zielzeit** eignet sich besonders, um die Einhaltung der Service Levels zu messen. Üblicherweise wird sie als Prozentquote ausgedrückt.

Die **Eskalationsquote** ist die Anzahl der Incidents, die nicht innerhalb der Zielzeit gelöst werden konnte.

Die **Zeit bis zur Weiterleitung eines Incidents** kann als ein Ansatz herangezogen werden, die mittlere Durchlaufzeit zu optimieren.

Die **mittlere Anzahl der Weiterleitungen** gibt Hinweise auf die Komplexität der Incidents. Sie zeigt auch auf, wie exakt die Zuordnung der Incidents zur passenden „Service Gruppe" erfolgt. Eine Betrachtung der Extremwerte kann Aufschlüsse über Problemfelder im Prozess der Weiterleitung geben.

Die Priorisierung eines Incidents erfolgt beim Service Desk. In der Regel wird hier die Quote der **hochpriorisierten Incidents** ermittelt und gezeigt.

Die **Quote der Problems** gibt an, aus wie vielen Incidents ein Problem wurde. Die Kennzahlen durchschnittliche Durchlaufzeit, Weiterleitungszeit, Prioritätsquoten und Eskalationsquote des Incident Management lassen sich analog auf die

Prozesse des **Problem Management** anwenden. Dabei ist jedoch zu beachten, dass die Ziele entsprechend gesetzt werden müssen, da der Umgang mit Problems ein anderer ist, als mit Incidents. Das Ziel des Problem Managements ist es, die Geschäftstätigkeit des Unternehmens dauerhaft sicherzustellen. Zusätzlich sind beim Problem Management folgende KPIs zu erwähnen:

- Incidents pro Problem,
- Incidents pro bekanntem Problem (Known Error),
- Identifikationszeit der Problems.

Incidents pro Problem gibt die durchschnittliche Anzahl gleichartiger Incidents aufgrund desselben Problems an, bevor das ursächliche Problem vom Service Desk identifiziert wird.

Hingegen gibt die Kennzahl der durchschnittlichen Anzahl Incidents pro bekanntem Problem (**"Known Error"**) an, wie viele Incidets beim zugehörigen Problem eingegangen sind, nach dem es identifiziert wurde.

Die **mittlere Identifikationszeit der Problems** gibt die Zeitspanne zwischen dem ersten Incident bis zur Identifizierung des Problems an.

Das **Change Management** ist ein formaler ITIL-Prozess, dessen Ziel es ist, dass Änderungen ordnungsgemäß genehmigt, dokumentiert und durchgeführt werden. Angestoßen wird der Vorgang durch einen **"Request for Change"**, der zum Beispiel das Resultat eines Problems oder Known Error sein kann. Wird dieser von der Funktion **"Change Advisory Board, CAB"** genehmigt oder unterliegt er einer Ausnahmeregelung (Notfälle oder unkritische Änderungen), so wird der Change getestet und implementiert. Die Kennzahlen des Prozesses sind folgende:

- Anzahl Changerequests,
- Anzahl Changes genehmigt durch CAB,
- mittlere Change Freigabedauer,
- Freigabequote.

Die Anzahl der **Changerequests** und die Anzahl **Changes genehmigt durch CAB**, sind vor allem im Zusammenspiel mit der Anzahl Problems interessant. Die **mittlere Change Freigabedauer** wird als Durchschnittsdauer vom Eingang des Request for Changes bis zur Freigabe durch das CAB ermittelt.

Die **Freigabequote** gibt Auskunft über den Anteil der durch das CAB freigegeben Requests for Changes.

Bei der Menge an komplexen ITIL-Kennzahlen stellt sich die Frage, wie diese effizient ermittelt werden können. Einerseits ist das ITIL Konzept toolunabhängig, ohne ein Trackingtool und entsprechende Systemunterstützung ist es jedoch nicht möglich, ITIL in der IT umzusetzen. Die zahlreichen Softwarehersteller bieten jedoch Systeme, die helfen die Organisation der Prozesse zu realisieren. Es ist sinnvoll, die von dem ausgewählten Tool angebotenen Möglichkeiten zu nutzen, um Kennzahlen zu erheben, auch wenn man dabei evtl. Abstriche an der Machbarkeit aller gewünschten KPIs machen muss.

4.3 Kundenmanagement: Zufriedenheit und Nutzen

Für das Kundenmanagement werden qualitative Kennzahlen, die die **Qualität des Services und die Zufriedenheit des Kunden** widerspiegeln, verwendet. Einige der KPIs, die in den bisherigen Kapitel vorgestellt wurden, eigenen sich auch für das Kundenreporting der Services. Jedoch bedeutet ein reibungsloser IT Betrieb zu vernünftigen Kosten nicht zwangsläufig, dass die Kunden als solche zufrieden sind. Das Messen der Kundenzufriedenheit ist also wünschenswert. Zuvor sollte man sich fragen, wie und welchen Kunden man betrachten will.

Wird der ERP-Betrieb für mehrere Organisationen getätigt, will man sowohl Aussagen zum einzelnen Kunden, als auch zur Gesamtheit der **Vertragspartner** ermitteln können. Weiterhin sollte betrachtet werden, ob nur der Vertragspartner als Kunde angesehen wird oder auch der **einzelne Nutzer** des ERPs. Letztlich wird man mehreren Kennzahlen erheben: die Nutzerzufriedenheit, die Vertragspartnerzufriedenheit und eine Gesamtzufriedenheit. Diese Unterscheidung ist in sofern wichtig, als dass für den Vertragspartner das Kosten/Nutzenverhältnis entscheidend für die Zufriedenheit ist, während für den User eher das reibungslose Funktionieren, die Freundlichkeit des IT Personals und einfach zu bedienende Anwendungen wichtig sind.

Für die Messung der Kundenzufriedenheit sind **Abfragen** die gängige Methode. Die abgefragten Parameter sollten den Leistungen entsprechen, die der Kunde entgegennimmt. Auf dem ERP-Betrieb bezogen bedeutet dies, dass die Aspekte Sicherheit, Zuverlässigkeit, Funktionalität, Kosten, Zusammenarbeit und Freundlichkeit der IT Mitarbeiter zu bewerten sind. Geeignet ist die Bewertung mit Schulnoten, da diese sowohl durch den Anwender als auch durch das Management intuitiv verständlich sind.

Abfragen zur Zufriedenheit können zu unterschiedlichen **Zeitpunkten** sinnvoll sein. Es besteht die Möglichkeit, regelmäßig allgemeine Umfragen zu machen, Umfragen nach dem Kontakt mit der IT (z. B. nach Incidents) oder Umfragen nach einem abgeschlossenen Projekt.

Neben der Zufriedenheit des Kunden ist auch die Zufriedenheit der IT Organisation und deren Zusammenspiel mit dem Kunden wichtig. Umfragen bei Mitarbeitern mit Kundenkontakt können Aufschluss geben über eventuelle Unstimmigkeiten, die die Kundenbeziehung stören könnten. Ggf. sollte man die (Un-) Zufriedenheit gegenüber dem Kunden spiegeln, um Verstimmungen vorzubeugen. Zusammenfassend können folgende Kennzahlen genannt werden:

- Vertragspartnerzufriedenheit,
- Nutzerzufriedenheit,
- Projektzufriedenheit,
- Zusammenarbeitsindex.

Neben diesen qualitativen Zufriedenheitskennzahlen sollten auch **Basisindikatoren über den Kunden** zur Verfügung stehen. Je nach Organisation der IT können dies Kennzahlen wie folgende sein:

- Marktanteil beim Kunden,
- Umsatzanteil des Kunden bei der IT,
- Anforderungsqualität,
- Anteil der Anforderungen, die ohne Rückfragen bearbeitet werden konnten,
- Qualität der Change Requests analog zur Anforderungsqualität,
- Zahlungsmoral,
- Anteil der pünktlich beglichenen Forderungen.

4.4 Kundenmanagement: Projekte

Bei der Ausführung von Kundenprojekten sind neben der bereits erwähnten Projektzufriedenheit noch weitere Faktoren wichtig. So ist die Rentabilität von Projekten und die Einhaltung von Projektzeitplänen und Projektbudgets speziell im ERP Umfeld ein wichtiger Aspekt. Da Projekte in der Regel als Einzelbeauftragung erfolgen, gehen sie über den reinen ERP-Betrieb hinaus. In den meisten IT Abteilungen sind diese Projekte jedoch neben dem Betrieb wichtige und zentrale Aufgaben.

Für die Beurteilung der **Rentabilität** und des Nutzens eines ERP-Projektes (egal ob Einführung oder Erweiterung), ist normalerweise der Kunde zuständig. Da in vielen Unternehmen die IT nicht nur der Auftragnehmer von Projekten ist, sondern als Know-how Träger die Unternehmensprozesse mitbestimmt, ist die Rentabilität auch wichtig für die IT. Ebenso wird oft nach dem Wertbeitrag (Business Value) der IT gefragt, dieser Wertbeitrag wird nicht zuletzt durch den Nutzen der durchgeführten Projekte bestimmt.

Als Rentabilitätskenngröße kommt meist der **ROI (Return on/of Investment)** in den Unternehmen zum Einsatz. Dieser wird allgemein als Prozentwert des Gewinns (oder Einsparung) im Verhältnis zum eingesetzten Kapital errechnet. Dieser Wert wird jahresbezogen dargestellt. Je nach finanziellem Steuerungssystem des Unternehmens wird als eingesetztes Kapital das Projektvolumen oder die aktivierte Investition angesetzt.

Eine weitere Rentabilitätskenngröße stellt die **Amortisationsdauer** dar. Die Amortisationsdauer gibt den Zeitpunkt an, bei dem die Rückflüsse eines Projektes die Ausgaben übersteigen. Meist wird dabei eine Abzinsung vorgenommen, um die Inflation, bzw. die Kapitalkosten des Unternehmens abzubilden. Die Amortisationsdauer kann auch als Kenngröße für das finanzielle Risikos eines Projektes angesehen werden. Bei gleichem ROI ist jenes Projekt zu bevorzugen, bei dem die Amortisationsdauer kürzer ist. Durch die relativ schnelle technologische Entwicklung im ERP Umfeld sollte die Amortisationsdauer entsprechend kurz sein, da sonst neue Lösungen und technologische Umwälzungen die IT überraschen, bevor sich ein Projekt amortisiert hat.

Stehen Projekte an, bei denen keine positive Wirtschaftlichkeit auf der Kundenseite zu erwarten ist (zum Beispiel ein technischer Releasewechsel) kann die **Kapitalwertmethode** helfen, die günstigste Variante zu ermitteln. Hierbei werden

Ausgaben in unterschiedlichen Perioden durch Abzinsung vergleichbar gemacht. Ist zum Beispiel ein Releasewechel angedacht, bei dem entschieden werden soll, ob ein Projekt durchgeführt wird oder ob auf das nächste Release gewartet wird und dabei erhöhte Wartungskosten zu bezahlen sind, kann diese Methode angewandt werden.

Sind umfangreiche Angaben über die Rentabilität von Projekten im Unternehmen vorhanden, kann sogar eine Kennzahl wie der **finanzielle Wertbeitrag des ERPs** ermittelt werden. Hierbei werden die Einsparungen bzw. Gewinne aller ERP-Projekte in das Verhältnis zu den (IT-) Projektkosten einer Periode gesetzt. Die resultierende Prozentzahl entspricht der Rendite dieser Projekte in diesem Jahr.

Diese Kennzahl wird im Management und von Kunden als besonders erstrebenswert angesehen. Sie erfordert jedoch neben einem konsequenten finanziellen Management auch genügend neue Projekte zu generieren, die dem Unternehmen zusätzlichen finanziellen Nutzen bringen. Letzteres ist vor allem in eher IT getriebenen Unternehmen der Telekommunikationsbranche, Finanzdienstleister oder Unternehmen der Internetindustrie gegeben. Bei klassischen Industrie- und Dienstleistungsunternehmen, die in etablierten Geschäftsfeldern agieren, steht eher der reibungslose ERP-Betrieb im Vordergrund.

Sowohl für den Kunden als auch für die interne Steuerung ist es wichtig, die Einhaltung von Projektbudgets und Projekttermine zu verfolgen. Die **Projekttermintreue** ermittelt sich aus der Anzahl der Projekte mit Terminüberschreitung bezogen auf die Gesamtzahl der Projekte einer Periode.

Die **Budgettreue** wird analog als die Anzahl der Projekte über Budget im Verhältnis zu der Gesamtzahl der Projekte einer Periode ermittelt. Hierbei kann eine Gewichtung der Projekte anhand des Auftragsvolumens erfolgen, daraus ergibt sich eine Prozentzahl, die ein vollständiges Bild der Budgetsituation ergibt.

4.5 Steuerungssysteme

Um die Vielzahl der vorgestellten KPIs zu strukturieren empfiehlt es sich ein geeignetes **kennzahlenbasiertes Steuersystem** zu etablieren. Darin werden die KPIs zusammengefasst und hinsichtlich ihrer Steuerungsausrichtung eingeordnet. An dieser Stelle seien beispielhaft

- das Perspektiven Konzept der Balanced Scorecard,
- die Kennzahlensystematik der Schweizerischen Vereinigung für Datenverarbeitung (SVD) oder
- das immer mehr an Bedeutung gewinnende ITIL Framework (vgl. Kütz, S. 140 ff.)

genannt.

Für die Darstellung von Regelkreisen und Abhängigkeiten eignet sich ein Wirkungsschema bzw. ein **Ursache-Wirkungskettendiagram**. Auch die Integration der Kennzahlen in ein System-, Anwendungs- oder Projektportfolio kann die Verständlichkeit und Entscheidungsrelevanz unterstützen. Ein KPI-Cockpit in dem die Kenngrößen über Tachos, Ampeln und Diagramme visualisiert werden, trägt ebenfalls dazu bei.

Literaturverzeichnis

Kütz, M., Kennzahlen in der IT. dpunkt, Heidelberg 2007
Friedl, G., Hilz, C., Pedell, B., Controlling mit SAP R/3. Vieweg, Wiesbaden 2002
Möhren, R., Kokot, F. (Hrsg.), SAP R/3 Basissystem. Deutsche Bibliothek, München, London 1999
Victor, F, Günter, H., Optimiertes IT-Management mit ITIL. Vieweg, Wiesbaden 2004

Autoren

Dieter Doeffinger

Dieter Doeffinger (Jahgang 1958) ist nach Tätigkeiten als Sales Manager für Outsourcing Deals und SAP® Implementations bei TDS seit 1997 bei T-Systems tätig. Er startete dort als Sales Manager und wurde später verantwortlich für den Vertrieb Automotive mit dem Schwerpunkt Computing und Desktop Services. Heute ist er bei T-Systems Enterprise Services für den Fachvertrieb für Computing und Desktop Services verantwortlich. Darüber hinaus verantwortet er das Solution Development für die Dynamic Services und für Managed Desktop Services. Dort entwickelt er neue innovative Vertriebslösungen für ERP und Office Applicationen, sowie für Arbeitsplatzsysteme.

Viktor Foerster

Viktor Foerster (Jahrgang 1946) schloss sein Jurastudium mit Prädikatsexamina in Regensburg und München ab. Zunächst war er Mitglied der Rechtsabteilung (Syndikus) der Siemens AG. Seit 1998 ist er als Partner bei Foerster+Rutow (www.fr-lawfirm.de) in Nürnberg tätig. Zudem hat er einen Lehrauftrag für den Studiengang IT-Management and Information Systems an der FH in Ingolstadt. Seine Tätigkeitsgebiete umfassen das Wirtschaftsrecht, Industrieanlagenvertragsrecht, Führung von nationalen und internationalen Schiedsverfahren, Liefervertrags- und Lizenzrecht, BOT-Modelle und E-Commerce.

Dirk Hammermann

Dirk Hammermann (Jahrgang 1966) wurde nach seiner kaufmännischen Ausbildung und einem wirtschaftwissenschaftlichem Studium in Düsseldorf für das debis Systemhaus in den Aufgabenbereichen Umsetzung und Betrieb von SAP Migration- und Transition- Projekten und langfristiger IT-Outsourcing Vorhaben tätig. Von 2000 bis 2003 verantwortete er das B2B bzw. Corporate Business der Sony Deutschland GmbH für Großkonzerne. Business Process Outsoucing (BPO) und ICT-Outsourcing umfasst seit 2003 seinen Aufgabenbereich im Vertrieb der T-Systems Enterprise Services GmbH.

Jürgen Hawig

Jürgen Hawig (Jahrgang 1956) ist Leiter des Informationsmanagements bei dem BASF Tochterunternehmen Elastogran GmbH (Lemförde), einem der weltweit führenden Unternehmen auf dem Gebiet des Spezialkunststoffes Polyurethan. In dieser Funktion ist er verantwortlich für den wirtschaftlichen Einsatz der Informatik und die Planung und Steuerung von IT Anwendungen innerhalb der Elastograngruppe Europa. Im Rahmen der IT Governance Aufgaben ist er in Abstimmung mit dem zentralen Informationsmanagment der BASF Gruppe zuständig für IT Standardisierung und die mittel- bis langfristige IT Strategie der Elastograngruppe.

Olaf Jacob

Dr. Olaf Jacob (Jahrgang 1957) ist als Professor für Wirtschaftsinformatik und Informationsmanagement an der Hochschule Neu-Ulm tätig. Nach dem Studium der Wirtschafts- und Sozialwissenschaften an der Universität Dortmund promovierte er an der Hochschule St. Gallen, wo er danach zunächst als vollamtlicher Dozent für Wirtschaftsinformatik tätig war. Nach Tätigkeiten in der Beratung beschäftigte er sich als Datenmanager/Organisator bei BASF mit Standardisierung von Daten und Geschäftsprozessen im Zuge der konzernweiten Einführung von ERP-Software. Neben seiner Tätigkeit als Hochschullehrer wirkt er als Gutachter, Berater und Dozent zu den Themengebieten Geschäftsprozessmanagement, IT-Strategie/ IT-Management, ERP-Software und E-Learning.

Gerhard Kaminski

Gehrard Kaminsik (Jahrgang 1964) war nach dem Abitur und Studium der Informatik in einem international agierenden Maschinenbauunternehmen 13 Jahre mit IT-Projekten und SAP-Einführung betraut. Seit 7 Jahren ist er Leiter der IT/ORG in der Schwenk Zement KG.

Frank Lutz

Frank Lutz (Jahrgang 1963) studierte Wirtschaftswissenschaften mit Schwerpunkt Wirtschaftsinformatik in Paderborn und Nottingham, UK. Sein Branchenfocus liegt in der Chemie- und Pharmaindustrie. Er begann seine berufliche Laufbahn in der Stabsabteilung Controlling der BASF Coatings AG. Im Rahmen der europaweiten Neuausrichtung der IT wechselte er in die Hauptabteilung Informationsmanagement als Leiter der Einheit Ablauforganisation / Technologiemanagement. Anfang 2001 übernahm er bei Novar plc. UK (Bereich Sicherheitstechnik) die Funktion des IT-Directors; dort war er mit der Restrukturierung der IT-Landschaft in Europa betraut. Nach mehrjähriger Tätigkeit wechselte er in den Pharmabereich zur Madaus Gruppe. Seit Ende 2006 ist er als kaufmännischer Vorstand der Servox AG, einem in Deutschland führendem Unternehmen im Bereich zielgruppenfokussierter Home-Care-Anbieter, tätig.

Martin Miller

Martin Miller (Jahrgang 1979) ist bei ZF Friedrichshafen AG im Unternehmensbereich Nutzfahrzeug und Sonderantriebstechnik als IT Controller tätig. Nach dem Abitur und einer Ausbildung zum Finanzassistenten absolvierte er ein Studium zum Wirtschaftsinformatiker an der Berufsakademie Ravensburg. Seit 2004 ist er in seiner Funktion als IT Controller tätig. Hierbei arbeitet er vorwiegend an dem Ausbau des unternehmsbereichspezifischen IT-Controllings mit Projektcontrolling, Gemeinkostencontrollings, Kennzahlensteuerungssystemen und internationalen Controlling.

Olaf Passenheim

Dr. Olaf Passenheim (Jahrgang 1969) studierte Wirtschaftsingenieurwesen an der Universität Karlsruhe und der University of Western Sydney, Australien. Seine Promotion über die Integration konventioneller und innovativer Vertriebswege durch den Einsatz Neuer Medien entstand an der der Universität Hamburg. Seine Erfahrungen in verschiedenen internationalen Führungspositionen bei Unternehmen der Pharma- und Konsumgüterbranche sowie der mehrjährigen Erfahrung in der Unternehmensberatung fanden Eingang in zahlreiche Veröffentlichungen. Zur Zeit ist er Sprecher der Geschäftsführung der europäischen Pharmagruppe HAL Allergy, mit Hauptsitz in den Niederlanden und unter anderem auch für die IT verantwortlich.

Lisa Rattmann

Lisa Rattmann (Jahrgang 1978), Europajuristin, schloss ihr Jurastudium sowie die Begleitstudien im Europäischen Recht mit Prädikatsexamina in Würzburg und Nürnberg ab. Seit 2006 ist sie in der Anwaltskanzlei Foerster + Rutow (www.fr-lawfirm.de) in Nürnberg tätig. Ihre Tätigkeitsgebiete umfassen IT-Recht, UN-Kaufrecht, Vertragsrecht, Internationales Privatrecht, Europarecht und Kartellrecht.

Frank Roth

Frank Roth (Jahrgang 1961) ist seit 2002 bei Klosterfrau. Zuvor war er in gleicher Funktion als Leiter der IT und hiervor mehrere Jahre als Unternehmensberater mit Schwerpunkt IT-Beratung tätig. Als gelernter Industriekaufmann mit der nebenberuflichen Weiterbildung zum Industriefachwirt und Fachkaufmann für Organisation und DV begann der berufliche Einstieg als Organisator im Bereich Org./EDV.

Johannes Stephany

Johannes Stephany (Jahrgang 1962) hat die Position des CIO Vice President IT&ORG bei der GARDENA GmbH inne. Zuvor war er als Teamleader Technical Application, Processmanager Product Developement Process und Business Process Optimizer tätig. Seine Projekterfahrungen umfassen den Rollout von SAP® in sechs Vertriebsgesellschaften, die Automatisierung der SRM-Prozesse, die Optimierung der Produktionsprozesse in der Kunststoffproduktion, die Konsolidierung und Virtualisierung der Infrastruktur und die Professionalisierung der IT.

Oliver Toufar

Oliver Toufar (Jahrgang 1976) schloss sein Jurastudium mit Prädikatsexamina in Dresden und Düsseldorf ab. Während des Referendariats war er als wissenschaftlicher Mitarbeiter am Lehrstuhl für Deutsches und Europäisches Wirtschaftsrecht an der Universität Siegen tätig und studierte an der Hochschule für Verwaltungswissenschaften in Speyer. Seit 2004 ist er in der Anwaltskanzlei Foerster + Rutow (www.fr-lawfirm.de) in Nürnberg tätig. Passend zu seinen Tätigkeitsgebieten wie dem EDV-Vertrags- und Lizenzrecht, Internet- und Telekommunikationsrecht, Systemverträgen sowie den EVB-IT hat er die Fachanwaltskurse zur Erlangung des Fachanwalt-Titels IT-Recht erfolgreich abgeschlossen.